Friedemann W. Golka

MOSE – Biblische Gestalt und literarische Figur

Thomas Manns Novelle »Das Gesetz« und die biblische Überlieferung

Calwer Verlag Stuttgart

Die Deutsche Bibliothek – CIP-Einheitsaufnahme

Die Deutsche Bibliothek verzeichnet diese Publikation in der
Deutschen Nationalbibliografie; detaillierte bibliografische
Daten sind im Internet über *http://dnb.ddb.de* abrufbar.

ISBN 978–3–7668–3944–2

Umschlagabbildung: Michelangelo. Büste von
Giovanni da Bologna. Florenz, Akademie
Satz und Herstellung: Karin Klopfer, Calwer Verlag
Druck und Verarbeitung: Druckpartner Rübelmann, Hemsbach

E-mail: info@calwer.com
Internet: www.calwer.com

Zu dem Mose, der vor vielen Zeiten gewesen ist, tritt rechtmäßig der, der in vielen Zeiten geworden ist. Jenem dürfen wir uns durch unsere prüfende und sichtende Arbeit an den Texten nähern; dieser ist uns unmittelbar gegeben. Unser Blick muß beiden zugewandt sein, ohne sie zu vermengen: die Helle des Vordergrundes umfangen und in das Dunkel der Geschichtstiefe spähen.

Martin Buber, MOSES, 2. Aufl. 1952, 21

Die Wahrheit der Erinnerung liegt auch in dem, was sie an geschichtlicher Gegenwart fundiert und beleuchtet. Wir wenden uns der Vergangenheit ja immer aus einer bestimmten Gegenwart heraus zu, unser Erkenntnisinteresse und unsere Deutungsrahmen sind von unserer Gegenwart aus bestimmt.

Jan Assmann,»Monotheismus und Ikonoklasmus als politische Theologie«, MOSE. Ägypten und das Alte Testament, 2000, 122

Durch welche Macht wird der biblische Mose noch nach dreitausend Jahren zur überragenden Leitfigur des Kampfes gegen den Verlust von Sittlichkeit und Menschenwürde? Ihr Geheimnis liegt in den biblischen Erzählungen der Mosebücher der Hebräischen Bibel.

Eckart Otto, MOSE. Geschichte und Legende, 2006, 8

Inhalt

TEIL IV

DAS MOSEBILD IN DER BIBEL UND BEI THOMAS MANN . 178

Vorwort

Dies ist der letzte Teil meines Thomas Mann-Projekts. Nachdem ich die beiden vergangenen Forschungssemester dazu genutzt habe, die Joseph-Tetralogie zu bearbeiten und Manns humoristische Bibelkritik zur modernen wissenschaftlichen Bibelexegese ins Verhältnis zu setzen, soll nun noch als Nachklang die Mose-Novelle ›Das Gesetz‹ untersucht werden. Ein großer Beitrag des Dichters zur Bibelauslegung ist hier nicht im selben Grade wie beim Josephsroman zu erwarten, ist die Novelle doch nur siebzig Seiten lang und die Vorstudien Manns haben sich auf eine ganze Woche beschränkt. Dennoch kann ein Vergleich mit der Novelle vielleicht helfen, die biblischen Mosebilder schärfer zu fokussieren.

Das schöne Buch von Eckart Otto, MOSE. Geschichte und Legende, Verlag C.H. Beck 2006, erschien erst nach Abschluss meines Manuskripts, so dass ich es nur noch an einigen Stellen einarbeiten konnte. Ich habe es mit Vergnügen gelesen und werde es für meine Studenten zur Pflichtlektüre machen.

Ich danke der Carl von Ossietzky-Universität Oldenburg für die Gewährung dieses letzten Forschungssemesters. Ohne die Freistellung von Lehre, Verwaltung und Hochschulpolitik wäre dieses Buch nicht zustande gekommen. Zu danken habe ich ebenfalls meinen Oldenburger und Bremer Studenten – den Teilnehmern der Mose-, Exodus- und Numeri-Seminare in den Wintersemestern 02/03, 03/04 und 04/05 – für ihre kritischen Nachfragen und anregenden Kommentare. Als ich 1989 an die Universität Oldenburg kam, sollte ich als erster Theologe einen Vortrag vor der Universitätsgesellschaft halten. Der Sekretär der Gesellschaft – ein Jurist – wünschte sich als Thema die Novelle ›Das Gesetz‹. Ich musste damals noch passen und habe stattdessen über *Die biblische Josefsgeschichte und Thomas Manns Roman* (Oldenburger Universitätsrede Nr. 45, 1991) gesprochen. Jetzt kann ich siebzehn Jahre später das Gewünschte nachliefern.

Frau Marion Meiners hat sich um das Manuskript verdient gemacht. Meine Freunde und ehemaligen Mitarbeiter, Herr Studienassessor Arne Plutte und Herr Ariek Reichenberger MA haben Korrektur gelesen und Arne Plutte hat auch das Literaturverzeichnis erstellt. Ihnen sei herzlich gedankt – auch für die interessierte Begleitung dieses Thomas Mann-Projekts während der vergangenen Jahre. Frau Diplombibliothekarin Dr.

Beate Müller vom Wissenschaftlich-Theologischen Seminar der Universität Heidelberg habe ich für ihre Hilfe bei der Literaturbeschaffung zu danken und dafür, dass sie mich für ein Semester auf der Flucht aus Oldenburg in ihrer Bibliothek beherbergt hat.

Aus Gründen des leichteren Zugangs zitiere ich Thomas Manns Novelle wie beim Josephsroman nach der Frankfurter Ausgabe. Der hebräische Gottesname JHWH wird im Judentum nicht ausgesprochen, sondern stattdessen Adonai (Luther: HERR) gelesen.

Oldenburg, im Frühjahr 2007 *Friedemann W. Golka*

10

Einleitung

Die Geschichte ist bekannt. Als Thomas Mann am 8. Januar 1943 die Tetralogie *Joseph und seine Brüder* abgeschlossen hatte, widmete er sich einem 1000 Dollar-Auftrag, der Novelle *Das Gesetz*. Armin L. Robinson, ein aus Österreich stammender Agent, hatte Thomas Mann im Sommer 1942 aufgesucht, um ihn zusammen mit anderen bedeutenden Autoren zur Mitarbeit an einem Film über die Zehn Gebote zu bewegen. Aber die Verhandlungen mit Metro-Goldwyn-Mayer zerschlugen sich, und so wurde beschlossen, das Projekt als Buch zu verwirklichen. Mann sollte nur eine Einleitung zum Thema schreiben, aber seine Mose-Abhandlung geriet so umfangreich, dass sie eigentlich den Rahmen des Zehn-Gebote-Projektes sprengte und dann später auch folgerichtig nach einigen Schwierigkeiten getrennt erschien.

Meine eigene Mose-Darstellung folgt dem Mannschen Vorbild insofern, als auch ich vorher Genesis 25–50 in meinen Jakob-[1] und Joseph-Büchern[2] bearbeitet und mit der Tetralogie verglichen habe. Auf Genesis folgt jetzt Exodus. Habe ich bei Jakob und Joseph jeweils die Kapitel der Genesis als Einheiten zu Grunde gelegt, so folge ich diesmal den Abschnitten der Novelle und vergleiche diese mit dem biblischen Material.

Wie seine beiden Vorgänger richtet sich auch dieses Buch nicht in erster Linie an Fachgenossen, sondern an die Liebhaber der Bibel und der schönen Literatur. Es will die Bibelkundigen mit dem Weiterleben des Stoffes in der Literatur vertraut machen und bei den Literaturkundigen das Interesse an der Bibel wecken, die ja nicht nur Teil der Religion, sondern auch unserer Literatur, Kultur und Bildung ist. Als Vermittlung der verschiedenen Interessen schicke ich daher einen ausgewählten ›germanistischen Forschungsbericht für Theologen‹ und einen ›biblischen Forschungsbericht für Germanisten‹ voraus.

Die Frage nach Mose hat mich schon als Student seit dem zweiten Semester mehr frustriert als beschäftigt. Ich hatte das große Glück, noch einmal im Wintersemester 1962/63 bei dem längst emeritierten

---

1 F.W. Golka, *Jakob – Biblische Gestalt und literarische Figur*. Thomas Manns Beitrag zur Bibelexegese, 2. Aufl., Stuttgart 2000.

2 *Joseph – Biblische Gestalt und literarische Figur*. Thomas Manns Beitrag zur Bibelexegese, Stuttgart 2002.

Wilhelm Rudolph ›Geschichte Israels‹ hören zu dürfen. Er empfahl uns die ›Geschichte Israels‹ von Martin Noth[3] mit der ausdrücklichen Anweisung: »Aber glauben Sie kein Wort von dem, was er zu Mose schreibt!« Dem bin ich gefolgt und habe Mose ziemlich erfolgreich verdrängt, bis sich die Frage durch die Beschäftigung mit Thomas Mann nun nicht mehr verdrängen ließ.

Die Theologen haben die biblischen Romane/Novellen Thomas Manns jahrzehntelang ignoriert, hatte er sich doch eindeutig gegen die herrschende wissenschaftliche Methode der so genannten Literarkritik, Julius Wellhausens Urkundenhypothese oder Vierquellentheorie gestellt und mit Hilfe jüdischer Exegeten an der holistischen Auslegung des biblischen Endtextes festgehalten. Da nun aber an den deutschen Universitäten – mit den 68ern gesprochen – die herrschende Theologie die Theologie der Herrschenden war, fand Thomas Mann keine Gesprächspartner und seine Behandlung biblischer Stoffe stieß entweder auf Desinteresse oder Achselzucken. Dieses beinahe 40-jährige Thomas-Mann-Schweigen der Theologen wurde erst 1965 durch Gerhard von Rad mit seinem Aufsatz »Biblische Josephserzählung und Josephsroman«[4] gebrochen – dann aber gründlich.[5] Seither gibt es eine Vielzahl von theologischen Arbeiten zu Thomas Mann, und zwar sowohl auf biblischem, wie auch auf ethischem Gebiet. Und was die holistische Auslegung des biblischen Endtextes betraf, so sollte sich später herausstellen, dass Thomas Mann der alttestamentlichen Wissenschaft um fünfzig Jahre voraus gewesen war.

---

3 *Geschichte Israels*, Göttingen 1950.
4 *Neue Rundschau* 76, 1965, 546–559; jetzt in *Gottes Wirken in Israel*, hg. v. O. H. Steck, 1974, 285–304.
5 Vgl. dazu F. W. Golka, *Joseph*, 11–18.

TEIL I
Studien zu Thomas Manns Novelle

Den ersten wichtigen Beitrag zur Auslegung der Novelle leistete Käte Hamburger 1963 in dem von ihr herausgegebenen Band ›Thomas Mann. Das Gesetz‹[1] Wie beim Josephsroman geht Hamburger auch hier davon aus, dass die Novelle Kommentar zum Bibeltext sein will:»›Das Gesetz‹ interpretieren heißt deshalb, sich vorgängig mit dem Bibeltext selbst befassen, der Inhalt und Problem von Thomas Manns Erzählung ist.«[2] In den ersten beiden Kapiteln ihrer Studie gibt Hamburger deshalb einen Überblick über die Fragen der Komposition des Pentateuch (Entstehung und Verfasserschaft der ersten fünf Bücher der Bibel) und über die Diskussion zum Thema der Geschichtlichkeit des Mose.

Thomas Mann begrenzt den Stoff der Novelle auf Exodus 1–20 und 32–34 sowie einige Abschnitte des Buches Numeri. Nach Hamburger ist ihr Kern»die religiöse und ethische Konstituierung des Volkes Israel«.[3] In der Novelle ist Mose Sohn eines hebräischen Sklaven und einer ägyptischen Prinzessin, Pharao daher sein ›Lüsternheitsgroßvater‹. Das Volk heißt ›Vaterblut‹, ›Pöbelvolk‹ oder auch ›Gehudel‹. Nach Hamburger ist»das Volk der Israeliten ... gleichsam zusammengefasst zum Begriff der Materie als dem Gegensatz zum Geistigen«.[4] So ist der Kern des Mannschen Gottesverständnisses auch seine Unsichtbarkeit:»Die ›Handschrift‹, die Denkform Thomas Manns verrät sich in dieser prägnant herausgemeißelten Definition des mosaischen Gottesbegriffes, seiner antithetischen Setzung zu dem Nichtgeistigen, Chthonisch-Materieverhafteten.« (ebd)

Thomas Mann übernimmt in der Novelle den Rationalismus Schillers. Mose habe sich nach Hamburger in JHWH das Mittel geschaffen,»das Volk nach seinem Sinne zu führen und zu gestalten. Der Dichter konnte dabei durchaus bibelgetreu bleiben und Jahwe als den belassen, der ›zu Mose redete und sprach‹ und dennoch andeuten, daß Mose sich

---

1   Jetzt wieder zugänglich in K. Hamburger, *Thomas Manns biblisches Werk*, Frankfurt a. M. 1984, 141–202; zit.: *Werk*.
2   *Werk*, 141.
3   *Werk*, 181.
4   *Werk*, 183.

diese Fiktion eingesteht.«[5] Wenn also Mose bei Thomas Mann den Willen Gottes ausführt, erscheinen Mose und Gott als identisch. Nach Hamburger liegt es einem rationalen Denken nahe,»den Akzent trotz der biblischen Einkleidung der Offenbarung auf die schöpferische Aktivität des Religionsgründers und Gesetzgebers zu legen.«[6] Dafür sei nicht nur Thomas Mann ein Beispiel, sondern auch Herder, Schiller und Goethe.

Zur Gestaltung der Mosefigur orientiert sich Mann an Michelangelo, und zwar nicht an dessen berühmten gehörnten Mose aus S. Pietro in Vincoli in Rom, sondern an dem Bildhauer selbst. Dabei geht es ihm nicht nur um die eingeschlagene Nase – Ergebnis eines Faustkampfes mit einem Mitschüler im Garten der Medici – sondern um den Beruf des Bildhauers. Wie dieser ›sprengt‹ und ›meißelt‹ Mose an seinem Volk herum. Gerade weil Mose »ein Denker und Grübler war, erfüllt von Geistigem, Heilig-Reinen, vom Künstlerauftrag der ›Gestaltung‹ des Rohstoffes ›in Gott‹, konnte praktisches Denken nicht seine Sache sein, und Thomas Mann gab ihm, die Andeutungen des Bibeltextes auszeichnend, Joschua, den strategischen Jüngling bei.«[7] Das entspricht auch der Intention der Bibel, die die Eroberung des verheißenen Landes nicht durch Mose, sondern durch Josua durchführen lässt. Die Speisegesetze – noch heute von orthodoxen Juden eingehalten – beziehen sich auf Tiere, die in fremden Kulten heilig gehalten werden.

Dabei wird mit viel Humor erzählt, besonders der Fall ›der bekannten Mohrin‹ in Numeri 12. Für diese Kuschitin gibt es zwei Deutungsmöglichkeiten. Kusch ist entweder das Land südlich von Ägypten (Nubien / Äthiopien) oder ein den Midianitern benachbarter arabischer Stamm Kusan. In diesem zweiten Falle könnte die Kuschitin mit Zippora identisch sein, die Anschuldigung Mirjams und Aarons bestünde dann darin, dass Mose eine Mischehe führt. Thomas Mann macht sich über dieses Forschungsergebnis ein wenig lustig und hält an der ›Negerbedeutung‹ (Hamburger) von Kusch fest. Die Lippen der Kuschitin und ihr ›sinnenheißer‹ Charakter werden von Mann ausgemalt.

Thomas Mann übernimmt die Erzählweise der Bibel, den dramatischen Wechsel von Dialog und Bericht. »Von dieser Erzählform des Pentateuch« – den 5 Büchern Moses – »her erschließt sich der besondere Charakter auch der Erzählweise von Thomas Manns Darstellung

---

5 *Werk*, 185.
6 *Werk*, 186.
7 *Werk*, 189.

der Mose-Geschichte.«[8] Biblische und moderne Sprache stehen nebeneinander, aber die Grundstruktur des biblischen Berichtes bleibt erhalten. Stilmittel ist die so genannte *Paraphrase* (Beispiel Jetros Besuch Exodus 18):»Das bewirkt, daß man die Bibelstelle erkennt und zugleich lächelnd die Abweichungen, oder auch umgekehrt. In der Tat kommt man hinter die Artistik, den Humor dieses paraphrasierenden Stils erst, wenn man sich die Mühe macht, die eingewebten Bibelzitate ausfindig zu machen.«[9] Bei Thomas Manns Bearbeitung von Exodus 18 besteht der Humor in der ›urbanen Redeweise‹ (Hamburger), mit der Mann Jethro, den ›Schwager‹ Moses charakterisiert.

»Aber das Entscheidende ist, daß wir trotz dieser Abweichungen das ›Gesetz‹ als Paraphrase des Bibeltextes und nicht als Roman oder Novelle lesen, aber auch umgekehrt in der Paraphrase erst die Deutung erkennen, die der Dichter, auch er ein Exegetiker, dem Grundtext abgewinnt: die Auffassung Mose's als des Bildhauers, der dem Rohstoff Form gibt, die Materie des tierisch Menschlichen zum geistig Menschlichen hinaufzuläutern strebt, dabei aber, wie es der Grundtext erkennbar werden läßt, auf der ersten Stufe der Menschenwürde, dem ABC des Menschenbenehmens, dem Zehngebot, stehenbleiben muß. Das war die Deutung, die aus dem Grundtext zu gewinnen wieder nötig geworden war zu einer Zeit, in der die Welt Zeuge seiner Aufhebung hatte sein müssen.«[10]

Käte Hamburger hat sich wohl als erste – und bis heute wohl fast einzige – Germanistin bemüht, den Zusammenhang zwischen dem biblischen Grundtext und Thomas Manns novellistischer Bearbeitung deutlich zu machen. Ich habe ihre Schlusssätze so ausführlich zitiert, um zu zeigen, dass sie dennoch die Künstlerthematik und die gesamtmenschliche Ethik nicht aus den Augen verloren hat. Die Faschismuskritik hat es jedoch nur auf einen – den letzten – Halbsatz gebracht. Hier sollten Spätere mit Recht anders gewichten (Lubich s. u.).

Bei Friedrich Wilhelm Kantzenbach,»Theologische Denkstrukturen bei Thomas Mann«[11], kommt das Verhältnis zwischen Kunst und Religion in den Blick. Kantzenbach ist Theologe, aber kein Alttestamentler, sondern Kirchenhistoriker. Seine Arbeit würde man heute als Christentumsgeschichte bezeichnen. Kunst hat für Thomas Mann nach Kantzen-

---

8 *Werk*, 199.
9 *Werk*, 201.
10 *Werk*, 202.
11 *Neue Zeitschrift für Systematische Theologie und Religionsphilosophie* 9, 1967, 201–217; zit.: *Denkstrukturen.*

bach eine religiöse Funktion, nämlich die »Rechtfertigung seiner Existenz, wobei diese Rechtfertigung nicht rein menschliche Bewährung ist, sondern zugleich gewährte Gutmachung. Menschliches Werk und Gabe bzw. Segen sind in der Kunst nicht voneinander zu trennen. Weil dies so ist, gewinnt eben gerade die Kunst eine religiöse Funktion.«[12]

Mose, der Bildner seines Volkes, betreibt bei Thomas Mann eine Art wohlmeinende Erziehungsdiktatur. Bei Kantzenbach liest sich das so: »Denn ob der Einzelne ohne Gott gut sein könne, das bleibe dahingestellt; aber daß die Masse der Menschen ohne den Glauben an Gott, ohne Religion, niemals den geringsten Grund finden wird, gut zu sein, das ist absolut sicher.«[13]

Mindestens noch 1932 hat Thomas Mann nach Kantzenbach die Religionsgeschichte als humanistische Wissenschaft über die Theologie gestellt, mit dem Abschluss der Josephstetralogie nimmt aber das theologische Interesse zu.[14] Das Gottesverhältnis wird schon in den Josephsromanen als ›Bund‹ = ›wechselseitige Hilfestellung‹ Gottes und des Menschen zur Heiligwerdung gedeutet, anders als die alttestamentliche *berit*, die auch eine einseitige Verpflichtung Gottes gegenüber dem Menschen (Gabe) oder des Menschen gegenüber Gott darstellen kann. Gott ist bei Thomas Mann ›das Ganze‹.

Als christlicher Humanist hat Mann nach Kantzenbach wohl um die Gefahren des ›großen Menschen‹ gewusst – bis hin zur dämonischen Besessenheit. »Er hat sich mit dem Modell des großen Menschen kritisch, ironisch und selbstbetroffen auseinandergesetzt und die Menschwerdung des Göttlichen als Geheimnis und fortwährenden Anspruch an den Menschen verstanden. Sein Protest gegen die primären Fixierungen ist ein höchst eindrucksvoller Beweis dafür, wie allein das christliche Bild vom Menschen einen offenen, mutigen Humanismus ermöglicht.«[15]

Helmut Spelsberg behandelt in *Thomas Manns Durchbruch zum Politischen in seinem kleinepischen Werk*[16] auch die Mosenovelle. Hier fällt ebenfalls das Stichwort ›Erziehungs-Diktatur‹. Die Mosegeschichte (Herausführung aus Ägypten und Bildung des Volkes in der Wüste) wird erzählt, um zu zeigen, wie ein Volk, wie ein sittlicher Ordnungs-

---

12 *Denkstrukturen*, 207.
13 *Denkstrukturen*, 209.
14 Vgl. Golka, *Joseph*, 17f.
15 *Denkstrukturen*, 217.
16 Untersuchungen zur Entwicklung von Gehalt und Form in ›Gladius Dei‹, ›Beim Propheten‹, ›Mario und der Zauberer‹ und ›Das Gesetz‹, Marburg 1972; zit.: *Durchbruch*.

staat entsteht als Gegenteil eines dämonisierten:»Das göttliche Sittengesetz ist notwendig, damit aus Sippen, die in einem Grab der Freiheit,
im Zeichen stumpfsinniger Knechtschaft leben, ein dem Prinzip des
Geistes und der Menschenliebe verbundenes Volk entstehen könne, das
nicht irgendeinem hybriden Führer, einem ›Volksgott‹, sondern einem
unsichtbaren Gott sittlicher Natur unterworfen ist. Es muß von einem
Sittengesetz geprägt sein, das für alle Menschen der Erde gleichmäßig
gilt.«[17] In Nazideutschland ist aber genau das Gegenteil eingetreten:
»Die Regression dagegen auf ein nur ›völkisch‹-blutsmäßiges Bewußtsein bedeutet, den Prozess der Entstehung eines sittlichen Volkes rück-
gängig machen.«[18]

Was Thomas Manns Erzählhaltung betrifft, so übernimmt er nach
Spelsberg den moralischen Ingrimm des Bibeltextes gegen die Vernei-
ner des Sittengesetzes.»Das eigenen furchtbaren weltgeschichtlichen
Erfahrungen entsprungene Anliegen tritt im Bund mit der abendländi-
schen Autorität der Bibel auf.«[19] Thomas Mann stellt sich gegen die
nationalsozialistische ›Verkehrung der Begriffe‹ in einem Tonfall ›mo-
ralisierenden, eindeutigen An- und Abmahnens‹ (Spelsberg).

Die Gattung des ›Gesetzes‹ sieht Spelsberg ähnlich wie bei den Josephsromanen. Der biblische Stoff ist gemeinsamer Besitz von Autor
und Leser, kann aber von beiden verschieden ausgelegt werden.»Manns
Gestaltung mutet an wie eine Art Exegese und Interpretation des Bibeltextes: so kann die Überlieferung gedeutet werden, so dürfte es sich
zugetragen haben!«[20] Es sei aber hier schon drauf hingewiesen, dass
›das Gesetz‹ kein Er-Roman ist wie die Josephstetralogie, in dem der
Autor exegetische Probleme mit dem Leser diskutiert. So bestimmt
Spelsberg die Gattung als ›historische Tendenzerzählung‹, woraus sich
bereits ein Hinweis auf Thomas Manns außerfiktives Anliegen ergibt.
Auch Spelsberg folgt weitgehend Käte Hamburges Sicht des ›Gesetzes‹
als Bibeldeutung, aber das ethische Anliegen und der zeitgeschichtliche
Hintergrund treten bei ihm stärker hervor.

Die Arbeit von Brunhild Neuland[21] wurde in der DDR publiziert,
was sich an der höheren Bewertung Berthold Brechts gegenüber Tho-

---

17 *Durchbruch*, 43.
18 *Durchbruch*, 44.
19 *Durchbruch*, 83.
20 *Durchbruch*, 89.
21 »›Das Gesetz‹. Zu Thomas Manns poetischer Fassung der Mose-Mythe«, in:
   Werk und Wirkung Thomas Manns in unserer Epoche, hg. von H. Brandt
   und H. Kaufmann, Berlin und Weimar 1978, 249–272; zit.: *Mythe*.

17

mas Mann zeigt. Neuland stellt die Künstlerthematik samt Michelangelo-Parallele in den Mittelpunkt ihrer Deutung der Novelle: »Diese über die Künstlerthematik realisierte ›persönliche‹ Aneignung der politisch akzentuierten biblischen Mythe macht die spezifische Leistung der Thomas Mannschen Erzählung aus.«[22] Die Verknüpfung Moses mit der Künstlerthematik sieht Neuland bei Heine vorgebildet. Sie hat für Thomas Mann etwas Zwingendes: »Die Reflexion des Künstlertums und damit zugleich der eigenen widerspruchsvollen Existenz ist die sein Werk bestimmende Form, die Zeitgeschichte in ihrer Problematik zu fassen und zu durchdringen.«[23]

Nach Neuland werden Mose und Gott in der Erzählung nie völlig identifiziert, »der Dichter weist aber mit Ironie immer wieder darauf hin, wie geschickt Mose ein in seine eigenen Pläne passendes Gottesbild entwirft. [...] Mose setzt sich zu Gott so ins Verhältnis, daß seine eigenen Bestrebungen göttliche Legitimität erhalten, er selbst den Schein der Göttlichkeit erlangt.«[24] Damit rennt Thomas Mann in der DDR offene Türen ein. Weiter heißt es dann bei Neuland: »Die biblische Mythe ihres religiösen Gehalts entkleidend, werden in Moses Gottesbegriff politische Befreiung und sittliche Bildung eines Volkes in eins gesetzt.« (ebd) Hier wird keine ›Mythe‹ ihres religiösen Gehalts entkleidet. Das macht schon Thomas Manns rationalistische und ironische Bibelinterpretation völlig überflüssig. Wenn Mann allerdings eine ›Bildungs-Diktatur‹ vertritt, braucht er sich nicht zu wundern, dass bei Neuland die ›Diktatur des Proletariats‹ auf diesen Zug aufspringt.

Neuland vergleicht Moses mit Joseph, wenn sie darauf hinweist, dass im ›Gesetz‹ Moses Künstlertum ganz auf seine soziale Funktion hin angelegt ist. »Die ironische Identifizierung von Gott und Mose bedeutet nicht nur die Legitimation seiner Ziele, sondern auch die seiner Stellung gegenüber dem Volk als Steinmetz, d.h. als sozialer Bildner und Führer.«[25] Steinmetz und Block entsprechen Geist und Fleisch, Hoch und Niedrig. Und für diese ›Niedrigen‹ nimmt die Erzählung Partei (vgl. das ›Magnificat‹ Lukas 2,47–55). Thomas Mann nimmt nach Neuland die politisch-soziale Problematik auf und bleibt doch bei seinem ›Grundthema‹: »Was vermag der Geist = Künstler?«[26] Die Künstlerthematik wird aus einer rein individualistischen Tradition herausgerissen und in

---

22 *Mythe*, 251.
23 *Mythe*, 252.
24 *Mythe*, 255.
25 *Mythe*, 256.
26 *Mythe*, 259.

eine soziale Beziehung gesetzt. Dies ist für Thomas Mann – Beziehung des Künstlers zum Volk – von existentieller Bedeutung.

Komik kommt dann ins Spiel, wenn der Verkünder des neuen Gottes ›im Grunde nicht sprechen konnte‹ oder »wenn der geistliche Mann ohne die fleischliche Entspannung bei einer Mohrin nicht auskommt.«[27] Ebenso bei der Erfindung der Buchstabenschrift (›einer Idee mit Hörnern‹), wo Thomas Mann den Übersetzungsfehler des hebräischen *qaeraen* (›Hörner‹ statt ›Strahlen‹) gleich dreimal ausnützt, einen Übersetzungsfehler, den Michelangelo mit seinem gehörnten Moses in S. Pietro in Vincoli in Stein gehauen hat. Oder auch bei Moses Schulkameraden, die Mann als ›Gecken‹, ›Schnösel‹ und ›Stutzer‹ benennt – wohl an die Mitschüler seiner Söhne in Salem und der Odenwaldschule denkend statt wie bei Neuland an »die unnütze Jugend einer parasitären Oberschicht«.[28]

Die Erzählung ›Das Gesetz‹ zielt nach Neuland auf eine Selbstdarstellung Thomas Manns, »die mit Nachdruck der eigenen Existenz als Künstler politisch-moralisches Gewicht gibt. [...] Der mythische Stoff ist für den Dichter das Medium, um eine der entscheidensten zeitgenössischen Konstellationen, die von Führer und Volk, auf die eigene Existenz zu beziehen.«[29] Aber es geht Thomas Mann nach Neuland nicht nur um die Künstlerthematik, sondern mit ›biblischem Sprachgestus‹ auch um Polemik gegen Hitler:»Das Gesetz soll nicht nur das Leben des einzelnen vor unsozialem Verhalten wie Mord schützen, sondern auch das Leben der Völker vor politischem Extremismus wie dem des völkermordenden Hitler. Gegen den durch Hitler missbrauchten Immoralismus Nietzsches setzt Thomas Mann das Gewissen als ›Quelle der Produktivität‹.«[30]

Stefan Strohm[31] führt die Mannsche Idee der ›Erziehungs-Diktatur‹ auf Lessings *Erziehung des Menschengeschlechtes* zurück – obwohl zur Zeit der Abfassung der 1000 Dollar-Novelle vielleicht auch schon das geplante amerikanische *re-education program* für die deutsche Bevölkerung eine Rolle spielte. Nach Lessing »bildet sich die Vernunft durch die Geschichte der Menschheit. Eine der Bildungssphären ist die Entfaltung der Sittlichkeit. Zunächst werde sie als Elementarlehre dem rohes-

---

27 *Mythe*, 265.
28 *Mythe*, 266.
29 *Mythe*, 267.
30 *Mythe*, 268.
31 »Selbstreflexion der Kunst. Thomas Manns Novelle *Das Gesetz*«, *Jahrbuch der deutschen Schillergesellschaft*, Stuttgart 1987, 321–353; zit.: *Kunst*.

ten Volk vorgegeben. Das Elementarbuch, das *Alte Testament*, enthalte zwar nichts Unrichtiges, beschränke sich aber auf die Fassungskraft anfänglichen Lernens und lasse damit zugleich das Nachdenken und weiteres Nachfragen offen. Ein neuer Lehrer komme und löse die Schwierigkeiten einer lediglich auf Lohn und Strafe errichteten Moral, indem er ihren Antrieb in die Güte und Spontaneität des Herzens lege. Nach der also weiterführenden Lehre Christi schließe sich das Reich des Geistes an, in welchem Sittlichkeit auch nicht mehr nach ewigem Lohn sehe, sondern sich selbst genug sei. *Das Gesetz* folgt diesem Geschichtsaufriß.«[32]

Solche ›Elementarethik‹ erklingt bei Thomas Mann in Moses Schlussrede. Mit der ›Einheit Gottes‹, der ›Sendung des Sohnes‹ und dem ›Zeitalter des Geistes‹ kommt es in Lessings Bildungsprogramm zu einer »– freilich unorthodoxen – Repristination des christologischen und trinitarischen Dogmas.«[33]

Die Wurzeln von Thomas Manns Religionskritik liegen nach Strohm bei Ludwig Feuerbach.[34] Wie Feuerbach nimmt er an, »daß das *Geheimnis der Theologie die Anthropologie ist*«.[35] Wenn der Mannsche Mose Offenbarungen aus seiner Brust heraus hört, bedeutet dies nach Feuerbach: »Gott ist das *offenbare* Innere, das ausgesprochene Selbst des Menschen; die Religion ist die feierliche Enthüllung der verborgenen Schätze des Menschen, das Eingeständnis seiner innersten Gedanken, das *öffentliche Bekenntnis seiner Liebesgeheimnisse*.«[36] In seiner Religionskritik folgt Thomas Mann nach Strohm weitgehend Feuerbach – aber mit einem entscheidenden Unterschied: »Das *Gesetz* mißtraut der anthropologischen Prämisse Feuerbachs, wonach die Wurzel des Projizierens, das Subjekt, so unzweideutig gut ist, wie sein Gott vollkommen scheint. Fast vollständig betreibt das *Gesetz* die Identifikation von Mose und Gott; aber es projiziert nicht nur Feuerbach folgend das Reine auf Gott, sondern kontaminiert witzig gleicherweise den Gottesgedanken mit der sinnenverhafteten ›Lust‹ des Mose zum Bilden.«[37] Damit erledigt sich auch Freuds Hypothese der Religion als Illusion sowie des Monotheismus als Wiederkehr des Urhordenvaters. »Mose sei von den

---

32 *Kunst*, 330.
33 *Kunst*, 331.
34 *Das Wesen des Christentums*, Werke in 6 Bänden, hg. von E. Thies, Frankfurt a. M. 1976, Bd. 5; zit.: *Christentum*.
35 *Christentum*, 13.
36 *Christentum*, 31.
37 *Kunst,* 334f.

Juden erschlagen worden, postuliert Freud, und die Religion der Propheten mit Monotheismus und hoher Sittlichkeit sei der Regressionsschub. So genau wir die Novelle durchlesen, von der Theorie Freuds findet sich keine Spur.«[38] Aber ein Nachklang der Freudschen Ermordung des Religionsstifters findet sich auch bei Thomas Mann »insofern, als er Mose immer wieder aus dem Volk vom Tode durch Steinigung bedroht sein läßt, viel betonter, als das in Exodus 17,4 einmal erwähnt ist. Das *Gesetz* nennt seinen Helden öfter als die *Heilige Schrift* ›Mann Mose‹; das mag eine Reverenz an den Buchtitel Freuds [...] sein.«[39] Doch nach Strohm zitiert Thomas Mann Freud nicht als Psychoanalytiker, sondern als historische Quelle – und zwar genau so ironisch wie die Bibel.

Ironie ist nach Strohm die ›negative Theologie‹ säkularer Dichtung. Das bedeutet aber: »Ihre Verneinung des Dargestellten wäre bodenlos, wenn sie einziges Stilmittel bliebe. Wo die Ironie in den Humor changiert, hält sie das eben noch Aufgelöste, wenn auch distanziert, fest. Das *Gesetz* wechselt zuweilen in den Humor.«[40] Hier folgt Strohm Käte Hamburger. Die Novelle schildert nicht nur, sondern ihr »Text verschweigt, entstellt und verkehrt, worüber er handelt.«[41] Dann ist der nacherzählte Text auch »keine objektiv-lineare Gegebenheit, sondern Ursprung von Fiktion.«[42] Das zeigt als Beispiel Manns Version der bitteren Quelle von Mara Exodus 15,23. Mose macht die Quelle durch eine Filtervorrichtung genießbar. »Der Trick des Mose liest sich wie eine Satire auf die *Bibel*-Wissenschaft, die fragt, was sich hinter einem wunderlich verstärkten Bericht an Tatsachen verberge.«[43]

Religionswissenschaftlich spielt Mann nach Stefan Strohm mit der Zusammenschau von Wasserknecht und Mose auf die ›Identität von sterbender und auferstehender Gottheit‹ an. Osiris in Ägypten – und hier irrt Mann und wohl auch Strohm – ist aber keine sterbende und auferstehende Gottheit. Seine Rückkehr in diese Welt ist nur temporär, danach agiert er als Totenrichter in der Unterwelt.[44] Dennoch: »Kunst ist wiedererweckte Gegenwart, Wiederholung, Rettung des Zerstörten, wie im Bildhauer Mose der Erschlagene, im Gezeugten der Vater er-

---

38 *Kunst*, 335.
39 *Kunst*, 336.
40 *Kunst*, 338.
41 *Kunst*, 339.
42 *Kunst*, 340.
43 *Kunst*, 341.
44 Vgl. Golka, *Joseph*, 27–38.

steht.«[45] Die Liebe der Prinzessin und »ihre Fürsorge für den Sohn ist nicht Mutterliebe, sondern die der Isis zu Osiris.«[46] Thomas Mann gibt seinem Mose eine »ideale mythische Biographie, wie Freud sie aus Sagen und Legenden über große Gestalten der Antike kontrahiert« (ebd) – nur eben nicht immer ganz richtig und hie und da etwas willkürlich.

Der Kurzname ›Mose‹ = ›Sohn‹ verhilft Thomas Mann zur christologischen Deutung seines Helden, ebenso die Formulierungen ›war schwanger‹, ›gebar‹ und ›legte‹, die aus Lukas 2 stammen. Und die Geburt ›wie in alten Mähren‹ erinnert nach Strohm an Luthers *Kinderlied auf die Weihnacht:*

Vom Himmel hoch, da komm ich her /
Ich bring euch gute neue Mär /
Der guten Mär bring ich so viel /
Davon ich singen und sagen will.

Nimmt Thomas Mann am liebsten die Züge Michelangelos zum Vorbild für seinen Mose, so stellt Michelangelo sich in seinem *Mose* selbst dar »zwischen Affekt und Beherrschung; seine Kunst vollzieht die absolute Reflexion auf ihr Vermögen des Bildens, das nicht abbildend verfährt, sondern setzend. Beides ist bis zu Identifikation das Thema von Mann, der in Mose sich und das Gesetz seines Werkes nicht minder schildert als einst Michelangelo. [...] Mose behaut die Tafeln und schreibt das Gesetz.«[47]

Auch musikalische Anspielungen an Richard Wagners *Ring des Nibelungen* sind wieder reichlich vorhanden.[48] In diesem Falle geht es um den ersten Aufzug des *Siegfried.* »Mose raspelt die Tafeln für die Zehn Gebote, wie Siegfried das Schwert fegt, er schwingt den Hammer über den Tafeln wie Siegfried über Nothung, er lallt irre vor sich hin, um den Buchstabenzauber zu erfinden, mit dem anders als in der Silbenschrift in allen Sprachen alles ausgedrückt werden könne; so tobt Siegfried seine Allmachtsphantasie in einem wahnwitzigen Schwertlied aus.«[49] Wie Siegfried in einer Felsenhöhle schmiedet, so rettet sich am

---

45 *Kunst*, 342f.
46 *Kunst*, 343.
47 *Kunst*, 347f.
48 Vgl. dazu E. Heftrich, *Geträumte Taten.* »*Joseph und seine Brüder*«. Über Thomas Mann, Band III, Frankfurt a. M. 1993, IV. Teil, 213–336; Golka, *Joseph*, 89.
49 *Kunst*, 348.

Sinai der hustende Mose vor heißen Schwefeldämpfen in eine Höhle in der Bergwand.»Der punktuierte Sechsachteltakt vom Beginn der Schwertschmiedeszene kehrt im Sprachrhythmus des johlenden Mose wieder, beim Behauen der Platten hören wir den schweren Gang von Siegfrieds ›Schmiedelied‹.«[50] Thomas Mann hat im Sprachklang komponiert.

In seiner Novelle trägt nach Strohm die Kunst den Sieg über die Kunst davon, das Kunstwerk über das Götzenbild, Aarons Kalb.»Wenn die Autorität der Novelle die Freiheit in der Selbstvollbringung der Kunst ist, hätte Thomas Mann Freud tiefer begründet.«[51]

Erst 1989 wurde eine Besprechung der Mannschen Novelle von Ludwig Marcuse wieder zugänglich gemacht, die er aber schon kurz vor Kriegsende geschrieben und am 19.1.1945 in *Der Aufbau* veröffentlicht hatte. Marcuse stellt folgende Fragen, die in ihm beim Lesen aufkamen:»Was ist der Unterschied zwischen diesem Führer – und jenen Führern, gegen die diese Geschichte geschrieben ist? Was ist der Unterschied zwischen seiner Auffassung vom Volk – und ihrer? Ist es berechtigt, die biblische Erzählung vom Moses neu zu schreiben – die Zehn Gebote aber nur zu zitieren? Wie würden die Zehn Gebote heute formuliert werden müssen, wollte man unsere dreitausendjährige Erfahrung um falsche Götter mit hineinschreiben?«[52] Marcuse empfiehlt dann die Mannsche Novelle, die in deutscher Sprache bei der Pazifischen Presse in Los Angeles erschienen war.

Antipode zur Hamburgerischen Auslegung der Novelle als Bibelkommentar ist Frederick Alfred Lubich.[53] Er betrachtet die Novelle als Paradigma der Faschismus-Kritik:»Es wird zu zeigen sein, daß der Mannschen Moses-Figur, dem Gründer der jüdischen Kultur, die Gestalt ihres großen Zerstörers Hitler als Kontrast- und Komplementär-Figur mit eingeschrieben ist.«[54] Wenn Lubich damit Recht hat, erklärt dies das Erfolgsgeheimnis des Charly Chaplin-Films *The Great Dictator*. Zwischen beiden Volksführern gäbe es folgende Gemeinsamkeiten: »Raumeroberung (›Volk ohne Raum‹), Reinheitserziehung (›Rassenhygiene‹), Rechtsprechung (›Volksgericht‹) und Religionsgründung

---

50 *Kunst*, 349.

51 *Kunst*, 351.

52 *Aktuelles*, 214.

53 »›Fascinating Fascism‹: Thomas Manns ›Das Gesetz‹ und seine Selbst(de)-montage als Moses-Hitler«, *Zeitschrift für Literaturwissenschaft und Linguistik* 20, 1990, Heft 79, 129–133; zit.: *Fascism*.

54 *Fascism*, 130.

(Hitler: ›Ein Volk zu sein ist die Religion unserer Zeit‹). (ebd) Mose und Hitler wollen nach Lubich ein geschichtlich einzigartiges, ein ›auserwähltes Volk‹ erschaffen *und* erlösen. Moses und Hitler betrachten sich als Künstler (Bildhauer am Volk) und Erlöser. Im Anschluss an Heine zieht Lubich folgende Zwischenbilanz:»Moses und Hitler sind Brüder – allerdings bis aufs Blut verfeindete Brüder.«[55]

Als gemeinsamen Nenner ihrer Widersprüche nennt Lubich:»Das Schöpfungswerk Moses' hat seinen Ursprung im Unbehagen am Chaos – das Zerstörungswerk Hitlers im Unbehagen in der Kultur.« (ebd) Im nationalsozialistischen ›Mythos des 20. Jahrhunderts‹ erreicht die alttestamentliche Erziehung des Menschengeschlechts den Punkt ihrer ›totalen Pervertierung‹ (Lubich).»Mit dieser gewagten Ver-Dichtung der Moses-Mythe dürfte sich Thomas Mann von allen Zeitgenossen wohl am weitesten in den Bannkreis der charismatisch-faschistischen Führer-Persönlichkeit hineingeschrieben haben – ins Zentrum eines Faszinationskomplexes, den er – im wahrsten Sinne des Wortes – am eigenen Leib erfahren hatte und den er sich nun – anspielungs- und ein-bildungsreich – von der Seele schreiben mußte.«[56] Diese Faszination für die ›Großen‹ der Weltgeschichte bei Thomas Mann und ihre Pervertierung im Nationalsozialismus erklärt Lubich als homoerotisches Element. In Klammern skizziert er nur:»Potenzierung und Pervertierung der Mannschen Männerphantasien von der blonden Schönheit im ›Tonio Kröger‹ und ›Tod in Venedig‹ zur ›blonden Bestie‹ des Dritten Reiches. Traum und Trauma deutschen Größen-Wahns. Digression: brauner Körperkult, Uniform-Fetischismus, homosexuelle Camp-Ästhetik.« (ebd)

Die Mannsche Gesetzes-Novelle ist nach Lubich ein ›Archetypen-Lehrstück‹ vom ›Großen (Thomas) Mann‹ und seiner Macht über die Masse.»Sein Dichter-Standbild ist jedoch nicht nur (narzißtisches) Denkmal, sondern auch (exhibitionistisches?) Mahnmal. Selbstkult und Selbstkritik sind die zwei Seiten seiner konträr kontrovers in sich gebrochenen Modellfigur.« (ebd) So ist ›Das Gesetz‹ dann doch nicht nur – wie Lubich anfangs meinte – Paradigma der Faschismuskritik, sondern auch der Selbstkritik, wodurch das Künstlerthema wieder eingebunden wird. Die biblische Thematik kommt bei Lubich nicht in den Blick.

In dem Band *Querlektüren*[57] äußern sich Forscher zu Themen außerhalb ihrer eigenen Disziplin; so auch der Alttestamentler Rudolf Smend,

---

55 *Fascism*, 131.
56 *Fascism*, 132.
57 Weltliteratur zwischen den Disziplinen, hg. von W. Barner, Göttingen 1997.

der nach seinen Arbeiten zum Moseproblem (s. u.) sich nun der Mannschen Novelle zuwendet.[58] Smend fällt auf, dass das Tagebuch von der Arbeit an ›Mose‹ berichtet, wenn es die Novelle erwähnt, und er formuliert ›etwas grob‹ – aber richtig:»*Das Gesetz* heißt die Bestellung, ›Mose‹ die Art, wie Thomas Mann sie ausgeführt hat.«[59]

Bei den von Thomas Mann benutzten Quellen verweist Smend außer auf die üblichen Verdächtigen (Goethe, Freud, Auerbach) noch auf den Panbabylonisten Alfred Jeremias[60], von dem der Dichter schon im ›Joseph‹ zahlreiche mythologische Ideen übernommen hat. Jeremias und Auerbach betrachtet Smend als Außenseiter in der Bibelwissenschaft: »Jeremias, ein Leipziger Pfarrer, der strenge lutherische Orthodoxie mit einem materialreichen, aber methodisch ungezügelten Panbabylonismus verband, Auerbach – ich habe ihn noch gekannt – ein kraftvoller Zionist der ersten Stunde, der neben seiner Tätigkeit als Arzt in Haifa selbstbewusst Bücher über Biblisch-Historisches schrieb, die bei aller Vertrautheit mit dem Land und den Quellen und manchmal erfrischender Gesundheit des Urteils doch Werke eines Dilettanten sind.«[61] Von Auerbach wird später noch zu handeln sein (s. u.).

Hier sei nur soviel gesagt, dass Auerbach den Berliner Althistoriker Eduard Meyer (s. u.) als seinen Lehrer betrachtete und dessen These übernahm,»die Israeliten hätten sich lange in der Oase von Kadesch aufgehalten und seien dort von Mose mit ihren ›grundlegenden religiöspolitischen Institutionen‹ ausgestattet worden.« (ebd) Dem muss man aber nach Smend»sofort hinzufügen, daß es Thomas Mann völlig gleichgültig war, woher solche Thesen kamen, wie sie begründet waren und welchen Grad historischer Wahrscheinlichkeit sie hatten.«[62] Er verwendete alles, was er brauchen konnte, für die Novelle – wie etwa die Kochrezepte seiner Mutter in den *Buddenbrooks*. Das war im *Joseph* noch deutlich anders. Die Tetralogie ist ein Er-Roman, in dem der Autor die Handlung unterbricht, um mit dem Leser exegetische Fragen zu diskutieren. Dabei war Thomas Mann mit seinem instinktiven Urteil der Wissenschaft oft um fünfzig Jahre voraus, etwa was die Quellenfrage und die Endgestalt des Bibeltextes betrifft. Die Gründlichkeit, die er auf den Roman verwandte, hat er offensichtlich bei der 1000 Dollar-Novelle nicht mehr für nötig gehalten.

---

58 »Thomas Mann: ›Das Gesetz‹«, *Querlektüren*, 232–246.
59 *Querlektüren*, 236.
60 *Das Alte Testament im Lichte des Alten Orients*, Leipzig 1906.
61 *Querlektüren*, 239.
62 *Querlektüren*, 240.

Smend ist einer der wenigen, der den Mannschen Ausdruck ›Vesper-Nacht‹ (358) für die Tötung der ägyptischen Erstgeburt erklärt. Schon Goethe hatte von einer »umgekehrten Sizilianischen Vesper« gesprochen.[63] Gemeint ist der Aufstand der Bürger Palermos gegen die Herrschaft Karls. I von Neapel-Sizilien, der am Ostermontag 1282 zur Zeit der Vesper vor dem Dom ausbrach, als sich ein Soldat an einer Palermitanerin vergriff. Der Aufstand griff auf das ganze Land über, wobei die Einheimischen die Fremden töteten (vertont von Verdi in seiner gleichnamigen Oper 1855). In Ägypten war es umgekehrt.

Den Vorwurf eines ›antijüdischen Zuges‹ in der Novelle hat Thomas Mann nach Smend damit zurückgewiesen, dass es in der Novelle um ›allgemein Menschliches‹ gehe, für das das Jüdische ›nur repräsentativ‹ sei.

Andreas Käser[64] liefert eine ausführliche Quellenstudie zu der Novelle, aus der ich, um mich nicht zu wiederholen, nur Einzelpunkte herausgreife:»Während Mose nach biblischer Aussage hebräischer Herkunft ist, läßt Freud ihn ägyptischer Abstammung sein. Thomas Mann entscheidet sich für eine Mischgeburt – eine für ihn typische Voraussetzung zur Künstlernatur.«[65] Man denke nur an die eigene Mutter des Dichters, Julia Mann, geborene da Silva-Bruns, die aus Brasilien kam. »Die Mutter entstammte einer wohlhabenden deutsch-brasilianischen Kaufmannsfamilie.«[66]

Die Einflüsse des Goetheschen Mosebildes auf Thomas Mann sind nach Käser schwerer nachzuweisen:»Zwar wissen wir für Goethe noch eindeutig den Text, auf den sich Thomas Mann bezieht, doch sind wir nicht in der erfreulichen Lage, wie bei Freud und Auerbach eine Bearbeitung Thomas Manns recherchieren zu können.«[67] Von Goethe hat Thomas Mann offensichtlich die historisch-kritische Distanziertheit zum Bibeltext übernommen (Neuberechnung der 40-jährigen Wüstenwanderung und Reduzierung auf zwei Jahre anhand des Stationsverzeichnisses). Besonders der Vorteil der Zweitgeborenen nach der zehnten Plage stamme nach Käser von Goethe. So sei Goethe hier ausführlich zitiert:»(Man erschlägt) nur den Erstgeborenen, um in einem Lande, wo die Erstgeburt so viele Rechte genießt, den Eigennutz der Nachgeborenen

63 *Werke* Band II, Hamburg 1949, 212.
64 »Thomas Mann als (biblischer?) ›Redaktor‹. Die Moses-Novelle ›Das Gesetz‹«, *Heinrich Mann-Jahrbuch*, Lübeck 1998, 123–160; zit.: *Redaktor*.
65 *Redaktor*, 131.
66 Hermann Kurzke, *Thomas Mann. Das Leben als Kunstwerk*. Eine Biographie, München 1999, 14; dort weitere Einzelheiten.
67 *Redaktor*, 135.

zu beschäftigen und der augenblicklichen Rache durch eine eilige Flucht entgehen zu können. Der Kunstgriff gelingt, man stößt die Mörder aus, anstatt sie zu bestrafen.«[68]

Auch bei Goethe geht es direkt nach Kadesch, und Israel muss unter der Führung Josuas die Amalekiter aus der Oase vertreiben. Käser zieht folgendes Fazit:»Goethe hatte eine kritische, historisch-rationale, die Einwirkung Gottes ausklammernde Sicht der Moseerzählung. Und sie durchzieht auch Thomas Manns Erzählung; diese Parallele ist sicher eher bewußt als zufällig.«[69] Auch Heine, Voltaire und Michelangelo haben nach Käser wohl eher indirekt als Anregungen gedient denn als »tatsächliche Hilfe zur Ausführung«. (ebd)

Ebenso sieht Käser wie Käte Hamburger die Erzählung als Kommentar zum Bibeltext. Aber:»Thomas Manns Bibelrezeption ist keine unmittelbare, sondern eine überaus stark vermittelte. Grob gesprochen, liefert die Bibel den Stoff, Freud die Antithese von Sinnlichkeit und Geistigkeit, Goethe [...] die kritische Distanz zur Vorlage, Auerbach die Ausgestaltung, Voltaire den Stil und Michelangelo als Vorbild das Konzept der Gestalterpersönlichkeit Moses.«[70]

Käser beobachtet folgende besondere Merkmale der Erzählung:
1.»Thomas Mann zeichnet Mose als Künstler.« (ebd)
2.»Leichtigkeit des Stils.«[71]
3. Die Erzählung kommt ohne Transzendenz aus.
4.»Indifferenz von Mose und Jahwe.«[72]
5.»In der historisch-kritischen Exegese wird sorgfältig unterschieden zwischen biblischem Text und historischer Wirklichkeit. Aus dieser Unterscheidung, ausgeprägt auch bei Goethe, Freud und Auerbach, formt Thomas Mann eine weitere literarische Besonderheit, mit der er spielt: immer wieder bildet er in der Erzählung die biblische Geschichte reflektierende Metaebenen und bringt von der Sekundärliteratur postulierte Unterschiede zwischen Erzählung und Bibeltext in ›voltairisierender Erzählweise‹ ein.«[73]
Also doch Bibelkommentar!

---

68 »Israel in der Wüste«, *Werke* Band II, 212.
69 *Redaktor*, 137.
70 *Redaktor*, 139.
71 *Redaktor*, 141.
72 *Redaktor*, 143.
73 *Redaktor*, 145.

In der Frage ›politisches Gleichnis oder Kunst?‹ bezieht Käser eine Position, die etwa auf der Mitte zwischen Käte Hamburger (Bibelkommentar) und Lubich (Faschismuskritik) liegt:

1. Zunächst geht es ihm um die Frage, ob der Schluss der Erzählung ›Anhängsel oder integratives Element‹ sei. Das erstere behauptet Hans Rudolf Vaget.[74] Für ihn besteht ein Bruch zwischen Erzählung und Schluss – was sich auch nicht gut bestreiten lässt. Es muss aber »die Gegenfrage gestellt werden, ob denn der Wechsel im Stil wirklich auch einen Bruch in der Erzählung bedeuten muß. [...] Thomas Mann selbst hat den Schluß als integratives Element verstanden.«[75]

2. Ferner geht es Käser um die Frage der Textkohärenz. Das Gesetz ist die Mitte der Erzählung, der Dekalog als ›das kurzgefaßte Sittengesetz der Humanität‹. »Auf das Gesetz läuft die gesamte Erzählung hin. Es ist die Vollendung des ›Formerwerkes‹ in der Oase Kadesch. [...] Auch das Gesetz gehört zu den Vorgaben Robinsons (des Agenten, FWG). Wenn denn auch von einem Bruch im Stil geredet werden kann, so muß aber sehr wohl die Kohärenz im Thema beachtet bleiben.«[76] Für Thomas Mann hat die nationale Idee ausgedient. An ihre Stelle tritt ein ›alle bindendes Grundgesetz des Menschenrechts und Menschenanstandes‹.[77]

3. Die Erzählung weist eine Spannung zwischen Scherzhaftigkeit und Ernsthaftigkeit auf. Thomas Mann »ärgert sich über die, die den Scherz nicht anerkennen, zugleich über die, die die Ernsthaftigkeit der Erzählung nicht bemerken. Für ihn gehört beides untrennbar zusammen. ... Die ›Scherzhaftigkeit‹ soll nicht ›lustig machen‹. Sie soll die Leichtigkeit und Heiterkeit des Stils bewirken.«[78]

4. Was die problematische Gegenüberstellung von Mose und Hitler betrifft, so hält Käser fest, dass die Erzählung keine konsequent durchgeführte Vergleichung enthält. Das wäre einschränkend gegen Lubich zu sagen. »Zwar entlastet Thomas Mann in weiten Teilen Mose da-

---

74 »Das Gesetz«, in: *Thomas-Mann-Handbuch*, hg. von H. Koopmann, 2. Aufl., Stuttgart 1995, 605–609.
75 *Redaktor*, 148.
76 *Redaktor*, 151.
77 Vgl. auch Neuland, *Mythe*, 251.
78 *Redaktor*, 152.

durch, indem er die Gewalt in die Ausübung Joschuas stellt, doch läßt
Mose eben zumindest gewähren, teilweise befiehlt er aber auch Gewalt-
ausübung, so die Hinrichtungen nach dem Tanz um das goldene Kalb.
Das bleibt die pessimistische Tendenz der Erzählung, vorgegeben durch
den biblischen Stoff, daß Gewalt zur Umsetzung von Moses Bildungswerk nötig bleibt; es ist nur als System ›totalitärer Humanität‹ verwirk-
lichbar.«[79] So bleibt Mose für Käser eindeutig Antitypus zu Hitler.

5.»Die Erzählung ›Das Gesetz‹ ist Dichtung des engagierten Antifa-
schisten der 30er und 40er Jahre Thomas Mann mit eindeutiger politi-
scher Intention.«[80] Das wurde von Käte Hamburger unterbewertet. Die
Spannung zwischen aufklärerischem Optimismus und Schopenhaueri-
schem Pessimismus bleibt nach Käser in der Novelle bestehen.»Der
Prozeß der moralischen Erziehung droht am Erzieher selbst in Moses
Verhältnis zur ›bekannten Mohrin‹ zu scheitern, dem der Rückfall des
Volkes in die Verehrung des Goldenen Kalbes korreliert.« (ebd)

Nach Käsers Gesamturteil besteht die große kompositorische Leistung
Thomas Manns im ›Gesetz‹ in der Synthese. Biblisches und Politisches,
Scherzhaftigkeit und Ernst werden untrennbar zusammengefügt. Man ist
versucht, an die Quellensynthese Manns beim ›Joseph‹ zu denken.[81]
»Mit heiterem Zynismus wird ein Mischcharakter als Führernatur zugleich montiert und relativiert. Zeitgeschichtliche und politisch motivier-
te Schaffensimpulse verbinden sich mit älterem, werkinternem Interesse
an einer Neugestaltung der Künstlerthematik zu einem einheitlichen
Ganzen: Was der politische Ethiker Thomas Mann unter dem Druck der
politischen Situation zu sagen sich verpflichtet fühlt, bringt der Künstler
in Form der Erzählung zu Papier.«[82]
    Wolf-Daniel Hartwich,»Prediger und Erzähler«[83], behandelt neben
anderen Werken des Dichters auch die Mosenovelle. Hier geht es dem
kürzlich früh verstorbenen Heidelberger Germanisten um die Mosefigur
als Urmodell des Propheten.»Obwohl Moses in der biblischen Tradition als von Natur unbegabt zur Rede geschildert wird, erscheint er
doch als eigentlicher Erfinder des nomistisch-moralischen Diskurses der

79 *Redaktor*, 153.
80 *Redaktor*, 154.
81 Vgl. Golka, *Jakob*, 2. Aufl., Stuttgart 2000, 143–149.
82 *Redaktor*, 155.
83 ›Die Rhetorik des Heiligen im Werk Thomas Manns‹, *Thomas Mann Jahrbuch*, Band 11, 1998, 31–50; zit.: *Prediger*.

jüdischen wie der christlichen Religion.«[84] Die Gestalt des Feldherrn Joschua sieht Hartwich als die »einer Art Mephistopheles, der stets zur Hand ist, um für das ›Führeransehen des Meisters‹ zu sorgen und seine Pläne gewaltsam in die Tat umzusetzen. Auf das Konto Joschuas geht in der Erzählung sowohl die Tötung der Erstgeborenen Ägyptens wie die der widerspenstigen Korachiten.«[85]

Den Schluss der Erzählung beurteilt Hartwich wie folgt:»Am Ende der Geschichte gelingt Mose daher auch eine mitreißende Predigt, die sich auf seine eigene heilige Schrift und die Exempel aus ihrer Geschichte bezieht. [...] Das Modell der mythopoetischen Nachfolge ermöglicht dem Erzähler, in die Rolle Moses zu schlüpfen und einer säkularen Abgötterei die Tafeln des göttlichen Gesetzes entgegenzuhalten, ohne selbst dem moralischen Fanatismus und seinen inhumanen Konsequenzen zu verfallen.«[86]

Zum Thema ›Mythos und Religion‹ heißt dies:»Während Kult und Mythos das Heilige theatralisch inszenieren, vermitteln Religion und Theologie ein abstraktes Wissen über das Göttliche. An die Stelle der mythischen Vor- und Gegenbilder tritt der moralische Imperativ.«[87] »Der Autor bringt das Heilige als sittlich normativ und zugleich ästhetisch autonom zur Darstellung. Während der religiöse Prediger intolerant die eine Wahrheit vertritt, wird diese von dem ironischen Mythologen perspektiviert. Der poetische Umgang Thomas Manns mit dem Mythos verweigert sich aber jeder spielerischen Beliebigkeit. Da der Autor die kollektiven Bindekräfte erkennt, die das Heilige noch in seinen säkularisierten Ausprägungen entfaltet, sucht er die religiöse Tradition auf ein humanistisches Ethos hin zu lesen. Gegen die zeitgenössische Politisierung des Mythos und Ästhetisierung der Politik erzählt Thomas Mann die heiligen Schriften als Künstlergeschichten und rettet so ihre kulturelle Verbindlichkeit.«[88]

Die genausten quellenkritischen Untersuchungen zum ›Gesetz‹ hat wohl Klaus Makoschey angestellt.[89] Besonders Auerbachs ›Wüste und gelobtes Land‹ ist als Quelle detailliert belegt. Makoschey weist als

---

84 *Prediger*, 44.
85 *Prediger*, 45.
86 *Prediger*, 47.
87 *Prediger*, 31.
88 *Prediger*, 50.
89 *Quellenkritische Untersuchungen zum Spätwerk Thomas Manns.* ›Joseph der Ernährer‹, ›Das Gesetz‹, ›Der Erwählte‹, Frankfurt a. M. 1998; zit.: *Spätwerk.*

erster in Auseinandersetzung mit Käte Hamburger (s. o.) auf die von mir bereits angesprochene unterschiedliche Behandlung des Bibeltextes im ›Joseph‹ und im ›Gesetz‹ hin. Die Tetralogie ist ein Er-Roman, und der Autor diskutiert mit dem Leser die exegetischen Probleme, wobei er die Handlung unterbricht.»Vollkommen anders *Das Gesetz* in seiner kurzgefaßten Bündigkeit. Schon der Veröffentlichungsrahmen als erstes Stück in dem Zehn-Gebote-Propagandabuch verbot ein gelehrtes Spiel mit der Theologiegeschichte. Dem entsprach Thomas Mann mit seinem Plan, eine ›Moses-*Phantasie*‹ zu schreiben. Diesem Vorsatz trägt er mit einer Vorstudienzeit von nur sieben Tagen Rechnung, der ein etwa zweijähriges Vorstudium für den *Joseph* gegenübersteht. Zudem hat Thomas Mann erstaunlich wenig auf die angesammelten Erkenntnisse der sechzehn Jahre zurückgegriffen, sondern ist gezielt auf unverbrauchte, neue Quellen ausgewichen.«[90] Was er an sachlichen Details benötigte, fand er bei Auerbach. So gelang es ihm,»aus der legendenhaften Vorlage seiner ›Mose-Phantasie‹ eine psychologisch-realistische Erzählung zu formen. Die Genauigkeit der Fiktion konnte mit diesem Material gewährleistet werden.«[91]

Bei der Konzeption der Novelle hält sich Thomas Mann an das Buch Exodus, das er aus späteren Teilen des Pentateuch (Levitikus, Numeri, Deuteronomium) ergänzt.»Nach diesem Prinzip glättet er auch mit Goethes Hilfe einen sachlichen Widerspruch im Buch *Exodus*: Da im zweiten Kapitel Reguel der Priester in Midian und Vater von Moses' Frau Zipora ist, macht Thomas Mann Jethro, Moses' Schwäher, einfach zu seinem Schwager. (›Schwäher‹ bedeutet eigentlich ›Schwiegervater‹. FWG) Die Lizenz dazu erteilt ihm Goethe, der, etwa in der *Iphigenie*, ›Schwäher‹ in diesem Sinne gebraucht hat.«[92]

Nach Makoschey wird die Reinheitsvorschrift den übrigen Geboten, die in Kap. 15 folgen, vorangestellt, denn»diese ›Reinheit im Groben‹ [ist] die Voraussetzung aller höheren Reinheit, nämlich der Heiligkeit.«[93] Daher das so hartnäckig immer wieder erwähnte Schäuflein. Dass Mose in der Lage ist, sein Volk objektiv, geradezu von außen wie ein Bildhauer zu bearbeiten, liegt an seinem ›Mischcharakter‹. Er ist halb Hebräer und Ägypter und hat deswegen die nötige Distanz zu seinem ›Vaterblut‹. Aber auch»seine Unregelmäßigkeit und heißen

90 *Spätwerk*, 82; vgl. auch Rudolf Smend s. o.
91 *Spätwerk*, 53.
92 *Spätwerk*, 84.
93 *Spätwerk*, 86.

Sinne stammen von seiner ägyptischen Mutter. Die biblische Schilfkind-Sage wird ›voltairisierend‹ als Vertuschung einer königlichen Ausschweifung entlarvt.«[94] Genüsslich zitiert Makoschey aus der George Gershwin Oper ›Porgy and Bess‹ (Songtexte von seinem Bruder Ira Gershwin) den Song ›It Ain't Necessarily So‹:

Little Moses was found in the stream.
He flowed on the water
'til old Pharao's daughter
she fished him – she says –
from that stream …

Obwohl Makoschey nicht davon ausgeht, dass diese Oper Thomas Mann im amerikanischen Exil bekannt war, zeigt der Song doch, »daß das ›Voltairisieren‹ von Bibel-Geschichten nicht auf Thomas Mann beschränkt war.«[95]

Praktische Talente als Volks- und Heerführer fehlen Mose nach Makoschey sowohl bei Goethe als auch bei Thomas Mann. Hier tritt dann Joschua ein, »der nun gerade wieder die geistliche Männlichkeit in Mosen verehrte und ihm seine stracke, ganz aufs Äußere gerichtete Jung-Männlichkeit unbedingt zur Verfügung stellte.«[96] »Die hier anklingende Homoerotik weist – wie der florentinische David als Bildvorlage für die Beschreibung Joschuas – auf Michelangelo.«[97]

Die Kadesch-These findet Thomas Mann nach Makoschey bei Goethe und Auerbach:»Goethe glaubte, die Widersprüche im Exodus-Bericht der Bibel und im besonderen den nachteiligen Eindruck von Moses' Charakter berichtigen zu können, indem er die vierzig Wüstenjahre des Volkes Israel auf zwei reduziert. Zu überzeugenderen Resultaten führt die Idee, die Volksgründung Israels ein Menschenalter dauern zu lassen und in Kadesch zu lokalisieren. Thomas Mann hat diese Idee nach Elias Auerbachs Wüsten-Buch realisiert.« (ebd)

Das Werk des Mose, das Eigentliche der Mannschen Novelle, ist die Gesetzgebung, wobei er das Volk behaut wie ein Bildhauer seinen Rohling:»Sein Meisterstück, die Schöpfung, die Mose gott-ähnlich macht, ist die Erfindung der Schrift und die Erschaffung der Gesetzestafeln.«[98]

94 *Spätwerk*, 94.
95 *Spätwerk*, 94, Anm. 33.
96 ›Das Gesetz‹, *Späte Erzählungen*, Frankfurter Ausgabe, 1981, 367; zit.: *Gesetz*.
97 *Spätwerk*, 98.
98 *Spätwerk*, 117.

Karl-Josef Kuschel[99], katholischer Theologe und Thomas Mann-Kenner, behandelt in seinem Aufsatz die Wende des Dichters vom ›Unpolitischen‹ zum Demokraten, die mit Absatzbewegungen von Nietzsche und Schopenhauer einhergeht. Diese Wende datiert Kuschel auf das Jahr 1922, die Rede zu Gerhart Hauptmanns 60. Geburtstag, also nur vier Jahre nach dem Erscheinen der ›Betrachtungen eines Unpolitischen‹ von 1918.

Die Mose-Novelle ›Das Gesetz‹ dient Kuschel als Paradigma dieses »Kampfes um die Humanität, einer Erziehung zu Humanität«.[100] Zunächst beschreibt Kuschel das typisch moderne, freiheitliche Verhältnis Thomas Manns zum Bibeltext: »Er ist kein naiver Erzähler mehr, der die biblische Geschichte schlicht nacherzählen will. Der biblische Text ist für ihn nicht göttliche Offenbarung mit unfehlbarer Autorität. Wenn er die Bibel benutzt, dann zu persönlichen Zwecken; wenn er biblische Stoffe aufgreift, dann im Interesse einer eigenen Konzeption.« (ebd)

So stellen sich Kuschel als Grundthema der Mannschen Erzählung folgende Fragen:

1. »Wie gelangt ein von Sinnlichkeit und Leidenschaft bestimmter Mensch zur Formung seines Lebens, zur Bändigung seiner selbst und zur Verantwortung für die Gemeinschaft?« und
2. »Wie kommt ein Mensch dazu, trotz aller Zerrissenheiten und Leidenschaften, trotz aller Irrationalitäten und Verkehrtheiten sich zum Sittlichen durchzuringen und diese Moralität dann auch für die Gemeinschaft seines Volkes durchzusetzen?«[101]

An der bereits erwähnten kuschitischen Frau aus Numeri 12 diskutiert Kuschel das Problem der Entstehung der Sittlichkeit aus der Sinnlichkeit, wobei Mose ›Künstler-Kollege‹ Thomas Manns ›aus uralter Zeit‹ ist. »Eigentliches Thema dieser Erzählung ist die uralte Frage nach dem Kräfteverhältnis von Geist und Willen im Menschen, ja die Veranschaulichung des Problems, zu welchen Bedingungen die Idee des Guten gegen die sündhafte Willensnatur durchsetzbar ist.«[102] Das widerspens-

99 »›Mein Gott, die Menschen ...‹. Probleme einer Erziehung zur Humanität bei Thomas Mann anhand der Mose-Novelle ›Das Gesetz‹«, in: *Erzählen und Moral*. Narrativität im Spannungsfeld von Ethik und Ästhetik, hg. von D. Mieth, Tübingen 2000, 237–258; zit.: *Humanität*.
100 *Humanität*, 244.
101 *Humanität*, 244f.
102 *Humanität*, 246.

tige Volk der Juden spiegelt das nicht weniger widerspenstige Volk der Deutschen, der Künstler Moses den Künstler Thomas Mann,»der seinerseits vergeblich den ›Rohstoff‹ des deutschen ›Volkskörpers‹ zu formen versuchte. Das gibt dem Menschenbild dieser Novelle etwas Düsteres, Pessimistisches.«(ebd) Die Abkehr von Schopenhauer ist doch noch nicht konsequent vollzogen, obwohl die Hilfs- und Propagandaaktivitäten (BBC-Reden) in Amerika ein etwas anderes Bild des Dichters zeichnen – trotz des bleibenden anthropologischen Pessimismus. So zeigt gerade das Problem der Kuschitin bei Mose – wie übrigens auch das des Goldenen Kalbes bei den Israeliten – dass»das Geistige und Sittliche [. . .] nichts ein für allemal Gesichertes und Natürliches [ist]; ihm droht vielmehr stets eine Entmachtung durch die sündhafte Willensnatur des Menschen.«[103]

Nach Kuschel bildet»die Auseinandersetzung mit dem ›Weltverbrechen‹ des Faschismus [. . .] den zeitgeschichtlichen Hintergrund für die Ausarbeitung der Mose-Novelle.«(ebd) Die Hitler-Bewegung ist Aufkündigung des jüdisch-christlichen Sittengesetzes.»Der Faschismus verstand sich in der Tat als das neue Gesetz der Herrenrasse, und dieses lehnte das im Dekalog aufgestellte Sittengesetz nicht zuletzt deshalb ab, weil es jüdisch war. Jedenfalls teilte Thomas Mann diese Faschismus-Deutung als Aufkündigung des ›moral code‹ der Menschheit.«[104] Für Thomas Mann sind die Zehn Gebote, ›das Ewig-Kurzgefaßte‹, das ethische Grundminimum der Menschheit.

Damit diese Entschiedenheit für die Humanität überhaupt zustande kommt, bedarf es nach Kuschel der geschichtlichen Herausforderung, der Erfahrung der Perversion des Guten. So war denn die Zeit des Faschismus für Thomas Mann eine moralisch gute Zeit, weil er gezwungen war, Stellung zu beziehen gegen den ›Feind der Menschheit‹. Wie Mose die Israeliten zu ihrem Glück zwingen musste, so bejahte auch Thomas Mann autoritäre Mittel,»um ein Volk von einem falschen Weg abzubringen und zum Guten zu erziehen.«[105] Das ist durch Äußerungen in seinem ganzen Werk belegt (›totalitäre Humanität‹). Auf das Fortdauern des Schopenhauerischen Pessimismus wurde schon hingewiesen (s. o.). Ein ›alle bindendes Grundgesetz des Menschenrechts und des Menschenanstandes‹ ist für Thomas Mann allerdings nicht denkbar ohne eine bestimmte Dosis ›säkularisierten Christentums‹.

---

103 *Humanität*, 248.
104 *Humanität*, 250.
105 *Humanität*, 254.

Tübingen scheint sich als Hochburg der katholisch-theologischen Thomas Mann-Forschung profilieren zu wollen, und zwar insbesondere auf dem Gebiet der Ethik, vielleicht angeregt durch Hans Küngs Frage nach dem ›Weltethos‹. Während Dietmar Mieth sich mit dem ›Joseph‹ beschäftigt hat,[106] befasst sich sein Kollege Karl-Joseph Kuschel in dem oben besprochenen Aufsatz mit dem ›Gesetz‹. Nun ist aus der Kuschel-Schule – wenn dieser Ausdruck erlaubt ist – eine Dissertation erschienen, die das von Kuschel in dem obigen Aufsatz kurz Skizzierte weiter ausführt, und zwar von Peter Mennicken.[107]

Für Mennicken ist das ›Gesetz‹ in erster Linie eine ›Erziehungsgeschichte‹. Die sündige Willensnatur des Menschen wird in der Erzählung durch das ›Gehudel‹, das ›Pöbelvolk‹ repräsentiert, dem Mose als Sachwalter des Geistigen und Sittlichen gegenüber steht. Auch Mennicken geht auf das Kräfteverhältnis zwischen Geist und Willen ein und auf die schmerzliche Lektion, die Mose lernen muss:»Zivilisation, Kultur und Sittlichkeit sind nichts ein für alle Mal Errungenes und Gesichertes, sondern bleiben stets gefährdet und unterminierbar.«[108] Mennicken setzt sich auch mit der von Lubich (s. o.) aufgestellten Mose / Hitler-Parallele kritisch auseinander. Wegen ihrer Wichtigkeit gebe ich seine Stellungnahme ausführlich wieder:

»Thomas Manns Mose bereitet die anstehende Eroberung der Oase Kadesch immerhin moralisches Unbehagen, Hitler dagegen konnte es kaum erwarten, endlich loszuschlagen« – hier wäre Joschua eher die Parallele zu Hitler; FWG –»und während Mose bei Thomas Mann die Israeliten auffordert, die in Gefangenschaft geratenen Frauen und Kinder der unterlegenen Amalekiter menschlich zu behandeln, stachelt Hitler die Deutschen gezielt zur Verachtung, Demütigung und Vernichtung vorgeblicher ›Untermenschen‹ und ›minderwertiger Rassen‹ auf. Die Reinheitsvorschriften Moses bezwecken bei Thomas Mann eine Sensibilisierung der Hebräer für Anstand und Schicklichkeit und haben mit Rassendünkel nicht das Geringste zu tun, die nationalsozialistischen Rassengesetze hingegen dienten in der Tat nichts anderem als der systematischen Entrechtung und Diskriminierung der Juden zugunsten der Vorherrschaft der vermeintlichen deutschen ›Herrenrasse‹. Der Vergleich zwischen der um Gerechtigkeit und Ausgleich bemühten Rechtsprechung des Mose und dem Volksgerichtshof, in dem der sogenannte

---

106 *Epik und Ethik*, Tübingen 1976.
107 *Für ein ABC des Menschenbenehmens*. Menschenbild und Universalethos bei Thomas Mann, Mainz 2002; zit.: *ABC*.
108 *ABC*, 141.

Richter Roland Freisler sich in hysterisch brüllendem Fanatismus erging, ist abwegig, ebenso der zwischen Mose und Hitler als Religionsgründern.«[109]

Auch Mennicken beobachtet bei Thomas Mann im ›Gesetz‹ die Neigung zu Erziehungs-Diktatur: »Die hier zum Ausdruck kommende schopenhauersch-düstere Sicht vom Menschen, in der Thomas Mann sich durch die Nazi-Gräuel nur bestätigt fühlen konnte, und die daran anknüpfende Billigung von Macht und Gewalt, wenn anders die menschliche Neigung zum Bösen nicht zu bezwingen sein sollte, haben im ›Gesetz‹ ihren literarischen Niederschlag gefunden.«[110] Das Projekt der Zivilisierung des Menschengeschlechtes ist eigentlich schon am Berge Sinai gescheitert. Deshalb verweist Thomas Mann auf die Schwachheit der menschlichen Natur und auf die Schwierigkeiten, die sich jedem ›sittlich-humanen Fortschritt‹ in den Weg stellen.

Als letzte sei noch die Arbeit von Rüdiger Görner kurz angesprochen. Der Autor verweist auf das Gesetz der Wechselseitigkeit in der Mannschen Novelle. Sie besteht vor allem »in der Beziehung zwischen Moses und Gott, seiner ›Kunst‹ als Steinmetz und der durch ihn erfolgenden Rechtsetzung, seinem Gottesgehorsam und eigenem Führungsanspruch gegenüber den Israeliten (sic!), und in gewisser Weise zwischen ihm und Aaron.«[111] Da Moses Gott – anders als die Götter Ägyptens – bildlos ist, schreibt der Dichter Mose ›Bildnerlust‹ zu. Die Unsichtbarkeit gewährt Mose Schaffensraum.

Anders als z. B. Kuschel (s. o.) sieht Görner in der Novelle keinesfalls ein glühendes Bekenntnis zu Demokratie. »Dieses Volk taumelt – von Sieg zu Ratlosigkeit, von Führer-Gläubigkeit zu gottverlassenem Hedonismus (›Tanz ums goldene Kalb‹). Ein solches Volk, von dem es an einer Stelle sogar heißt, es sei ›los‹ gewesen wie sonst nur der Teufel oder die Hölle, bringt aus sich heraus nichts zuwege; ethisches Verhalten muß ihm von Mose, den es für Gott hält, verordnet werden.«[112] Nach Görner wollte Thomas Mann wie ein literarischer Mose auf die Deutschen wirken, den Faschismus durch seine Werke zerschlagen, wie Mose das goldene Kalb mit den Gesetzestafeln zertrümmerte.

Für den Nichtgermanisten ist es schwierig, bei der Vielfalt der Meinungen zu der Mannschen Novelle am Schluss den Überblick zu behalten. Im Grunde lässt sich diese Vielfalt aber auf vier Kernthesen zurückführen:

---

109 *ABC*, 143.
110 *ABC*, 145.
111 *Zauber*, 122.
112 *Zauber*, 125.

I. Bibelkommentar
II. Künstlerthematik
III. Universalethos
IV. Faschismuskritik

Nun kann es aber nicht darauf ankommen, uns einer dieser Lesarten in die Arme zu werfen. Für sich betrachtet, sind sie alle zu einseitig. Hatten etwa frühere Zeiten die Faschismuskritik unterschätzt (Hamburger), so sieht die moderne Forschung oft den biblischen Aspekt nicht mehr (Lubich). Wer eine dieser vier Lesarten ignoriert, bekommt einen wichtigen Teil der Mannschen Novelle nicht in den Blick. Die Lösung kann also nur – bei Thomas Mann nicht wirklich überraschend – in der Synthese liegen.

TEIL II
Studien zur biblischen Moseproblematik

Nun soll auch für Nichttheologen ein kurzer Überblick über die alttestamentliche Forschung zu unserem Thema gegeben werden. Dabei geht es nicht darum zu wiederholen, was Rudolf Smend[1] kurz und knapp und Eva Osswald[2] lang und breit schon dargestellt haben. Es sollen hier nur die wichtigsten Schwerpunkte herausgegriffen werden.

Die erste Forschungsmethode, die für das Moseproblem Relevanz hatte, war die so genannte Literarkritik oder Quellenscheidung, die davon ausgeht, dass der Pentateuch, die ersten fünf Bücher der Bibel, aus mehreren schriftlichen Quellen besteht, die durch eine oder mehrere Redaktionen zusammengearbeitet wurden. Ihre Grunderkenntnis ist die, dass das ›Gesetz‹ jünger ist als die ›Propheten‹. Die Methode wurde im Wesentlichen im 19. Jh. entwickelt und erreichte ihren Höhepunkt in Julius Wellhausens[3] Vierquellentheorie oder Urkundenhypothese. Im 20. Jh. zeigte die Methode dann Verfeinerungs- und Auflösungserscheinungen. Einzelheiten brauchen uns nicht zu interessieren, wichtig für das Moseproblem ist nur das, worin alle Vertreter der Literarkritik übereinstimmen: Die alten Quellen zeichnen ein Bild von Mose als Volksführer beim Auszug aus Ägypten und der Wüstenwanderung, während er für die späteren (Deuteronomium und die so genannte Priesterschrift aus der Zeit der zweiten Tempelgemeinde) zum großen Gesetzgeber geworden ist. So ist denn auch Esra, ›der Schreiber des Gesetzes des Himmelsgottes‹, für das nachexilische Judentum zu einem zweiten Mose geworden. Damit ist für unsere Fragestellung folgendes festzuhalten: Schon die Bibel hat verschiedene Mosebilder. Die Verschiedenheit erklärt sich aus den historischen Rahmenbedingungen.

Aus der Erkenntnis heraus, dass biblische Erzählungen in der Regel nicht schriftlich komponiert, sondern zunächst mündlich erzählt worden sind, wurde die Literarkritik abgelöst durch die so genannte Form- oder

---

1 *Das Mosebild von Heinrich Ewald bis Martin Noth*, Tübingen 1959; wieder abgedruckt in: *Zur ältesten Geschichte Israels*, Ges. Studien Band 2, München 1987, 45–115.

2 *Das Bild des Mose in der kritischen alttestamentlichen Wissenschaft seit Julius Wellhausen*, EVA Berlin 1962.

3 *Die Composition des Hexateuchs und der historischen Bücher des Alten Testaments*, 3. Aufl., 1899 (Nachdruck: Berlin 1963).

Gattungsgeschichte, als deren Begründer Hermann Gunkel[4] gelten kann. Sie fragt nach Gattungen (etwa Erzählung, prophetisches Gerichtswort, Sprichwort, Klagepsalm) und deren ›Sitz im Leben‹, d. h. nach der Situation im täglichen Leben, wo diese Gattung tatsächlich vorkommt. Gunkels Einsichten wurden von Hugo Gressmann (s. u.) übernommen und auf die Moseerzählungen angewandt. Dabei fand er, dass die Einzelsagen ihren Schwerpunkt in der Oase Kadesch haben, während erst die Gesamtkomposition die Betonung auf den Sinai legt. Hatten Gunkel und Gressmann die formgeschichtliche Methode auf die Einzelsagen angewandt, so versuchte Gerhard von Rad[5] die Gattung der ersten sechs Bücher der Bibel zu bestimmen. Dabei fand er, dass es in Deuteronomium 6 und 26 und in Josua 24 eine Art Glaubensbekenntnis gibt, das so genannte ›kleine geschichtliche Credo‹, das so etwas wie einen Mini-Hexateuch, ein Modell für die ersten sechs Bücher der Bibel darstellt. Dieses Grundmodell wurde dann später durch andere Traditionen aufgefüllt. Eines dieser Bekenntnisse, Deuteronomium 26,5b–9, möchte ich hier einmal vorstellen:

Mein Vater war ein heimatloser Aramäer.
Er zog nach Ägypten, lebte dort als Fremder mit wenigen Leuten und wurde dort zu einem großen, mächtigen und zahlreichen Volk.
Die Ägypter behandelten uns schlecht, machten uns rechtlos und legten uns harte Fronarbeit auf.
Wir schrien zum Herrn, dem Gott unserer Väter,
und der Herr hörte unser Schreien und sah unsere Rechtlosigkeit, unsere Arbeitslast und unsere Bedrängnis.
Der Herr führte uns mit starker Hand und hoch erhobenem Arm, unter großem Schrecken, unter Zeichen und Wundern aus Ägypten,
er brachte uns an diese Stätte und gab uns dieses Land,
ein Land, in dem Milch und Honig fließen. (Einheitsübersetzung)

Der heimatlose Aramäer ist Jakob, der seinem Sohn Joseph nach Ägypten folgte und dort zu einem großen Volk wurde. Außer der Urgeschichte – die nicht zum Thema des ›kleinen geschichtlichen Credos‹ gehört – fehlen also die Patriarchen Abraham und Isaak und – für unser Thema wichtig – in der Wüstenüberlieferung die ganze Sinaitradition!

---

4 *Genesis*, 7. Aufl., Göttingen 1966 (= 3. Aufl. 1910).
5 *Das formgeschichtliche Problem des Hexateuch*, BWANT 26, Stuttgart 1938; *Ges. Studien zum Alten Testament*, 1958, 9–86.

Sie wurde erst später in die Bibel eingebracht, und zwar von den Süd-stämmen, die wohl regelmäßige Wallfahrten zum Sinai veranstalteten und auch für den Einschluss der im Süden beheimateten Erzväter Abra-ham und Isaak verantwortlich sind. Seit von Rads Erkenntnis stellt sich nun die Frage: Wo ist dann die überlieferungsgeschichtliche Heimat des Mose – in der Exodus- oder in der Sinaitradition?

Diese Frage ging nun Martin Noth[6] im Gefolge von Rads mit Vehe-menz an, indem er die Geschichte der Überlieferungen des Pentateuch untersuchte. Der Moseskeptizismus Martin Noths speist sich aus der Tatsache, dass Mose in der ganzen vorexilischen Prophetie nur einmal sicher in Jeremia 15,1 und in der nachexilischen Prophetie in Jesaja 63,11.12 erwähnt wird. Sieht man nach von Rad von der Sinaitradition ab, so bleiben im Pentateuch nach Noth noch drei große Themen, in denen Mose beheimatet sein könnte: ›Herausführung aus Ägypten‹, ›Führung in der Wüste‹ und ›Hineinführung in das Kulturland‹. Mit dem Ausdruck ›Themen‹ ist die Forschung nie ganz glücklich gewor-den, bezeichnet er doch weder eine Gattung noch einen klar abgegrenz-ten Überlieferungskomplex.

Das deuteronomische Gesetz »kennt Mose als den großen Formula-tor des gültigen Gottesrechtes, und spätere Stücke des Rahmenwerkes haben dies dann dahin präzisiert, daß Mose am Horeb den Dekalog von Jahwe erhalten und dem Volke vermittelt habe, um dann später im deuteronomischen Gesetze die detaillierten Ausführungsbestimmungen zu diesem grundlegenden Gesetz zu geben.«[7] Von hier aus ist die Vor-stellung vom Gesetz(buch) des Mose in das von Noth so genannte chronistische Geschichtswerk eingedrungen, in der Priesterschrift wird dann das ganze Gewicht auf die Sinaioffenbarung, die durch Mose vermittelte göttliche Gesetzgebung, gelegt.

Um die ursprüngliche Stellung des Mose zu ermitteln, sind wir nach Noth »auf eine Analyse der Pentateuchüberlieferung selbst angewiesen; und dabei muß zunächst die Frage geklärt werden, in welchem der Pentateuchthemen er seine eigentliche überlieferungsgeschichtliche Heimat hat.«[8] Für die ›Herausführung aus Ägypten‹ spricht sein ägyp-tischer Kurzname, für die ›Führung in der Wüste‹ die Geschichten von Durst, Hunger und Feinden in der Wüste, für die ›Hineinführung in das Kulturland‹ die Tradition vom ostjordanischen Mosegrab, während die

---

6 *Überlieferungsgeschichte des Pentateuch*, Stuttgart 1948 (Nachruck: Darm-stadt 1966); zit.: *ÜPent.*
7 *ÜPent*, 173.
8 *ÜPent*, 175.

›Offenbarung am Sinai‹ keinen eigenen Überlieferungswert hat, da sie »die auch im Hinblick auf Mose schon voll entfaltete Pentateucherzählung voraussetzt.«[9]

Zunächst zum Thema ›Herausführung aus Ägypten‹. Gegenüber der Annahme vieler Forscher, der Kurzname des Mose weise nun eindeutig nach Ägypten, führt Noth folgendes Gegenargument an: »Einen ägyptischen Namen konnte ein Mensch am Ausgang der Spätbronzezeit, nachdem Syrien-Palästina mehrere Jahrhunderte lang unter ägyptischer Oberherrschaft gestanden hatte, auch erhalten haben, ohne jemals in Ägypten selbst gewesen zu sein.«[10] Außerdem erklärt Noth die Führerrolle des Mose in der Überlieferung für eine nach und nach gewachsene: Es finden sich in vielen Erzählungen neben Mose noch so genannte ›stumme Statisten‹, die wohl einmal die ursprünglich Handelnden waren. Bestes Beispiel sind die Vorarbeiter der Israeliten in Exodus 5,6–19, die direkt mit dem Pharao verhandeln. Danach ist es für Noth »nicht zweifelhaft, daß auch das Thema ›Herausführung aus Ägypten‹ die Gestalt Moses nicht als ihm ursprünglich zugehörig beanspruchen kann.«[11]

Das Thema ›Führung in der Wüste‹ sei ein reines Zwischenstück zwischen der ›Herausführung aus Ägypten‹ und der ›Hineinführung in das Kulturland‹ und bestehe im Übrigen aus »einer Addition verschiedener Lokalsagen, die an den einzelnen Wüstenplätzen hafteten.«[12] Dies würde ein Formgeschichtler nun für ein Argument für die Ursprünglichkeit der Sagen halten, Noth will aber den umgekehrten Schluss ziehen. Auch eine Kadeschüberlieferung und einen Kult von Kadesch habe es nie gegeben, obwohl Noth dann gleich wieder einlenken muss: »Natürlich hat es wie das Quellengebiet von Kades so auch einen Kult an der speziell heiligen Quelle, der heutigen *en kdes*, gegeben; aber für die alttestamentliche Überlieferung hat das nichts weiter bedeutet.« (ebd) Noth gibt für seine Entscheidung keinerlei Gründe an, sie ist rein willkürlich.

Nun enhält Numeri 12 und 16 aber noch die Auseinandersetzungen um das Führerrecht des Mose sowie die Geschichte von den siebzig geistbegabten Ältesten, von denen selbst Noth zugeben muss: »Aus diesen Zusammenhängen läßt sich die Person Moses nicht hinwegden-

---

9 *ÜPent*, 177.
10 *ÜPent*, 178.
11 *ÜPent*, 180.
12 *ÜPent*, 181.

ken.«[13] Sie werden deshalb zum »überlieferungsgeschichtlich sehr junge(n) Zuwachs« (ebd) zum Thema ›Führung in der Wüste‹ erklärt. Aber an der Tradition von der ausländischen Frau des Mose kommt auch Martin Noth nicht vorbei:»Daß die Heirat mit einer ausländischen Frau zu den Urelementen der Moseüberlieferung gehört und damit wahrscheinlich auf einen geschichtlichen Tatbestand zurückgeht, ergibt sich daraus, daß sie in nicht weniger als drei voneinander unabhängigen Versionen in der Überlieferung vorliegt.«[14] Aber auch dieses war »offenbar schon ziemlich früh, aber doch eben erst sekundär mit der Überlieferung von der Begegnung mit den Midianitern am ›Gottesberg‹ verquickt worden.«[15] So bleibt es denn auch beim Thema ›Führung in der Wüste‹ für Noth dabei, dass Mose in ihm ursprünglich nicht beheimatet gewesen ist.

Bleibt nur noch ein letztes Thema, bei dem Noth allerdings fündig wird: Die Mosegrabtradition gehört für ihn in den Sachzusammenhang des Themas ›Hineinführung in das Kulturland‹. Dabei tun sich zwei Schwierigkeiten auf: Die Überlieferung in der Priesterschrift ist viel zu spät, und das Grab selbst ist unbekannt (Deuteronomium 34,6). Aber auch die alte Überlieferung habe wohl berichtet, dass »Mose alles Nötige für die Besetzung des verheißenen Landes vorbereitet hatte, dann aber doch wider Erwarten infolge göttlichen Zornes kurz vor Erreichen dieses Zieles sterben mußte.«[16] Ist diese ›alte Erzählung‹ auch völlig rekonstruiert, ist sich Noth doch sicher, eine echte Grabtradition vor sich zu haben;»das Grab im Tale gegenüber von Beth-Peor wurde vielmehr gewiss von allem Anfang an als Mosegrab gezeigt.«[17] Und auch dies hat inzwischen Eckart Otto widerlegt, sodass er an anderer Stelle schließen kann:»Inzwischen ist uns deutlicher, als es M. Noth vor 50 Jahren sein konnte, daß die Grabnotiz in Dtn 34 in den Kontext nachexilischer Redaktion des Pentateuch gehört, also zu den literarisch jüngsten Stücken im Pentateuch und also als literarischer Angelpunkt für die Frage nach dem historischen Mose nicht infrage kommt. Die Grabesnotiz meint, was sie sagt, daß zur Zeit ihrer Abfassung die Lage eines Mosegrabes unbekannt war.«[18]

---

13 *ÜPent*, 183.
14 *ÜPent*, 185.
15 *ÜPent*, 186.
16 *ÜPent*, 187.
17 *ÜPent*, 189.
18 E. Otto, *Mose. Ägypten und das Alte Testament*, SBS 189, Stuttgart 2000, 10.

Die Grabstätte gehört nach Noth in den Zusammenhang der »Aussage über das Nichthineinkommen Moses in das verheißene Land [...] weil seine Grabstätte am Wege der landnehmenden Israeliten lag.«[19] Doch selbst wenn Mose an der bezeichneten Stelle wirklich gestorben und begraben war, resümiert Martin Noth: »Damit ist freilich für die Feststellung der geschichtlichen Rolle und Bedeutung Moses nicht viel gewonnen.« (ebd)

So bleibt bei Martin Noth von Mose vielleicht ein ägyptischer Kurznahme, vielleicht eine ausländische Frau und mit Sicherheit ein unbekanntes Grab. Damit hat Noth die Moseforschung in eine Sackgasse geführt. Es hilft nichts als wieder umzukehren und zu der Forschung des frühen 20. Jh.s zurückzugehen, zu dem Althistoriker Eduard Meyer und dem Formgeschichtler Hugo Gressmann.[20]

Von dem Berliner Althistoriker Eduard Meyer[21] stammt der Hinweis auf die enge Verbindung Moses mit der Oase Kadesch. »Diese Gestalt des Mose ist nun mit Kadesch (Massa und Meriba) untrennbar verbunden; die Verschwägerung mit dem midianitischen Priester bildet die Ergänzung dazu. Die Verbindung mit dem Exodus dagegen und vollends die Jugendgeschichte sind durchaus sekundär und lediglich die Folge der Einfügung Moses in eine zusammenhängend fortlaufende Sagengeschichte.«[22]

E. Meyer weist ebenso auf die Beziehung des Stammes Levi zur Oase Kadesch hin: »Nun ist Mose ein Angehöriger des Stammes Lewi, und zwar der einzige, den wir kennen; und er gehört nach Kadesch, und zwar ausschließlich nach Kadesch.«[23] So sagt die Sage, »dass Mose, ein Angehöriger des Stammes Lewi, in Kadesch Offenbarungen Jahwes und die Geheimnisse des Priesterstandes empfangen hat. [...] Indem Jahwe sich dem Mose offenbart, werden er und seine (wirklichen oder fiktiven) Nachkommen und damit die Lewiten zu Priestern – oder [...] die Priester zu Lewiten.«[24] In Kadesch finden wir den Dornbusch und die ›Gerichtsquelle‹.

Mose ist nach Eduard Meyer auf die höhere Rolle eines ›Gottes‹ der Priester beschränkt; er ist »Empfänger und Übermittler der Offenbarun-

19 *ÜPent*, 190.
20 Auf die Bedeutung der älteren Forschung hat mich J. Roy Porter (London) hingewiesen. Vgl. auch seine Antrittsvorlesung an der Universität Exeter, J.R. Porter, *Moses and Monarchy*, 1963.
21 *Die Israeliten und ihre Nachbarstämme*, Halle a.d.S. 1906; zit.: *Israeliten*.
22 *Israeliten*, 72.
23 *Israeliten*, 78.
24 *Israeliten*, 79.

gen, der Torot, [...] neben ihm steht von Anfang an das durch seinen Bruder Aharon, ›den Lewiten‹ vertretene Priestertum. Aharon ist der gelernte, wortkundige Priester, der nicht selbst Inspirationen empfängt, wohl aber die von Mose überkommenen Torot dem Volk richtig auszulegen versteht.«[25]

Die von E. Meyer erkannte Bedeutung von Kadesch wurde aufgenommen von Hugo Gressmann[26], der die Einzelsagen der Kadeschüberlieferung einer sorgfältigen Analyse unterzog.»Wo wirklich eine Erzählung vorliegt, die den Namen ›Ortssage‹ mit Recht verdient, kann nicht der geringste Zweifel walten, daß der Ort tatsächlich existierte, und dasselbe gilt von der ›Heldensage‹ mit entsprechender Folgerung. So wenig man das Vorhandensein von Quellen wie Mara und Massa oder von Orten wie Kades und Rephidim ernsthaft bestreiten wird, so wenig sollten man Mose aus der Geschichte zu streichen versuchen.«[27]

Das Vorhandensein der von Noth (s. o.) so genannten ›stummen Statisten‹, die Mose als ursprünglich Handelnde verdrängt haben soll, kann Gressmann durch das ›Gesetz der Verdoppelung‹ erklären;»es müssen zwei Personen sein, wie alles in der Regel zweimal wiederholt wird. Die Zweizahl, die in der Poesie für den *parallelismus membrorum* ausschlaggebend geworden ist, hat auch für die Mosesagen eine hohe Bedeutung gewonnen. Sie läßt sich fast überall nachweisen: Zweimal versucht Pharao, die hebräischen Kinder zu töten, bei der Geburt durch die Hebammen und nachher durch das Werfen in den Nil (Ex 1,6ff); zwei Wunder muß Jahve vollbringen, um den Mose von seiner Macht zu überzeugen (Ex 4,1ff); zweimal zaudert Mose nach der ursprünglichen Sage, ehe er den Befehl Jahves erfüllt (Ex 3,7ff); zweimal greift Jahve ein, um die Hebräer zu retten, das eine Mal gütlich durch die Wunder, das andere Mal gewaltsam durch die Tötung der Erstgeburt (Ex 7,14ff); zweimal schlägt Mose auf den Felsen (Num 20,11); zwei Gesetzes-Tafeln werden ausgehauen usw.«[28]

Die Abfassungszeit der Sagensammlungen ist nach Gressmann von der der Einzelsagen deutlich zu unterscheiden, letztere reichen mit den ältesten Schichten bis in die Mosezeit zurück.»Aus dem Ostjordanlande fehlen die lokalen und historischen Erinnerungen, von wenigen Einzelheiten abgesehen. Die Stämme, in deren Mitte die uns vorliegenden

---

25 *Israeliten*, 93.
26 *Mose und seine Zeit*, Göttingen 1913; zit.: *Mose*.
27 *Mose*, 362.
28 *Mose*, 383.

44

Sagen entstanden, müssen in Kades lange gesiedelt, können dagegen im Ostjordanland nur kurze Zeit geweilt haben.«[29] Es ergeben sich für Gressmann[30] folgende Sagenkränze:
- Wie die Israeliten in der Wüste von Kades ihren Lebensunterhalt fanden,
- Die Beziehungen zwischen Mose und Jethro,
- Die Sagen von der Geburt Moses bis zur Ankunft Israels am Sinai,
- Aufbruch Israels vom Sinai in das Gelobte Land.

So stehen nach Gressmann die Erzählungen von Massa und Meriba (Exodus 16–18) an der falschen Stelle und gehören hinter den Sinai. Sie, und nicht die Sinaisagen sind eingeschoben. Einzelsagen und Sagenkomposition gehen von so verschiedenen Voraussetzungen aus, daß man sie nicht miteinander ausgleichen kann. Denn nach der Komposition muß der Sinai die Hauptstation zwischen Ägypten und Kanaan gewesen sein, während Kades als Durchgangsstation nur flüchtig berührt worden ist. Eine Fülle von Einzelsagen aus Kades und seiner Umgebung lehrt dagegen, daß Israel dort lange Zeit geweilt haben muß, während Ortssagen vom Sinai nur in sehr geringer Zahl vorhanden sind. So weichen die Einzelsagen an einem wichtigen Punkte von der Anschauung der Sagensammlung ab; nach ihnen würde Kades die Hauptstation sein, während der Sinai höchstens als Durchgangsstation in Betracht käme. Da sie, literarhistorisch betrachtet, als die ältere Gattung die ältere Auffassung bewahrt haben, so muß in der älteren Zeit Kades, in der jüngeren Zeit der Sinai im Mittelpunkt der Erzählungen gestanden haben.«[31] Dies wäre gegenüber dem herablassenden und formgeschichtlich falschen Urteil Noths (s. o.) über die Einzelsagen zu beherzigen.

Im Gefolge Nathan Söderbloms[32] versteht Gressmann Mose als Religionsstifter. Und diese Religionsstiftung hat nach der gegenwärtigen Überlieferung am Sinai stattgefunden. »Neben dieser Tradition steht aber eine andere, die nach *Kades als dem ursprünglichen Ort der Religionsstiftung* weist: Dort kämpfte Mose mit Jahve und errang die Urim und Thummim; dort gab Jahve dem Mose Gesetz und Recht; dort baute Mose den ersten Altar für Jahve und brachte ihm die ersten Opfer dar; dort unterwies ihn Jahve in der Heilkunst und befahl ihm, die eherne

---

29 *Mose*, 385.
30 *Mose*, 386–388.
31 *Mose*, 389f.
32 *Das Werden des Gottesglaubens*. Untersuchungen über die Anfänge der Religion, Leipzig 1916, 2. Aufl. 1926.

Schlange zu verfertigen; dort erhielt Mose die heilige Lade und führte die Orakel in die Rechtsprechung ein; dort wurde der Sabbath eingerichtet und dort fanden die Kämpfe um das Priestertum statt. Da diese Sagen zum Teil stark verdunkelt sind, so müssen sie aus alter Zeit stammen. Die meisten sind durch Sammler an den Sinai verlegt worden, gehören aber ursprünglich nach Kades.«[33]

Sollte nur die Hälfte der Gressmannschen Aufstellungen zutreffen, was Mose und die Kadeschüberlieferung betrifft, so wird man den Nothschen Skeptizismus gegenüber dem Thema ›Führung in der Wüste‹ nicht mehr teilen können und Mose dort eine überlieferungsgeschichtliche Heimat einräumen müssen.

Als Schüler Eduard Meyers betrachtet sich Elias Auerbach[34], der die Kadeschthese seines Lehrers (und Gressmanns) weiter ausarbeitet. Er geht von der schlichten Frage aus, warum Israel nicht sofort den kürzesten Weg nach Kanaan an der Mittelmeerküste entlang eingeschlagen hat. Stattdessen lässt die Bibel das Volk 40 Jahre lang kreuz und quer durch die Wüste ziehen, ein für Auerbach ›real ganz unmöglicher Vorgang‹. Nach seiner Ansicht war das Ziel der Israeliten »beim Auszug gar nicht Kanaan; und sie blieben jahrzehntelang in der Wüste, weil sie an ihrem – wenigstens vorläufigen – Ziele sich für lange Zeit festsetzten. *Dieses Ziel war die Oase Kadesch* [...]. Das ist der Grund, warum die Israeliten nicht nach Norden an die Küste, sondern nach Osten in die Wüste zogen.«[35] In Kadesch ist der Sitz der Gottheit. »Hier steht der flammende Dornbusch, an dem Mosche die Offenbarung seiner Sendung empfängt, und in dessen Nähe er vorher von der Gottheit angegriffen wird.« (ebd)

Von 17 Moseerzählungen zwischen Auszug und den Kämpfen im Ostjordanland sind nach Auerbach 13 nach Kadesch zu setzen. »Kadesch ist die größte Oase der Sinai-Halbinsel. Sie erstreckt sich in mehreren Kilometern Breite auf eine Länge von ca. 25 Kilometern, sodass sie etwa 100 qkm Fläche bedeckt und damit einer Bevölkerung von Tausenden von Menschen Raum und Nahrung bieten kann.«[36] Nach Auerbach gibt es zwei Gruppen von Kadesch-Erzählungen:

1. die ›Orts- und Quellsagen von Kadesch‹ und
2. die ›Sagen von Mosche‹.

---

33 *Mose*, 438.
34 *Moses*, Amsterdam 1953.
35 *Moses*, 75.
36 *Moses*, 76.

Die Orts- und Quellsagen sind Erbe der Vorbewohner der Oase.»Die Sagen über die Taten Mosches dagegen tragen individuellen Charakter. Ihr lokales Kolorit, das Kolorit von Kadesch, ist zwar wichtig und aufschlussreich, gehört aber nicht zum Wesentlichen der Sage.«[37] Aufschlussreich ist für Auerbach der Kampf mit Amalek (Exodus 17,8–16) und der Hass zwischen Israel und Amalek, für den es einen einfachen Grund gibt:»*Amalek ist Vorbesitzer der Oase Kadesch*. Als die Israeliten sich nach Kadesch wandten, mussten sie Amalek von dort vertreiben.«[38] Das bestätigt auch Genesis 14,7 (*en mishpat* = ›das ist Kadesch‹).»Hier wird Amalek direkt als Inhaber der Oase Kadesch bezeichnet, in der Zeit vor dem Auszug der Israeliten.« (ebd) Die dortigen Quellen Massa und Meriba (Exodus 17,1–7) heißen nicht Prüf- bzw. Streitquelle, weil die Israeliten dort Gott versucht (von *nissah* = auf die Probe stellen) oder mit ihm gestritten hätten (*riv*), sondern weil dort streitende Parteien ihre Sache vor die Gottheit bringen und von ihr entscheiden lassen. Kadesch hat (schon in vorisraelitischer Zeit) eine besondere Rolle in der Rechtsprechung gespielt.

Außer den Orts- und Quellsagen findet Auerbach noch Mosche- Sagen in Kadesch.»Diese zweite Gruppe sind geschichtliche Sagen im engeren Sinne. Während aus der ersten Gruppe geschichtliche Schlüsse nur in ganz allgemeiner Form gezogen werden können, sind die Erzäh- lungen der zweiten Gruppe Nachhall wirklicher geschichtlicher Ereig- nisse. Man kann sagen, dass in einer so frühen Zeit, in der noch nicht Geschichte geschrieben wurde, die Sage die einzige und legitime Form geschichtlicher Überlieferung ist. Die Vorgänge, die von der Sage er- zählt werden, haben einen geschichtlichen Kern; aber sie werden in sagenhafter Form erzählt, mit Eingreifen der Gottheit, mit Wundern und mit Heroisierung handelnder Personen. Als Typus solcher Erzählungen mag etwa die Erzählung vom Schilfmeer oder von Mosche in Midian gelten.«[39] Zu den Mosche-Sagen aus Kadesch rechnet Auerbach:
1. Der Besuch des Jitro (Ex 18,1–12)
2. Mosche als Richter (Ex 18,13–27)
3. Mirjam und Aharon als Widersacher Mosches (Num 12,1–10)
4. Die Empörung Datans und Abirams (Num 16)
5. Die Empörung des Korah (Num 16)

---

37 *Moses*, 78.
38 *Moses*, 84.
39 *Moses*, 97f.

Auerbach geht dann noch einmal auf die Quellnamen von Kadesch und den Ursprung der Leviten ein.»Kadesch heißt: das Heiligtum. Die ganze Oase führt diesen Namen, und sie führt ihn bis heute. Dem Ort haftete also immer eine besondere Heiligkeit an, und diese war gewiss vor allem an die Quellen gebunden, die der Oase ihr Leben gaben.«[40] Die Quellsagen von Kadesch sind an den Ort gebunden und nicht an die Mosezeit. Die Quellen waren auch schon vorher heilig: *»Es sind Quellen, an denen Recht gesprochen wird.*«[41] Nach Auerbach war Kadesch *»Mittelpunkt der Rechtsprechung und als solcher heilig.*«[42] Als moderne Parallele benennt Auerbach Mekka.

Damit stellt sich die Frage, wer die früheren Träger der Rechtskultur waren. War es das von den Israeliten verdrängte Amalek? Wenn die Israeliten also nach Auerbach direkt in Richtung Kadesch marschiert sind, stellt sich die Frage:»Wie aber kamen sie auf Kadesch, das immerhin von der Grenze Ägyptens etwa 170–180 km entfernt lag? Wie kam vor allem ein so klarer und zielbewusster Führer wie Mosche auf Kadesch? Das ist in der Tat nur damit zu erklären, dass wirklich die Israeliten die Oase schon von früher her kannten, dass vor allem der Stamm, dem Mosche angehörte, schon ältere Beziehungen zu Kadesch hatte.« (ebd) Das kann dann für Auerbach nur heißen: Die Oase Kadesch war die Heimat der Leviten vor ihrer Zersprengung durch Amalek.

Seine Ergebnisse fasst Auerbach dann noch einmal in den folgenden 17 Thesen zusammen.[43] Warum er allerdings von der Namensform ›Mosche‹ plötzlich zu ›Mose‹ übergeht, erklärt er nicht. Zu einer Zweiautorentheorie besteht aber kein Anlass.

1. Mose ist eine historische Persönlichkeit.
2. Mose ist von Abstammung Levit.
3. Der Aufenthalt Moses in Midian ist wahrscheinlich geschichtliche Tatsache.
4. Der Auszug der israelitischen Stämme aus Ägypten muss als historisches Ereignis angesprochen werden.
5. Die israelitischen Stämme wandten sich von der ägyptischen Ostgrenze sofort und direkt nach der Oase Kadesch.

---

40 *Moses,* 114.
41 *Moses*, 115.
42 *Moses*, 117.
43 *Moses*, 238–243; den Kursivdruck erspare ich mir.

6. Das Ziel des Auszuges aus Ägypten war Kadesch und nicht Kanaan.
7. Die Orts- und Quellsagen von Kadesch sind älter als Mose.
8. Zentrale Rolle von Kadesch im Leben und Werk des Mose: Im nationalen wie im religiösen Sinne ist Kadesch die Wiege des Volkes Israel.
9. Der Gottesname Jahve ist erst von Mose geschaffen.
10. Aharon und Miriam sind Leviten und Geschwister, aber nicht Geschwister Moses. Sie sind Gegner der Reformen Moses.
11. Kadesch-Tradition und Sinai-Tradition sind fundamental zu trennen und sind erst sekundär miteinander verschmolzen. Die Kadesch-Traditionen sind die ursprünglicheren und wichtigeren. Der ›Berg der Gesetzgebung‹ lag ursprünglich in Kadesch.
12. Beim Aufbruch aus Kadesch hat eine Spaltung des Volkes sich vollzogen. Der eine Teil, unter Mose, zog von Kadesch ins Ostjordanland und eroberte Nord- und Mittel-Palästina; der andere Teil zog von Kadesch direkt nach Norden und eroberte Süd-Palästina.
13. Die Zehn Gebote gehen auf Mose zurück.
14. Die zwölf Stämme des Bundes waren nicht identisch mit den späteren ›Zwölf Söhnen Jakobs‹.
15. Der Bund ›Israel‹ war nicht nur ein nationaler, sondern vor allem auch ein religiöser. Er entspricht darin ganz dem Bund arabischer Stämme unter Muhammed.
16. Der religiöse Grundgedanke Moses war ein echter Monotheismus von hoher Reinheit. Im Kultischen hat Mose altertümliche Reste des magischen Zeitalters übernommen.
17. Das Neue und Bahnbrechende in Moses Werk war die unauflösliche Verbindung von Religion und Sittlichkeit.

Abschließend sei festgestellt, dass Auerbach ein wenig über das Ziel hinausschießt. Das gilt besonders für die Herleitung des Dekalogs von Mose und die Behauptung der Existenz von Stämmen vor der Landnahme in Palästina.[44] Das Buch ist der Versuch eines Juden, vom Religionsstifter Moses im Söderblomschen Sinne so viel wie möglich zu retten. Dennoch wird man seine Ergebnisse nicht wie Smend (s. o.) als Dilettantismus abtun können. Der Vorwurf träfe, was Kadesch betrifft, ebenso auf E. Meyer und Gressmann zu. Auerbach hat die Kadesch-

---

44 Widerlegt von M. Noth, *Das System der zwölf Stämme Israels*, Stuttgart 1930.

these nicht erfunden, aber genauer begründet. Auch seine Argumente für eine Beteiligung Moses an der Herausführung aus Ägypten sind nicht so leicht von der Hand zu weisen. Thomas Mann hat von Auerbach also nicht nur Phantastisches, sondern auch sehr viel Richtiges übernommen.

Nach der Betrachtung der Arbeit Auerbachs lässt sich das Problem des Religionsstifters nun nicht länger umgehen. Söderblom brachte es mit seiner viel zitierten Formulierung auf den Punkt:»Mose müsste erfunden werden, wenn die Tradition nichts von ihm meldete.«[45] Und – haben sie ihn erfunden? Nach der Arbeit Noths mochte es fast so scheinen, aber die Werke E. Meyers, Gressmanns und Auerbachs zeigen doch, dass Mose kein Phantom ist, sondern nur, dass der Anteil historischer Tatsachen an der biblischen Überlieferung sehr schwer zu bestimmen ist. Dennoch muss der Versuch gemacht werden. Historischer Skeptizismus hilft uns nicht weiter.

Der letzte große Streit um den Religionsstifter wurde in den 60er und 70er Jahren von Klaus Koch, Friedrich Baumgärtel, Siegfried Herrmann und Rolf Rendtorff ausgetragen, und zwar von den ersten beiden in der Zeitschrift *Kerygma und Dogma* unter dem Titel»Der Tod des Religionsstifters«.[46] Kochs provokanter Titel deutet schon auf seine These, die, grob gesprochen, besagt, dass die Religion Israels keine gestiftete, sondern eine gewachsene ist. Warum dieser radikale Umschwung in der Forschungslage seit Söderblom? Koch gibt eine eindeutige Antwort: Der Grund liegt in den Ergebnissen der Archäologie. »Der erstaunliche Aufschwung der Archäologie in den letzten hundert Jahren hat zur Folge, dass die alttestamentliche Forschung heute ihren Gegenstand den politischen, wirtschaftlichen und geistigen Wandlungen der altorientalischen Völker und Staaten in einer Weise zuordnen kann, wie es sich frühere Generationen nie hätten träumen lassen.«[47] Auf diese Weise wird für Koch»die besondere Eigenart des Weges Israels gerade durch die Eingliederung in die altorientalisch-hellenistischen Zeiten erkennbar.« (ebd)

Als Koch seinen Aufsatz schrieb, war vierzig Jahre lang keine Religionsgeschichte Israels mehr verfasst worden.[48] Die alttestamentlichen

---

45 *Das Werden des Gottesglaubens*, Leipzig 1916, 2. Aufl. 1926, 310.
46 *KuD* 8, 1962, 100–123 bzw. *KuD* 9, 1963, 223–233.
47 *KuD* 8, 100.
48 Die letzte stammte von G. Hölscher, *Geschichte der israelitischen und jüdischen Religion*, Giessen 1922; inzwischen liegt vor: R. Albertz, *Religionsgeschichte Israels in alttestamentlicher Zeit*, 2 Bände, Göttingen 1992.

›Theologien‹ stellten sich nicht der Frage, wie Übernahmen aus der Umwelt den Glauben Israels verändert haben. Meist liest man, »daß der Jahweglaube eben anderweitiges *Material* aufgenommen und es völlig selbständig verarbeitet bzw. uminterpretiert habe, oder daß er *formale* Anleihen gemacht und mit anderem *Inhalt* gefüllt habe.«[49] Aber bei diesen Übernahmen geht es ja nicht um Randerscheinungen, sondern durchaus um zentrale Themen des Alten Testaments.

Zur Frühzeit Israels übernimmt Koch im Wesentlichen die negativen Thesen Martin Noths zu Mose (s. o.). Diese kommen ihm insofern entgegen, als mit dem Ausscheiden Moses aus den grundlegenden Überlieferungen »mehr als nur eine Führerpersönlichkeit im Auszugs- und Sinaigeschehen [fällt]. Es fällt der jahrhundertelang unbestrittene Satz, daß die israelitische Religion eine *Stiftungsreligion* sei und darin eines ihrer entscheidenden Kennzeichen liege.«[50] Zwar sei es denkbar, dass die Nothschen Analysen ›zu scharf‹ seien und Mose doch etwas mit den Vorgängen in und um Kadesch zu tun habe, aber dies ficht Koch nicht an:»Kehrt Mose an irgendeiner Stelle wieder, dann als ein Stammes- oder Sippenführer unter vielen, aber nicht mehr als die eine und ausschlaggebende Persönlichkeit des Anfangs, nicht mehr als Religionsstifter. *Die Vorstellung von Mose dem Religionsstifter ist tot und bleibt tot.*«[51] Für die Vorstellung von Mose als eines ›Stammes- oder Sippenführers unter vielen‹ kann sich Koch meines Wissens in dieser Form nicht auf Martin Noth berufen. Dass die israelitische Religion eine gewachsene, und keine gestiftete Religion ist, lässt sich m. E. nur aus Inhalten begründen.

Und so verfährt Koch dann eigentlich auch mit seiner Frage:»Wenn aber nicht von Mose – woher stammt dann Israels Glaube?« (ebd) Zunächst analysiert er die Religion der Erzväter mit dem Ergebnis: »Die Väterüberlieferungen waren also bereits kanaanisiert, als ihre Träger in den neu sich bildenden Zwölfstämmeverband eingingen, und in dieser kanaanisierten Umprägung hat Israel sie übernommen.«[52] Dennoch hat sich ein wichtiges Kennzeichen der Väterreligion erhalten, nämlich»jene ›bewegliche‹ Gottesauffassung, die es verwehrte, Jahwe an einer Örtlichkeit allzu dingfest werden zu lassen, sei es am Berg Sinai, sei es irgendwo im Kulturland.«[53]

---

49 *KuD* 8, 101.
50 *KuD* 8, 104.
51 *KuD* 8, 105.
52 *KuD* 8, 108.
53 *KuD* 8, 109.

Der Zusammenhang der Bundesfeier von Sichem (Josua 24) mit den Vasallenverträgen der Hetiter ist in einer Fülle von Literatur untersucht worden, auf die wir hier nicht eingehen können. Man sollte nur wissen, dass es sich bei den Verträgen der Hetiter um ein gemein-orientalisches Vertragsformular handelt – belegt auch bei den Assyrern – und dass die Dichte der archäologischen Funde bei den Hetitern eher einen Zufall darstellt. Auch die Kanaanäer verehrten in einem Tempel zu Sichem einen Bundesgott, den El-Berit (oder Baal-Berit, Richter 8,33; 9,4.46; *berit* = Bund). So kommt Koch zu dem Schluss: »Der Bundesgedanke ist also, wenn auch nicht kanaanäischen Ursprungs, so doch durch Kanaan vermittelt.«[54]

Es ergibt sich dann: »Wie Israel aus den verschiedenen Bevölkerungsteilen zusammenwächst zu ›einer Gemeinschaft von sehr gemischtem Ursprung‹ (von Rad), so kreuzen sich auch in seiner Religion die verschiedenen Einflüsse, deren Herkunftsgebiete von Proto-Aramäern aus der östlichen und Proto-Israeliten aus der südlichen Wüste über die landsässige Bevölkerung Kanaans bis hin nach Mesopotamien und Kleinasien reichten.«[55] Aber das nomadische Erbe ist immer dominant geblieben. Was wäre aber das Alte Testament ohne die Anstöße von außen? Koch nennt jebusitische Kulttraditionen, phönikische Tempeleinrichtungen, ägyptische Königsrituale, dualistische iranisch-chaldäische Endzeiterwartungen in der Apokalyptik und hellenistisches Geistesgut im Diasporajudentum: »*Ohne diese Anstöße von außen und die* dadurch bedingten *Verwandlungen im Innern wäre der Glaube Israels nicht so gewachsen* bis in die Tage Jesu, wie er gewachsen ist.«[56]

Die Besonderheit Israels ist nicht ohne die Geschichte dieses Volkes denkbar. Deshalb ereignet sich auch die Offenbarung seines Gottes in der Geschichte. Das heißt für Koch dann aber: »Ereignet sich die Offenbarung Gottes in einem geschichtlichen Ablauf, so spielen die Völker des Alten Orients dabei unlösbar mit.«[57] Dennoch stellt sich angesichts der Religion Israels die Frage, wie dann die Besonderheit Israels theologisch zu formulieren ist. Für Koch vielleicht so, »daß das Volk der *Erwählung* allein *verstand*, was den andern nur *widerfuhr*, so daß hier Schicksal zum Geschick wurde?«[58]

---

54 *KuD* 8, 111.
55 *KuD* 8, 112.
56 *KuD* 8, 113f.
57 *KuD* 8, 116.
58 *KuD* 8, 117.

Vor dem Hintergrund der Religionsgeschichte – die mehr sein muss als eine bloße Religionsphänomenologie – wird die Einzigartigkeit Israels und der Christenheit nach Koch erst einsichtig. Auf diesen Vorstoß Klaus Kochs entgegnete Friedrich Baumgärtel ein Jahr später in der gleichen Zeitschrift und unter dem gleichen Titel.[59] Nach Baumgärtel sieht der ganze alte Orient die Gottheit männlich-weiblich. »*Das Gottesverständnis des Alten Testaments ist damit radikal abgetrennt von dem Gottesverständnis der altorientalischen Umwelt.*«[60] Die Einzigartigkeit JHWHs ist nicht erst geworden, sondern gehörte von Anfang an zur altisraelitischen Religion, ja sie ist Wurzel und Wesen dieser Religion. »Aus der Umwelt stammt diese Konzeption unmöglich, denn sie ist contra zur Umwelt.«[61]

Wie kommt es dann, dass Israel ›verstanden‹ hat? Läge nicht Israels Bekenntnis zu der Einzigartigkeit seines Gottes schon vor, wäre es von dem von Koch namhaft gemachten orientalischen ›Material‹ selbst aufgesogen worden. Nach Baumgärtel ist es »das *proton pseudos* bei Koch, daß er das Zentrale im alttestamentlichen Gottesverständnis als das Produkt eines Werdens begreift, eines erst durch Außenstöße immer völliger Werdens.«[62] Damit will Baumgärtel aber den Einfluss der Umwelt nicht ausschließen: »Wie hätte Israel mit anderen Ausdrucksformen bekennen und glauben können als mit altorientalischen, in die es historisch verhaftet war? Die Berührungen [...] mit der altorientalischen Umwelt sind einfach historische Gegebenheiten; daß sich die ›Einzigartigkeit Jahwes bzw. Israels‹ am historisch gegebenen Ort auftut, ist ein geschichtliches Faktum.«[63] Die Einzigartigkeit Israels lässt sich aber nicht aus den Umwelteinflüssen und –bedingungen erklären. »Dieses totale Getrenntsein Israels von der Umwelt im Zentralsten, im Verständnis von ›Gott‹, *ist innerhalb der ›Konstellation‹* (Koch) *völlig rätselhaft*, mit ihr jedenfalls gar keinesfalls gegeben.«[64]

Wie erklärt aber dann Baumgärtel die Herkunft der ›Einzigartigkeit Jahwes‹? Grob gesagt, durch Rückgriff auf Nathan Söderblom (s. o.). Dabei geht es um den Funken der Erleuchtung, was Söderblom ›Ergriffensein‹ nennt. »Daß diese Geschichte anheben konnte, dazu mußte der Schöpfer, Herr und Lenker dieser Geschichte sich offenbar machen, und

---

59 *KuD* 9, 223–233.
60 *KuD* 9, 224.
61 *KuD* 9, 225.
62 *KuD* 9, 228.
63 *KuD* 9, 230.
64 *KuD* 9, 231.

sein Offenbargewordensein mußte zur Entscheidung zwingen, was sich nur vollziehen konnte, *wenn eine von Gott erleuchtete Person* – ein ›Prophet‹, wie die Schrift sich ausdrückt – *aus der an ihm von Gott gewirkten ›Entscheidung‹ heraus kündete nicht nur, sondern mit seiner ›Entscheidung‹ das Geschehen geschichtsmäßig machte.«*[65] Koch hingegen nivelliere die Geschichte Israels durch Ausschluss des Religionsstifters mit der des alten Orients überhaupt.

Die Argumente werden von beiden Seiten mit großer Vehemenz vorgetragen, die sich bei beiden Autoren in häufigem Kursivdruck und bei Baumgärtel in einem schrecklichen Nominalstil äußert. Dabei sind die Positionen – so seltsam dies scheinen mag – bis zu einem gewissen Grade kompatibel. Ohne die Offenbarung an Mose als Initialzündung für die israelitische Religion kommen wir wohl nicht aus – das war übrigens nach Albrecht Alt[66] bereits bei der Religion der Erzväter so, denen die Vätergötter auch zum ersten Mal erschienen sind. Hat es die Offenbarung und Religionsstiftung durch Mose nicht gegeben – dann mussten sie ihn in der Tat erfinden. Bei Thomas Mann erfindet Mose interessanterweise Gott, indem er ihm seine eigenen Züge und Absichten beilegt.

Aber mit der Moseoffenbarung ist es doch nicht getan. Wo etwa gibt es denn eine Offenbarung des Welt- und Menschenschöpfers? Jedenfalls nicht in der Bibel! Wo wird dem Mose das so genannte kasuistische Recht (Wenn – dann – Formulierungen) geoffenbart? Beides hat Israel bei der Landnahme von den Kanaanäern übernommen. Und das Gleiche gilt von den vielen, vielen Beispielen, die Klaus Koch vorgestellt hat und die wir hier nicht wiederholen müssen. Die israelitische Religion ist eine gestiftete *und* eine gewachsene.

Hatte Klaus Koch seine Position wesentlich auf der überlieferungsgeschichtlichen Skepsis Martin Noths aufgebaut, so versucht nun Siegfried Herrmann[67] zu einer Neubewertung eben dieser Moseüberlieferungen zu kommen. Dabei geht er in drei Schritten vor:
1. Aufweis eines historischen Rahmens für das biblische Material aus der Geschichte des alten Orients.
2. Kritische Wertung der überlieferungsgeschichtlichen Forschungsmethode.
3. Darstellung eines positiven Weges zur Überwindung der Schwierigkeiten.

---

65 *KuD* 9, 231f.
66 »Der Gott der Väter«, *Kleine Schriften I*, 3. Aufl., München 1963, 1–78.
67 »Mose«, *EvTh* 28, 1968, 301–328.

Herrmann legt zunächst zahlreiche Belege für die Einwanderung von Semiten nach Ägypten und für ihre Integration in die ägyptische Gesellschaft vor. So erklärt er auch den ägyptischen Kurznamen des Mose. »Das Wesentliche ist, daß diese Semiten dort, wo sie auftauchten und wo sie arbeiteten, weitgehend in die ägyptische Gesellschaft, in das ägyptische Milieu integriert wurden. Dazu gehört auch die Namengebung. Mochte der Vater noch seinen semitischen Namen behalten, der Sohn erhielt sicher bereits einen ägyptischen.«[68] Herrmann zeigt also die historische *Möglichkeit* für den biblischen Bericht (Einwanderung, Fronarbeit, ägyptischer Name, sozialer Kontakt untereinander, Integration in die ägyptische Gesellschaft) durch detaillierte Parallelen auf. Aber eine *Möglichkeit* ist noch keine *Wahrscheinlichkeit*. Noth (s. o.) hatte mit Recht darauf verwiesen, dass in der Spätbronzezeit in Palästina unter ägyptischer Herrschaft auch für Semiten ägyptische Namen gebräuchlich waren, deren Träger niemals in Ägypten waren – von der Fronarbeit ganz zu schweigen. Die abhängige soziale Unterklasse von Fremdarbeitern, die so genannten *habiru*, hat solche Tätigkeiten nicht nur in Ägypten verrichtet, wie Herrmann nachweist, sondern eben auch in Palästina.

Ähnlich wie Herrmann beurteilt jetzt auch Eckart Otto die Exodusüberlieferung als eine *historische Möglichkeit*: »Der Exodus als historisches Ereignis der erfolgreichen Flucht einer Bausklavenabteilung ist damit historisch zwar nicht erwiesen, doch spricht das Zeitkolorit der Ramessidenzeit im Exodusbuch dafür, daß Realgeschichte in die Erzählung vom Aufenthalt in Ägypten und vom Exodus eingegangen ist. Erst die spätere Tradition ließ dann aber ganz Israel in Gestalt der nach den Söhnen Jakobs benannten zwölf Stämme aus Ägypten ausziehen und steigerte die geheimnisvollen Züge des Meerwunders, von denen in Ex 14 die Rede ist.«[69]

Den Aufenthaltsort der Midianiter, zu denen Mose in der Bibel flieht (Exodus 2,15ff) sieht Herrmann ganz in der Nähe von Ägypten. Es ist daher nicht ausgeschlossen, »einen Mann mit besonderen Führungsqualitäten zwischen beiden Bereichen, zwischen Wüste und Kulturland, pendeln zu sehen.«[70] So muss es nach Herrmann dabei bleiben, »daß Moses Wirken in Ägypten nur dann sachgemäß beurteilt werden kann, wenn man ihn in möglicher Nähe zu den semitischen Fronarbeitern

68 *EvTh* 28, 307.
69 Eckart Otto, *MOSE. Geschichte und Legende*, München 2006, 30.
70 *EvTh* 28, 313.

sieht, aber gleichzeitig mit der Möglichkeit rechnet, daß eine empor-gehobene Stellung oder auch eine begrenzte Machtposition, die er er-warb oder an sich riß, ihn in Konflikte mindestens mit den Deltabehör-den brachte. Die Flucht Moses nach Midian ist [...] eine durchaus annehmbare Aktion.«[71] Herrmann nähert sich auch der Kadesch-These an: Eine »vorübergehende oder dauernde Festsetzung von Stammes-gruppen zwischen Kadesch, Hebron und dem Ostjordanland paßt durch-aus in das Gesamtbild dieser bevölkerungsmäßigen Umschichtungen in jener Zeit.«[72] Aber mit diesen Argumenten hat Herrmann nur die *Möglichkeit*, noch nicht die *Wahrscheinlichkeit* erwiesen, dass die Ge-schichte Moses so oder so ähnlich abgelaufen sein könnte. Mehr ist vielleicht auch gar nicht möglich.

Als nächstes wendet sich Herrmann dann den überlieferungsge-schichtlichen Problemen des Pentateuch zu, indem er zunächst die bekann-ten Arbeiten von Gerhard von Rad und Martin Noth (s. o.) referiert. Er stellt bei Noth mit Erstaunen fest, dass Mose aus allen Themen außer der Grabtradition zunächst ›herausoperiert‹ wird, um dann wieder zur Klam-mer der Pentateuchüberlieferung zu werden. Warum eigentlich nicht Aaron? So ist nach Herrmann »zu fragen, ob wirklich dominante Figuren sekundäre Klammern sein können. Eher ist der umgekehrte Vorgang denkbar, daß die unverwechselbaren Personen und ihre Werke die tradi-tionsbindende und traditionsgestaltende Macht darstellten.«[73] Nur in die-sem Sinne ist Mose ein verbindendes Element der Überlieferung, »als Träger einer geschichtlich ernst zu nehmenden Potenz, die freilich im selben Grade Geschichte und Überlieferungsgeschichte machte.« (ebd) Geschichte bringt die Überlieferungen hervor, und nicht umgekehrt.

Bei Noth ist aber die Überlieferungsgeschichte selbst ein Stück Ge-schichte Israels, wobei das tatsächlich Geschehene in ein ›unverbind-liches Zwielicht‹ (Herrmann) rückt. Hieran kann später Jan Assmann (s. u.) mit seiner Konzeption einer ›Gedächtnisgeschichte‹ anschließen, der die historische Fragestellung damit aber nicht antasten will. Bei Noth hingegen wird nach Herrmann in Wirklichkeit »der eigentlichen historischen Forschung im Sinne einer Erhellung tatsächlich stattgehab-ter Zusammenhänge die Aussicht auf Erfolg abgesprochen oder zumin-dest fraglich gemacht.«[74]

---

71 *EvTh* 28, 315.
72 *EvTh* 28, 317.
73 *EvTh* 28, 321.
74 *EvTh* 28, 321f.

Den letzten Schritt auf dem Wege der Überschätzung der überlieferungsgeschichtlichen Methode stellen dann nach Herrmann die religionsgeschichtlichen Überlegungen Kochs (s. o.) zum ›Tod des Religionsstifters‹ dar. Mit seinen Ausführungen stellt sich Herrmann aber in der Praxis auf die Seite Kochs gegen Baumgärtel:»Die These vom ›Tode des Religionsstifters‹ erscheint auch darum höchst problematisch, weil der Begriff ›Religionsstifter‹ für Mose ebenso wenig wie für andere damit bezeichnete Persönlichkeiten passend ist. Denn eine ›Religionsstiftung‹ ist in kaum einem Falle das Werk einer Persönlichkeit allein, sondern allenfalls die Weitergabe einer bis dato so nicht bekannten Gotteserfahrung.«[75] Herrmann steht auch auf der Seite Kochs gegen Baumgärtel, wenn er festhält, dass die Entwicklung des JHWH-Glaubens ein ›Prozess‹ war, aber eben kein solcher, wobei das Ganze aus einer Summe überlieferungsgeschichtlicher Tendenzen erklärt werden kann, sondern»eher umgekehrt, daß Grunderfahrungen in verschiedenen Überlieferungsformen sich Ausdruck gaben.« (ebd)

Herrmann wirft Noth Überschätzung der überlieferungsgeschichtlichen Methode und historische Unverbindlichkeit vor.»Das kann nicht bedeuten, daß die Überlieferungsgeschichte über Bord geworfen werden müsste, um einem unkritischen Fundamentalismus Raum zu geben. Die Überlieferung ist bis zuletzt als das ernst zu nehmen, was sie trotz ihrer eigenen Geschichte nach wie vor beabsichtigt, nämlich Mitteilung von Geschichtstatsachen zu bieten.«[76] Wie soll nun solch eine Überlieferungsgeschichte des Pentateuch aussehen, die einen anderen Weg geht als Martin Noth? Herrmann will diesen Weg am Beispiel der Midian-Überlieferungen darstellen.

Er geht dabei aus vom Zusammenschluss verschiedener Gruppen zum Stämmebund des späteren Israel. Verschiedene ethnische Gruppen bringen auch verschiedene geschichtliche Überlieferungen ein, die ebenso wie diese Gruppen vereinigt werden müssen. Es entsteht ein neues ›Wir-Gefühl‹. Dominant waren anscheinend die Traditionen der zentralpalästinischen Stämme.»Ausgangspunkt war die Auszugstradition, verbunden mit der Midian- und Gottesbergüberlieferung; angegliedert wurden einzelne Stammestraditionen aus dem Raum südlich Palästina, Kadescherereignisse und Erinnerungen an hemmende Faktoren im Ostjordanland, Durchzugsschwierigkeiten usw.«[77]

---

75 *EvTh* 28, 322.
76 *EvTh* 28, 323.
77 *EvTh* 28, 328.

So dürfte am Ende nach Herrmann die Frage nicht die sein,»ob Mose eine Religion gestiftet hat, sondern vielmehr die, ob wir der historischen Wahrheit nicht näher kommen, wenn wir in Mose den sehen, der zuerst von dem Jahwe des Gottesberges so überwältigt wurde und davon Zeugnis gab, daß daraus ein ungemein dynamischer Gottesglaube werden konnte. [...] Die Frage bleibt mit ganzem Gewicht: War die genuine Offenbarung Jahwes an Israel möglich und ist sie denkbar ohne Mose. Jeder andere Erklärungsversuch wird deutlich machen müssen, wie es dazu kommen konnte, daß Mose der Träger der grundlegenden Offenbarung Jahwes wurde.« (ebd)

Rolf Rendtorff[78] referiert die Diskussion schon etwas abgeklärt aus der Distanz. In der Ablehnung der Vorstellung eines ›Religionsstifters‹ sieht er Gemeinsamkeiten bei Koch und Herrmann gegenüber Baumgärtel, aber auch Unterschiede in der Fragestellung und in der damit grundverschiedenen Intention:»Herrmann ist in erster Linie an der Gestalt des Mose interessiert – und in diesem Zusammenhang auch an seiner Funktion als Religionsstifter; Koch hingegen fragt nach den Anfängen der israelitischen Religion – und in diesem Zusammenhang auch nach der Person eines möglichen Religionsstifters. Beide Fragestellungen sind sinnvoll; es ist aber methodisch wichtig, diesen Unterschied zu beachten, weil sich sonst leicht falsche Alternativen ergeben.«[79]

Rendtorff teilt weitgehend die Kritik Herrmanns an dem Versuch Martin Noths, Mose aus fast allen Pentateuchthemen außer der Grabtradition herauszustreichen. Aber er wendet sich gegen Herrmanns Identifizierung der überlieferungsgeschichtlichen Methode mit Noths Pentateuch-Buch. Er verkenne,»daß in der Diskussion über die überlieferungsgeschichtliche Methode und ihre Funktion für die Rekonstruktion der Geschichte Israels gerade das vielschichtige Verhältnis von Geschichte und Überlieferung reflektiert worden ist und daß es auch der überlieferungsgeschichtlichen Forschung immer gerade um die Erhellung der geschichtlichen Zusammenhänge geht.«[80]

Rendtorff findet auch Herrmanns Beobachtung erwägenswert, dass in Exodus 1–19 im Unterschied zu Exodus 20 – Numeri 10 eine sehr viel straffere Ereignisfolge erkennbar sei und dass dem ein abgerundetes

---

78 »Mose als Religionsstifter? Ein Beitrag zur Diskussion über die Anfänge der israelitischen Religion«, *Ges. Studien zum Alten Testament*, München 1975, 152–171; zit.: *Studien*.
79 *Studien*, 155f.
80 *Studien*, 156.

Geschehen zugrunde liege. Dazu bemerkt Rendtorff ergänzend: »Einerseits ist es m. E. unmöglich, Mose von der Überlieferung vom ›Gottesberg‹ und insbesondere von der Offenbarung des Jahwenamens zu trennen. Gerade die letztere läßt sich keinesfalls aus einem allmählichen Hineinwachsen der Gestalt des Mose in einen vorgegebenen Überlieferungszusammenhang erklären; dann würde sich nämlich die Frage stellen, wer denn ursprünglich derjenige gewesen sei, dem der Jahwename zuerst kundgetan wurde, und es ist schwer vorstellbar, daß die Erinnerung an eine Gestalt von so zentraler Bedeutung verloren gegangen sein sollte. Andererseits ist m. E. kein triftiger Grund erkennbar, Mose aus der Überlieferung vom Auszug aus Ägypten herauszulösen.«[81]

Wie sind nun nach Rendtorff Offenbarung des Jahwenamens am ›Gottesberg‹ und Auszug aus Ägypten miteinander zu verbinden? Hier stützt sich Rendtorff auf Ergebnisse V. Maags[82]. Der sich Mose am Gottesberg offenbarende JHWH gibt sich als der Gott der Väter zu erkennen, was beim JHWH vom Sinai völlig fehlt. In der Auszugstradition ist JHWH nun gleichzeitig der Führungsgott, ein Zug der Väterreligion, und der Gott, der die Ägypter vernichtend schlägt – ein Gottesbild, das mit dem Führungsgott der Väterreligion ›schlechterdings nicht vereinbar‹ ist. Wirklich nicht? Und muss der Gott, der die Ägypter vernichtend schlägt, unbedingt der JHWH vom Sinai sein? Die Texte jedenfalls sagen das nicht.

Sind Väterreligion und der JHWH vom Sinai in der Auszugstradition eine Verbindung eingegangen, so bedeutet das überlieferungsgeschichtlich für Rendtorff, »daß die Überlieferungen von der Offenbarung Jahwes an Israel« (Sinai) »und der Herausführung aus Ägypten nicht als so grundsätzlich voneinander getrennt zu sehen sind, wie es bisher meistens geschah, sondern daß es bestimmte Verbindungen zwischen beiden gibt. Das bedeutet dann aber auch, daß die Alternative nicht zwingend ist, die Gestalt des Mose entweder nur in der einen oder nur in der anderen Überlieferung ursprünglich beheimatet zu sehen.«[83]

Die von Maag und Rendtorff postulierte Verbindung von Exodus- und Sinaitradition hängt an dem seidenen Faden, dass der Gott, der die Ägypter vernichtend schlägt, der JHWH vom Sinai ist. Ist das wirklich erwiesen? Da scheint mir eine andere Verbindung zum Sinai viel einleuchtender: Der Gott, der Israel aus Ägypten führt, tut dies tagsüber im

---

81 *Studien*, 161.
82 »Der Hirte Israels«, *Schweizer Theologische Umschau* 28, 1958, 2–28, bes. 23ff.
83 *Studien*, 165.

Rauch der Wolken- und nachts in der Feuersäule – leider aber als der Führungsgott aus der Väterreligion! So wird es wohl bei der von Gerhard von Rad auf Grund des ›kleinen geschichtlichen Credos‹ herausgearbeiteten Trennung von Exodus und Sinai bleiben müssen. Dass Mose erst in der einen und später in der anderen Tradition die Hauptrolle spielt, ist aus der Entwicklung des Judentums in vor- und nachexilischer Zeit erklärbar.

Was die Anfänge der Religion Israels betrifft, so stellt sich hier die Frage nach dem von Baumgärtel postulierten ›radikalen Umbruch‹ durch Mose gegenüber der Geschlechtlichkeit der Religionen der Umwelt. Das Fehlen der geschlechtlichen Komponente, die Verehrung eines einzigen Gottes (Monolatrie), die Elemente der Verheißung und Führung sind nach Rendtorff bereits ohne Mose in der Väterreligion vorhanden und nahtlos in den Jahwismus übergegangen. Ist das nomadische Erbe in der israelitischen Religion dominant (Mobilität), so ist die Weiterentwicklung nur als schrittweiser Wachstumsprozess zu verstehen.

Abschließend fasst Rendtorff seine Position noch einmal in drei Thesen zusammen:

1. »Im Blick auf die historische Gestalt des Mose ist nach wie vor das meiste offen.«
2. »Das Alte Testament behauptet nirgends, daß Mose Stifter der israelitischen Religion sei.«[84]
3. »Die alttestamentliche Religion kann auch insofern keine Stiftungsreligion sein, als sie nicht an einem Punkte konzipiert worden ist oder plötzlich da war.«[85]

So bleibt als Fazit der Diskussion um den ›Religionsstifter‹ für uns die Gewissheit, dass wir uns der ursprünglichen Rolle des Mose in Exodus 1–19 einigermaßen sicher sein dürfen, während von Exodus 20 an die Texte jeweils daraufhin zu befragen sind. Ist die Offenbarung an Mose am Gottesberg so etwas wie eine Initialzündung für die Jahwereligion, so ist ihre weitere Entwicklung durch Einflüsse der Väterreligion und der (überwiegend kanaanäischen) Umwelt bestimmt.

Lothar Perlitt[86] betrachtet das Verständnis der Rolle des Mose als die eines Propheten, ja sogar des Erzpropheten. Er formuliert in einem

---

84 *Studien*, 170.
85 *Studien*, 171.
86 »Mose als Prophet«, *EvTh* 31, 1971, 588–608.

zugespitzten Doppelsatz:»Mose spielt bei den Propheten keine Rolle, die Propheten spielen bei ›Mose‹ (im Pentateuch) keine Rolle.«[87] Nach Deuteronomium 34,10 gab es in Israel keinen Propheten wie Mose.

Dieser Satz steht nach Perlitt an einer wichtigen Stelle, am Schnittpunkt des priesterlichen (Genesis – Deuteronomium) mit dem deuteronomistischen (Josua – II Könige) Überlieferungskreis. Es ist eine abschließende theologische Würdigung des Mose. ›Kein Prophet wie Mose‹ ist nach Perlitt»keine Definition (*weder* Moses *noch* der Propheten), sondern eine Vergleichsaussage.«[88]

Die Einzigartigkeit Moses besteht darin, dass JHWH ihn kannte von Angesicht zu Angesicht (Deuteronomium 34,10 und Exodus 33,11) und mit ihm redete von Mund zu Mund (Numeri 12,8). In diesem einzigartigen Vertrauensverhältnis zwischen JHWH und Mose liegt nach Perlitt eine Theologie vor, die ›das Gesetz und die Propheten‹ bereits in komplementärem Bezug sieht und Mose zum Deutewort für sie beide macht.«[89] Und auch aus vielen anderen Aussagen wird klar:»Es gibt nur eine personale Unmittelbarkeit zu Gott: die des Mose.«[90] Mose ist nach Perlitt so über alles Maß hinausgewachsen,»daß der Ehrentitel Prophet seine Größe nur an den unteren Rändern zu markieren vermag. Ebendarum heißt er nicht Prophet, sondern Jahweknecht!« (ebd)

Auch nach Eckart Otto wird in Israel ein Prophet – und das heißt für ihn ein Offenbarungsmittler der Torah wie Mose – niemals mehr auftreten (Deut 34,10).»Nur in Gestalt der schriftgelehrt ausgelegten Tora(h), deren Vorbild im Deuteronomium Mose als erster Schriftgelehrter Israels lieferte, könne der Gesetzeswille Jahwes in seinem Volk präsent sein.«[91]

Nach Deuteronomium 18 gibt es eine Kette von Propheten, die bis zum Mittler Mose zurückreicht. Sie sind Ausleger der Torah und Prediger der Umkehr (›JHWHs Knechte, die Propheten‹). Propheten sind nach Perlitt ›Mund JHWHs‹ und ›Fürsprecher Israels‹, aber:»Nicht alles Prophetische ist interzessorisch, nicht jede Fürbitte ist prophetisch, und vor allem tangiert das ›Mosaische‹ beide Bereiche, ohne doch in ihnen aufzugehen.«[92] Wie in Numeri 12,6–8 muss allen diesen Erzählungen ein Bild des Mittlers Mose zugrundeliegen.»Wo Mose das Amt der Fürbitte ausübt, heißt er nicht Prophet; in dieser Hinsicht ist die

---

87 *EvTh* 31, 590f.
88 *EvTh* 31, 591.
89 *EvTh* 31, 592.
90 *EvTh* 31, 596.
91 E. Otto, *MOSE. Geschichte und Legende*, 63.
92 Perlitt, *EvTh* 31, 600.

Mosetheologie nicht zur Identifikation, sondern allenfalls zum losen Vergleich vorgedrungen. [...] Als der (in allen Schichten) einzigartige Mittler zwischen Gott und Volk sprengt Mose die Maße der Prophetie, wo immer sie an ihn gelegt werden.« (ebd) Die geistbegabten siebzig Männer in Numeri 11 bekommen, genau genommen, nicht den Geist JHWHs, sondern den des Mose. Das Schlüsselwort *hithnabbe'* (= prophezeien) erscheint im Pentateuch nur an dieser Stelle – und thematisch gehört es nach Perlitt auch nicht hinein – wogegen es für die Propheten der Epoche von Saul bis Ahab (literarisch in I Samuel 10 – I Könige 22) geradezu ›Tätigkeitsmerkmal‹ sei.»So ist Mose auch hier nicht ›als‹ Prophet gedacht: weder als ›Fürsprecher Israels‹ noch als ›Mund Jahwes‹; er war längst mehr, als die Begriffe eingrenzen. Auch die Propheten von Num. 11 nahmen von seiner Fülle nur einen Teil.«[93] Wenn sich der Vers auf Mose bezieht, tritt in Hosea 12,14 noch der Hütedienst hinzu, den die Propheten in der Nachfolge Moses ausgeübt haben (sollten): ›Aber durch einen Propheten führte der Herr Israel aus Ägypten heraus und durch einen Propheten wurde es behütet.‹ Diesen Hütedienst tun nach Perlitt »jetzt die Propheten, prototypisch oder idealtypisch tat ihn Mose.«[94]

Aber dennoch muss Perlitt einschränken:»Keines der von dieser Mosetheologie bemühten Attribute führte zu einer auch nur annähernd einheitlichen und schärfer profilierten Vorstellung Moses als eines Propheten.« (ebd) In der Moseberufung Exodus 3,10 heißt es: ›Ich sende dich [...] Führe mein Volk [...] aus Ägypten heraus!‹ Das ist eine Berufung, nicht zum Wort, sondern zur Tat. Dennoch sind nach Perlitt die Formelemente der Prophetenberufung oder gar der Titel möglich.[95] Und die Berührung mit Hosea 12,14 beweise,»daß Hosea die Vorstellung Moses als eines Propheten nicht erfunden hat.« (ebd)

So kann Perlitt seine Ergebnisse folgendermaßen zusammenfassen: »In der israelitischen Religion der Distanz zwischen Gott und Mensch überschritt nur einer diese Grenze: Mose. Ein schmaler Strang der alttestamentlichen Überlieferung hat diese Unmittelbarkeit hier und da durch den Titel Prophet angedeutet. Aber auch dieser Titel wurde nie der Schlüssel, der die Türen zu Mose öffnet. [...] Immer blieb er ein Fremder in den vertrauten Nomenklaturen.«[96]

---

93 *EvTh* 31, 603.
94 *EvTh* 31, 605.
95 *EvTh* 31, 606.
96 *EvTh* 31, 607f.

So tritt in der Bibel selbst zu unseren Bildern von Mose als dem *Anführer des Exodus* aus Ägypten und dem autoritativen *Gesetzgeber* noch als weiteres Bild das des *Erzpropheten* Mose, des Mittlers, der am Anfang einer prophetischen Traditionskette steht und auf den sich seine Nachfolger berufen. Auch dies ist ein weiteres Anzeichen für den Wandel des Mosebildes innerhalb der biblischen Überlieferung. Aber man kann diese Bilder nicht einfach nacherzählend auslegen – Thomas Mann kann das schon, wenn er es auch so nicht tut, nicht aber der Bibelwissenschaftler. Damit wird den Texten historisch zuviel zugemutet (Buber). Die ›extreme Reduktion‹ auf Namen, Heirat und Grab (Noth) führt nicht weiter, »weil sie im Mißverhältnis zum Gesamtbild steht.«[97] »Ebensowenig ist der Ausweg in Vieldeutigkeit eine Lösung. Zur biblischen Gestalt des Mose gehört ein Kern mit großer Textmasse und deutlichem Profil, der einen starken, Einheit fördernden Impuls ausübt. Das wäre nicht möglich, wiese seine Person in verschiedene Richtungen.« (ebd) Ob sich diese letzte Feststellung Fischers halten lässt, muss die Einzelauslegung zeigen.

Eckart Otto[98] zeichnet sein Mosebild vom Deuteronomium her. Für ihn ist Mose eine Art ›Gegenentwurf zum neuassyrischen Großkönig‹. »Wichtige Funktionen ›des assyrischen Großkönigs wie die der Konstituierung und Führung des Volkes sowie der Gesetzgebung und Verschriftung des Rechts wurden auf JHWH und Mose übertragen, in eine *fiktive Gründungsgeschichte Israels* verlagert und damit dem assyrischen König und seinem Vasallen in Jerusalem entzogen. Damit wird die Mose-Exodus-Erzählung wie das *zeitgleiche Deuteronomium* zur Wiege der Freiheitsrechte des Menschen als Abwehrrechte gegen den Staat, da Recht und Gerechtigkeit wie die Konstituierung des Volkes unabhängig vom Staat sind. JHWH schließt seinen Bund nicht wie in Assyrien mit dem König und nur so vermittelt mit seinen Untertanen, sondern unmittelbar mit dem Volk.«[99] Ob die Gründungsgeschichte Israels rein fiktiv ist, wird man jedenfalls für Exodus 1–19 mit Herrmann und Rendtorff (s. o.) bezweifeln dürfen. Die ›Absage an das ewige Pharaonentum‹[100] wird man Mose nicht absprechen müssen, wenn sie im Deuteronomium

---

97 Georg Fischer, »Das Mosebild der Hebräischen Bibel«, in: *Mose. Ägypten und das Alte Testament*, hrsg. v. E. Otto, SBS 189, Stuttgart 2000, 84–120; bes. 86.

98 »Mose und das Gesetz«, in: *Mose. Ägypten und das Alte Testament*, hrsg. v. E. Otto, SBS 189, Stuttgart 2000, 43–83.

99 *Mose. Ägypten & das AT*, 13f; kursiv von mir.

100 Buber, *Mose*, 127.

wieder aufgegriffen wird. Anders Otto:»Nicht der historische Mose war Urheber eines derartigen Programms, sondern judäische Intellektuelle des 7. Jh. v. Chr., die sich mit der Mose-Exodus-Erzählung gegen die Herrschaftsansprüche der neuassyrischen Hegemonialmacht zur Wehr setzten.«[101] Eine ähnliche Auffassung vertritt Jan Chr. Gertz[102].

Es scheint sich also schon innerbiblisch – und das deutlich beim Deuteronomium, das sechs Jahrhunderte nach Mose anzusetzen ist – so etwas wie eine ›Gedächtnisgeschichte‹ des Mose gebildet zu haben, wie sie der Ägyptologe Jan Assmann in seinem Buch *Moses der Ägypter*[103] herausgearbeitet hat. Mit diesem Buch sollten wir uns nun beschäftigen, um zu sehen, was es für das biblische Mosebild austrägt.

Zunächst wäre zu erklären, dass *Moses der Ägypter* nicht der *biblische* Mose ist; das wäre *Moses der Hebräer*. Aber wir müssen noch weiter ausholen zu dem, was Assmann die *mosaische Unterscheidung* nennt. Wir sind es aus der jüdisch-christlichen Tradition gewöhnt, dass Glaubensinhalte entweder wahr oder unwahr, richtig oder falsch, orthodox oder häretisch sind. Juden unterscheiden sich dadurch von den ›gojim‹, Christen von Heiden, Muslime von den ›Ungläubigen‹; ebenso Katholiken von Protestanten und Lutheraner von Reformierten usw. Diese Wahrheitsfrage nennt Assmann die ›mosaische Unterscheidung‹, weil durch den Monotheismus des Mose die Existenz anderer (z. B. ägyptischer) Gottheiten bestritten wird. Eigentlich geht diese Unterscheidung schon auf den Pharao Amenhotep IV. im 14. vorchristlichen Jh. zurück, der sich Echnaton nannte und der in der Verehrung der Sonnenscheibe (Aton) einen ersten Monotheismus begründete und die Verehrung anderer Götter ausrottete. Aber obwohl wir über diesen Pharao aus der Amarna-Zeit bestens informiert sind, hat er keine Nachwirkung in der Geschichte gehabt, im Gegensatz zu Mose, über den wir historisch fast nichts wissen, der aber eine zentrale Rolle in drei Weltreligionen spielt. Daher ›mosaische‹ und nicht ›echnatonische‹ Unterscheidung.

Haben sich aber die Wahrheitsfrage und die damit verbundene Exklusivität der Gottesverehrung nicht immer in der Geschichte der Religion gestellt? Keineswegs. Der Polytheismus tolerierte nicht nur andere Götter, sondern ihm wohnte auch eine Art ›ökumenische‹ Tendenz inne,

---

101 *Mose. Ägypten & das AT*, 15.
102 »Mose und die Anfänge der jüdischen Religion«, *Zeitschrift für Theologie und Kirche* 99, 2002, 3–20.
103 Entzifferung einer Gedächtnisspur, Frankfurt a. M. 2001, 3. Aufl., englisches Original: *Moses the Egyptian*, Cambridge / Mass. 1997.

diese Götter entsprechend ihren Rollen miteinander zu identifizieren (Zeus = Jupiter, Athene = Minerva, Aphrodite = Venus, Hermes = Merkur). Konnte man die fremden Götter nach ihren Funktionen mit den eigenen gleichsetzen, so ergab sich kein Konflikt, und es kam zu keiner Bestreitung ihrer Existenz. Polytheisten führen keine Religionskriege. Nach Assmann muss man »diese gegenseitige Übersetzbarkeit der polytheistischen Gottheiten [...] als eine große kulturelle Leistung verbuchen.«[104] Der Gott des biblischen Mose ist nicht nur der einzige, er ist auch bildlos und unsichtbar, ein bei Thomas Mann stark hervorgehobener Punkt. Auf das Fremdgötterverbot folgt logisch im Dekalog das Bilderverbot. Dieser religiöse Antagonismus zwischen Monotheismus und Polytheismus, Israel und Ägypten, ›Moses dem Hebräer‹ und ›Moses dem Ägypter‹ wird von Jan Assmann in seinem Buch untersucht. »Es handelt sich um eine ›Gedächtnisgeschichte‹ des religiösen Antagonismus, insoweit sich dieser Antagonismus auf die symbolische Konfrontation von Israel und Ägypten gründet.«[105] Aber was ist eine ›Gedächtnisgeschichte‹?

Diese Fragestellung Assmanns scheint mir der Hauptertrag seines Buches für die biblische Moseforschung zu sein, auf die sie sich m. E. analog anwenden lässt. Deshalb will ich Assmanns Ausführungen in I / 3 ›Die Ziele der Gedächtnisgeschichte‹[106] im Detail darstellen: »Im Unterschied zur Geschichte im eigentlichen Sinne geht es der Gedächtnisgeschichte nicht um die Vergangenheit als solche, sondern um die Vergangenheit, *wie sie erinnert wird*.«[107] Wird damit aber nicht die historische Frage beiseite geschoben? Darauf antwortet Assmann: »Gedächtnisgeschichte steht nicht im Gegensatz zur Geschichtswissenschaft, sondern bildet einen ihrer Zweige wie auch Ideengeschichte, Sozialgeschichte, Mentalitätsgeschichte oder Alltagsgeschichte. [...] Sie konzentriert sich auf jene Aspekte der Bedeutung oder Relevanz, die das Produkt der Erinnerung im Sinne einer Bezugnahme auf die Vergangenheit sind und die nur im Licht späterer Rückgriffe und Lektüren hervortreten. In dieser Hinsicht könnte man Gedächtnisgeschichte als auf die Geschichte angewandte Rezeptionstheorie definieren.«[108] Solch spätere ›Rückgriffe‹ finden sich in der Bibel beim charismatischen Führertum / Königtum auf Mose als den Führer des Exodus aus Ägyp-

---

104 *Moses der Ägypter*, 19.
105 *Moses der Ägypter*, 23.
106 *Moses der Ägypter*, 26–34.
107 *Moses der Ägypter*, 26; kursiv von mir.
108 *Moses der Ägypter*, 27.

ten, in der Prophetie auf Mose den Erzpropheten und in der Geset-
zestradition auf Mose den Gesetzgeber. Dabei wird nach Assmann die
Vergangenheit von der Gegenwart rekonstruiert »und unter Umständen
auch erfunden.« (ebd) Auf das biblische Mose-Problem angewandt,
stellt sich für uns die Frage dann so: Welche Gruppen hatten zu welcher Zeit ein Interesse an Mose in welcher Rolle und zu welchem bestimmten Zweck? Das wäre so etwas wie die alte formgeschichtliche
Frage nach dem ›Sitz im Leben‹, verbunden mit der überlieferungsgeschichtlichen Frage nach dem Tradentenkreis.

Das ist aber etwas anderes als die historische Frage: »Das Ziel einer
gedächtnisgeschichtlichen Untersuchung besteht nicht darin, die mögliche Wahrheit von Überlieferungen herauszufinden wie etwa der verschiedenen Moses-Überlieferungen, sondern diese Überlieferungen
selbst als Phänomene des kollektiven bzw. kulturellen Gedächtnisses zu
studieren.« (ebd) Das heißt dann aber nach Assmann, um es noch einmal deutlich zu sagen: »Erinnerung kann nicht als verläßliche Quelle
gelten, ohne an objektiven ›Fakten‹ überprüft zu werden. [...] Aber für
den Mnemohistoriker liegt die Wahrheit einer Erinnerung weniger in
ihrer Faktizität als in ihrer Aktualität. Ereignisse leben im kollektiven
Gedächtnis fort, oder sie werden vergessen.«[109] Echnaton ist nicht
aktuell, deswegen vergessen. Mose ist für drei Weltreligionen durchaus
aktuell – auch wenn wir historisch wenig Gesichertes über ihn sagen
können. »Gedächtnisgeschichte analysiert die Bedeutung, die eine Gegenwart der Vergangenheit zuschreibt.«[110] Können die Überlieferungen für Assmann ›auch erfunden‹ sein, würde ein Bibelwissenschaftler
wie Gressmann (s. o.) davon ausgehen, dass selbst in sagenhafter Tradition ein historischer Kern steckt, nach dem es zu fragen gilt, und den
wir bei Exodus 1–19 nach Herrmann und Rendtorff (s. o.) durchaus mit
Erfolg ermitteln können.

Der gedächtnisgeschichtliche Ansatz ist nach Assmann hochgradig
selektiv, und er gibt dafür einige Beispiele. »Gedächtnisgeschichte fragt
nicht: ›War Moses wirklich kundig aller Weisheit der Ägypter?‹, sondern sie fragt, warum eine solche Feststellung erst im Neuen und nicht
schon im Alten Testament steht.« (ebd) Warum gründet die Mose-Debatte im 17. und 18. Jh. ihr Mosebild auf diesen Satz aus Apostelgeschichte 7,22 und nicht auf das Buch Exodus? Und in der Auszugsge-
schichte, wie sie in der Haggada des jüdischen Passahfestes gelesen

---

109 *Moses der Ägypter*, 27f.
110 *Moses der Ägypter*, 28; kursiv von mir.

wird, komme Mose überhaupt nicht vor.»Andererseits läßt die Moses-Debatte der Aufklärung Gott aus dem Spiel.« (ebd) – was wir bei Herder, Goethe und Schiller (s. o.) bereits demonstriert hatten.

Worum geht es aber in der gedächtnisgeschichtlichen Debatte in der Unterscheidung zwischen ›Moses dem Ägypter‹ und dem biblischen ›Moses dem Hebräer‹?»Als Figur der Erinnerung unterscheidet sich Moses der Ägypter grundsätzlich von Moses dem Hebräer oder dem Moses der Bibel. Moses der Hebräer verkörpert die Konfrontation und den Antagonismus zwischen Israel / Wahrheit und Ägypten / Unwahrheit, Moses der Ägypter dagegen vermittelt diese Gegensätze. [...] Der biblische Moses verkörpert die Mosaische Unterscheidung, Moses der Ägypter ihre Vermittlung und Überwindung. Er verkörpert die positive Bedeutung Ägyptens in der Menschheitsgeschichte.«[111] Die Bedeutung der Mose-Debatte für das kulturelle Gedächtnis des Abendlandes liegt nach Assmann »in der Aufhellung des ägyptischen Subtextes in der Bibel, der Zurechtrückung ihrer polemischen Verzerrungen und vor allem in der Mobilisierung aller verfügbaren außerbiblischen Quellen, um diesen Subtext wieder lesbar zu machen.«[112]

Aber in der Gedächtnisgeschichte gibt es keine Gleichheit der Waffen. Moses der Hebräer und Moses der Ägypter sind nach Assmann ›in keiner Weise ebenbürtig‹.»Es gibt eine strikte Hierarchie von Zentrum und Peripherie. Die biblische Fassung der Exodus-Geschichte ist kanonisch und normativ, während die anderen Fassungen apokryph, wenn nicht geradezu häretisch sind. Moses der Ägypter gehört gewiß nicht zur kanonischen Tradition.«[113] Ja, Assmann nennt Mose den Ägypter ›ein typisches Beispiel von Gegengeschichte‹.

Geschichte wird im Prozess der Erinnerung zum Mythos. Assmann zitiert als Beispiel die Festung Masada, die von den Juden tapfer gegen die Römer verteidigt wurde. Dort werden heute Rekruten vereidigt, weil Masada zum Mythos für den heutigen Staat Israel geworden ist. Hier zeigt sich auch, wie Erinnerung nicht einfach gespeichert, sondern immer wieder neu angeeignet und vermittelt werden muss. Und gerade Masada verdeutlicht die Feststellung Assmanns: »Diese Vermittlung hängt ab von den Sinnbedürfnissen [...] einer Gruppe innerhalb einer gegebenen Gegenwart. Wenn ›wir sind, was wir erinnern‹, dann liegt die Wahrheit einer Erinnerung in der Identität, die sie formt.«[114]

---

111 *Moses der Ägypter*, 29.
112 *Moses der Ägypter*, 29f.
113 *Moses der Ägypter*, 30.
114 *Moses der Ägypter*, 34.

Bei ersten Besuchen in Treblinka und Auschwitz wurde mir klar, wie verschieden die Erinnerung der einzelnen Völker an diese Konzentrationslager ist. In Treblinka zeigten mir polnische Freunde zuerst die Gräber einiger Dutzend ermordeter Polen. Dass dort etwa eine halbe Million Juden umgebracht wurde – erfuhren sie erst von mir. Auschwitz ist für Russen der Ort, an dem Angehörige der Roten Armee und russische Zivilisten ermordet wurden. Der Millionen ermordeter Juden gedenken nur Israelis und Deutsche, das Opfer- und das Tätervolk.[115] Diese in allen Fällen verschiedene Gedächtnisgeschichte zeigt deutlich die verschiedenen Sinnbedürfnisse von Gruppen, hier Nationen, in der Gegenwart. Oder mit Assmann zu sprechen:»Mythen im Sinne traditioneller Erzählungen spielen eine entscheidende Rolle in der Ausbildung ethnischer Identitäten (›Ethnogenese‹).« (ebd)

Die genannten Beispiele werfen m. E. ein Licht auf die von uns angesprochene Mose-Problematik. Warum wechselt zu bestimmten Zeiten das Bild des Mose? Was hat seine Rolle als Anführer des Exodus mit dem charismatischen Führertum oder dem Königtum zu tun? Warum berufen sich die Propheten auf ihn als Erzpropheten? Und warum werden Gesetze, die so eindeutig aus späterer Zeit stammen, auf Mose den Gesetzgeber zurückgeführt? Diese Rückbezüge sind nun selbst geschichtliche Vorgänge, oder, wie Assmann es ausdrückt:»Daher hat auch Gedächtnisgeschichte, die sich um erzählte Erinnerung kümmert, mit Geschichte zu tun.« (ebd)

Das biblische Ägyptenbild symbolisiert nach Assmann ›Idolatrie‹, ›Welt-Vergötzung‹ oder ›Kosmotheismus‹. Mit dem Auszug aus Ägypten zieht Israel aus der ›Welt‹ aus; später ist Kanaan die ›Welt‹. »Die Wüste ist die Gegenwelt Ägyptens und daher der geeignete Rahmen für die Gründung einer Gegenreligion, die in allem, wofür Ägypten steht, ihr Anderes, die schlechthinnige ›Sünde‹ erblickt. Der Auszug aus Ägypten ist der Gründungsakt einer Religion, die auf Weltbeheimatung verzichtet, um Gott nahe zu sein.«[116] (Auch bei Thomas Mann muss übrigens Mose mit dem ›Gehudel‹ in die Wüste ziehen, um ein JHWH geheiligtes Volk zu schaffen.) Daher sieht Assmann Ägyptens Rolle in der Exodus-Geschichte nicht als historisch, sondern als mythisch an: »sie gehört bestimmend zum Selbstbild derer, die diese Geschichte erzählen. Ägypten ist der Mutterleib, aus dem das auserwählte Volk

---

115 Diesen Hinweis verdanke ich in erster Linie Dr. Jonathan Webber vom Institut für Sozialanthropologie der Universität Oxford.
116 *Moses der Ägypter*, 246f.

hervorging, aber die Nabelschnur ist ein für alle Mal durch die Mosaische Unterscheidung durchgeschnitten worden.«[117]

Diese Unterscheidung zwischen Wahrheit und Unwahrheit vollzog zuerst Echnaton, dessen Monotheismus viel radikaler war als die Monolatrie der Anfänge der Religion Israels. Damit hebt Echnaton alle Unterscheidungen auf,»die das traditionelle Weltbild in den Bildern des Mythos getroffen hatte: zwischen dem Sichtbaren und dem Unsichtbaren, dem Hier und Nicht-Hier, Jetzt und Nicht-Jetzt, vor allem aber den göttlichen und den gegen-göttlichen Mächten, den Kräften der Schöpfung und den Kräften des Chaos, die sich in der menschlichen Welt als Recht und Unrecht manifestieren. Mit der Aufhebung dieser Unterscheidung wird der Kosmos entpolarisiert, die Menschenwelt entpolitisiert.«[118]

Der Antagonismus zwischen der Religion Echnatons und der traditionellen polytheistischen Religion Ägyptens entspricht nach Assmann weitgehend dem Bild, das sich das 18. Jh. von dem Gegensatz zwischen den ›Mysterien‹ und der ägyptischen Volksreligion machte. Die Amarna-Religion verwarf den traditionellen Polytheismus,»allerdings nicht in der Form der Einweihung, sondern des kulturellen Umsturzes.« (ebd)

Zwischen Echnatons und Moses Monotheismus liegen nach Assmann zwar Welten, aber beide haben»die Unterscheidung zwischen Wahrheit und Unwahrheit eingeführt und die Unwahrheit in schärfster Weise zum Gegenstand der Ausgrenzung und Verfolgung gemacht.«[119] Der Monotheismus Moses versteht sich nach Assmann als eine anti-ägyptische Revolution, als»eine explizite Gegenreligion, die zu ihrer Selbstdefinition ihr Gegenbild braucht. Aus diesem Grund hat die Bibel ein Bild Ägyptens als ihr eigenes Gegenbild bewahrt. Der zentrale Begriff für diesen Gegensatz heißt Götzendienst oder Idolatrie.«[120]

Urszene dieses Götzendienstes ist für Assmann die Geschichte vom Goldenen Kalb. Das Goldene Kalb ist für ihn ein ägyptisches Bild, das des Apis-Stiers.»Die Geschichte vom Goldenen Kalb dramatisiert den Inbegriff von Sünde und Zorn, der durch Versöhnung überwunden wird. Es ist eine Frage von Sein oder Nichtsein – und sie ist auf untergründige Weise verbunden mit dem Apis-Stier als dem Inbegriff der ägyptischen Idolatrie.«[121] Idolatrie bedeutet aber nach Assmann in letzter

---

117 *Moses der Ägypter*, 247.
118 *Moses der Ägypter*, 260.
119 *Moses der Ägypter*, 268.
120 *Moses der Ägypter*, 268f.
121 *Moses der Ägypter*, 269.

Instanz Kosmotheismus. »Der Gott des Moses ist dann nicht mehr der Befreier aus Ägypten, sondern der Schöpfer von Himmel und Erde, der Eine Ursprung und Erhalter von allem, was ist.« (ebd) Der Gott des Exodus hat aber nach Assmann mit dem ›unbewegten Beweger‹ des Aristoteles nichts zu tun. Er ist vielmehr ein politischer Führer oder orientalischer Rechtskönig, »der Gesetze erläßt und Loyalität fordert.«[122] Zorn und Eifersucht sind Aspekte seiner Zuwendung zu Israel. »Im 18. Jahrhundert werden diese Affekte dann der Moses-Gestalt zugeschrieben« – so auch wieder bei Thomas Mann, bei dem allerdings Mose seine Charakterzüge auf Gott überträgt – »während Gott sich nun vollends zu einer philosophischen Idee vergeistigt und jeder Unterschied zwischen dem All-Einen des hermetischen Kosmotheismus und dem Einzigen des biblischen Monotheismus verschwindet.« (ebd)

Beim Begriff des Geheimnisses trifft Assmann die Unterscheidung von allgemeinem und speziellem Wissen. Allgemeines ist für alle zugänglich und sogar verbindlich, spezielles Wissen geht darüber hinaus und ist für einfache Menschen unverständlich oder zu gefährlich (Magie). Die Weisheit der Ägypter »war eine Weisheit, die dem Volksverstand unzugänglich, aber nicht der Volksreligion entgegengesetzt war.«[123] Das Geheimnis verhindert den offenen Konflikt von Religion und Gegenreligion. »Die Mysterienkulte sind Gegenreligionen, deren theoklastische Sprengkraft durch Schutzzonen strengster Geheimhaltung unter Verschluß gehalten wird.«[124] Nach einem antiken Modell tolerieren die Mysterien die Unwahrheit, »weil sie staatstragend ist und weil ohne die Furcht vor fiktiven Göttern eine zivile Gesellschaftsordnung nicht möglich ist. Der Staat toleriert die Mysterien, weil sie die Lehren von der Unsterblichkeit der Seele und der Belohnung und Bestrafung diesseitiger Taten in einem künftigen Leben verkünden, die sowohl wahr als auch staatstragend sind.« (ebd) Für dieses Modell gibt es nach Assmann keinerlei geschichtliche Anhaltspunkte im alten Ägypten und in der Antike überhaupt. »Die Auffassung, daß die Götter notwendige Fiktionen darstellen, ist jedoch antik.«[125] Auch Thomas Mann besteht auf einer Dosis säkularisierten Christentums als Grundlage eines Universalethos'.

Nach dieser Vorstellung muss der heidnische Staat »Götter erfinden, um seinen Gesetzen Autorität zu verleihen, und die um diese Fiktion

---

122 *Moses der Ägypter*, 270.
123 *Moses der Ägypter*, 271.
124 *Moses der Ägypter*, 272.
125 *Moses der Ägypter*, 273.

Wissenden müssen einen Geheimorden bilden und die Wahrheit den Auserwählten überliefern.«[126] Diese Theorie ist zu unterscheiden von der des Priesterbetrugs, die im 17. und 18. Jh. sehr verbreitet war. »Die heidnische Religion wurde als eine Inszenierung der Priester erklärt, die den einzigen Zweck verfolgte, ihre Stellung und Einkünfte zu sichern. Ihr Geheimnis bestand darin, die Tatsache geheimzuhalten, daß es gar kein Geheimnis zu hüten gab.«[127]

Moses war nach Assmann der einzige, der es wagte einen Staat ohne Geheimnis zu errichten. »Vielmehr schloß er einen Kompromiß und rettete wenigstens die Idee der Einheit Gottes, um sie im Bild eines persönlichen Nationalgottes, also in Form der politischen Theologie zu verwirklichen.«[128] Dem entspricht nach der Anschauung des mittelalterlichen jüdischen Gelehrten Maimonides der Kompromiss *Gottes*, der in der Weisheit bestand, »seine Gesetze unter Berücksichtigung der historischen Umstände zu erlassen und einen Großteil seiner Gebote in die Form von Riten zu kleiden, wie die Heiden sie übten und wie das Volk sie gewöhnt war.« (ebd) Dann besteht *Moses* Kompromiss darin, dem Volk ›seinen wahren Gott auf eine fabelhafte Art zu verkündigen‹ (Schiller).

Auf den Gegensatz von Israel und Ägypten, die mosaische Unterscheidung wendet Assmann dann das Freudsche Modell der Latenz an. Die ›äußere‹ Unterscheidung zwischen zwei Völkern verschiebt sich nach und nach ins ›Innere‹. »Das Modell des Mysteriums und der gespaltenen Religion verschiebt diese Unterscheidung in den Bereich derselben Kultur bzw. Religion hinein. Freuds Modell der Latenz schließlich verlagert diese Unterscheidung ins Innere der Psyche.«[129] Freuds Theorie des Heidentums beruht auf dem Prinzip der erfolgreichen Verdrängung. »Die Religionen leben im Zustand der Versöhnung. Sie hatten den ermordeten Urvater zum Gott erhoben und feierten in der gemeinsamen Totemmahlzeit die Versöhnung sowohl mit dem Gott als auch untereinander.« (ebd) Freud vertrat ja die Ansicht, die Juden hätten Mose ermordet, was bei Thomas Mann aber nur als Drohung häufiger anklingt.

Dieses Freudsche Prinzip von Trauma und Verdrängung wendet Assmann auf die Amarna-Episode, die Zeit Echnatons an, die innerhalb

---

126 *Moses der Ägypter*, 274.
127 *Moses der Ägypter*, 275.
128 *Moses der Ägypter*, 276.
129 *Moses der Ägypter*, 277.

von achtzig Jahren in vollständige Vergessenheit geraten war. »Die Erfahrungen waren aber traumatisch genug, um Legenden schauerlicher religiöser Frevel hervorzubringen, die aufgrund ihrer Unverortbarkeit im offiziellen kulturellen Gedächtnis gewissermaßen fließend wurden und sich mit allen möglichen Erinnerungen und Erfahrungen früherer und späterer Zeit anreichern konnten.«[130] Zum Prinzip der Verdrängung kommt bei Assmann als weitere Technik des Vergessens die normative Inversion. »Hier wird das Verworfene weder verdrängt noch totgeschwiegen, sondern im Gegenteil sorgfältig in Erinnerung gehalten: nicht um seiner selbst willen, aber als Gegenbild des eigenen Selbstbildes.«[131]

In verschiedenen geistigen Bewegungen seit der Spätantike kehrt Ägypten wieder als Inbegriff des verdrängten Kosmotheismus. Dabei spielt die Mose-Debatte eine Sonderrolle. Nach Assmann ist ihr Thema nicht Ägypten als solches, »sondern die Konstellation von Ägypten und Israel als historische Erinnerungsfigur der Mosaischen Unterscheidung.«[132] Wendet man dann den Freudschen Latenzbegriff auf das Verhältnis Europas zu Ägypten an, so kann man nach Assmann sagen, »daß der westliche Monotheismus den ägyptischen Kosmotheismus stets latent in sich getragen hat, bis es in der Renaissance und der Aufklärung zu einer Wiederkehr des Verdrängten kam.« (ebd) In der Persistenz und Wiederkehr Ägyptens als Gegenbild des westlichen Monotheismus sieht Assmann ein Beispiel für die von Freud beobachtete Sequenz von Verdrängung, Latenz und Wiederkehr.

Mit seinem Modell der Gedächtnisgeschichte hat Assmann die Debatte um die mosaische Unterscheidung, das Gegenbild von Israel und Ägypten, von der Spätantike über die Renaissance bis in die Aufklärungszeit verfolgt. Er hat damit die Spur eines biblischen Themas außerbiblisch gesucht. Es wäre nun zu fragen, ob man die Methode der Gedächtnisgeschichte nicht auch innerbiblisch auf das Mose-Thema anwenden kann. Einen ersten Versuch sehe ich in dem Aufsatz des Amerikaners Ronald Hendel, »The Exodus in Biblical Memory«.[133]

Dass dieser Aufsatz aus Kalifornien kommt, ist auch nicht weiter verwunderlich, hat Assmann doch ein Jahr dort am J. Paul Getty Center for the History of Arts and the Humanities während der Abfassung seines Buches verbracht. Hendel zitiert das Buch in der amerikanischen

---

130 *Moses der Ägypter*, 278.
131 *Moses der Ägypter*, 279.
132 *Moses der Ägypter*, 280.
133 *JBL* = *Journal of Biblical Literature* 120, 2001, 601–22.

Fassung von 1997, die er selbst 1998 besprochen hat.[134] Auch Hendel sieht die Analogie zur religionsgeschichtlichen Schule, insbesondere zu Gunkel und Gressmann (s. o.), denen es auch nicht so sehr um die Rekonstruktion der Historie im engeren Sinne, sondern um die Erzeugnisse der Überlieferung ging:»Moreover, like much of Gunkel's work, it seeks to locate the discursive settings of such traditions, their *Sitz im Leben*, in order to explore the social and institutional structures in which they circulate.«[135] Nach Hendel hat es Gedächtnisgeschichte mit der gesellschaftlichen Funktion von Geschichte in diesem Sinne zu tun – also mit dem, was wir oben mit der Form- und Überlieferungsgeschichte verglichen hatten. Eine Gedächtnisgeschichte des Exodus wird dann Geschichte und Erinnerung betrachten, um zu sehen, wie sie sich zueinander verhalten,»to see how the remembered past is constructed and re-interpreted, and how collective identity hinges on the remembered past.«[136] Damit stützt sich Hendel auf zwei wichtige Punkte Assmanns:

1. Die Vergangenheit wird durch die Gegenwart interpretiert, und
2. die Identität der Überlieferer bestimmt sich durch ihre Deutung der Vergangenheit.

Wichtig ist für Hendel die Auslassung des Namens des Pharaos, der auf diese Weise leichter mit späteren Pharaonen und ihren Unterdrückungen identifiziert werden konnte:»The memory of Egyptian oppression could extend to all who had felt the oppression of Pharaoh at any time in the remembered past. This extension of reference extends broadly throughout Canaan during the Egyptian empire of the Late Bronze Age«.[137] Auf diese Weise konnte sich z. B. die unterdrückte kanaanäische Unterklasse, die ja nie in Ägypten gewesen war, der Religion Israels anschließen. Es bildet sich ein ›Wir-Gefühl‹ aller JHWH-Verehrer durch die gemeinsame Überlieferung, wie es ähnlich schon Norman K. Gottwald[138] beschrieben hatte. Die Rolle des Mose sieht Hendel dann als die eines Erinnerungsmittlers (›Mediator of Memory‹).

Die kollektive Erinnerung, aus der die Exodus-Geschichte besteht, schließt die ägyptische Bedrückung, die Plagen und die alles überragen-

---

134 *BARev* 24, no. 2 (1998) : 68.
135 *JBL* 120, 603.
136 *JBL* 120, 604.
137 *JBL* 120, 605.
138 *The Tribes of Yahweh*. A Sociology of the Religion of Liberated Israel 1250–1050 B.C.E., London 1980.

de Gestalt Moses ein. Jeder Aspekt dieser komplexen Erzählung könnte Spuren von historischen Ereignissen und Personen enthalten, zusammengemischt mit mythischen Motiven, Themen und Strukturen –»the stuff that makes the past truly memorable.«[139] Die ungedeutete Vergangenheit ist eine reine Faktensammlung.»The past as people remember it is the meaningful past, the past as perceived and colored by subjective concepts, hopes, and fears. [...] The past authorizes and encompasses the present. The exodus, in this sense, is not a punctual past but ongoing, a past continuous.« (ebd) Die Vergangenheit im Sinne der Gedächtnisgeschichte geht weiter und reicht bis in die Gegenwart.

Der Exodus ist nach Hendel die Geschichte der Geburt eines Volkes, einer sozialen und ethnischen Einheit, die in Israel seit der beginnenden Eisenzeit entsteht. Diese Identitätsbildung ist ein Prozess, der sich über die Lebenszeit der israelitischen Gesellschaft erstreckt. Wenn dann nach Hendel die Bilder und Ideen vom Zweiten Jesaja bis zu Nelson Mandela lebendig bleiben, dann muss es etwas in der Geschichte geben, das den menschlichen Geist anspricht – ungeachtet der kulturellen Unterschiede. Deswegen legt wohl auch Thomas Mann hier die Basis für ein Universalethos.

»The memory of the exodus is not just a memory of historical events, but a conflation of history and memory that suits the condition of different qualities of time.«[140] Betrachtet man den Exodus nur auf einen dieser Gesichtspunkte hin – historisches Ereignis, gesellschaftliche Funktion, bis heute andauernde Themen – wird man die Komplexität und Vielheit des Ganzen falsch beurteilen. Die Gedächtnisgeschichte des Exodus ist nach Hendel die Geschichte verschiedener Vergangenheiten, die an den Schnittpunkten des Lebens in alten Zeiten zusammenkommen, in einem bestimmten Volk, aber auch in der ganzen Menschheitsgeschichte.

Diese Verbindung von Geschichte und Gedächtnisgeschichte soll auch unsere Auslegung der Mose-Erzählungen bestimmen, wobei Thomas Mann irgendwo auf der Linie ›vom Zweiten Jesaja bis Nelson Mandela‹ einzuordnen ist.

---

139 *JBL* 120, 621.
140 *JBL* 120, 622.

TEIL III
THOMAS MANNS NOVELLE UND DIE BIBEL

I. Prolog

Markant sind die Eröffnungen der Mannschen Werke allemal, und die meisten Leser können sie auswendig zitieren. Fährt der Dichter am Beginn der Josephsromane mit dem Leser ›tief‹ in den ›Brunnen der Vergangenheit‹, so beginnt die Novelle ›Das Gesetz‹ mit einem wahren Prosagedicht:

Seine Geburt war unordentlich,
darum liebte er leidenschaftlich Ordnung, das Unverbrüchliche, Gebot und Verbot.
Er tötete früh im Auflodern,
darum wußte er besser, als jeder Unerfahrene, daß Töten zwar köstlich, aber getötet zu haben höchst gräßlich ist, und daß du nicht töten sollst.
Er war sinnenheiß,
darum verlangte es ihn nach dem Geistigen, Reinen und Heiligen, dem Unsichtbaren, denn dieses schien ihm geistlich, heilig und rein.
(I / 339)[1]

Dieses erste Kapitel ist eine Art Prolog, mit dem Thomas Mann schon auf die weitere Erzählung vorgreift. Ab dem zweiten Kapitel wird dann in chronologischer Reihenfolge erzählt. Der Dichter folgt der Annahme vieler Bibelwissenschaftler, dass Israel den Jahwismus wohl von den Midianitern übernommen hat. Die Siedlungsgebiete dieses Volkes liegen östlich des Golfes von Aqaba, und dorthin war Mose geflohen, nachdem er einen Ägypter erschlagen hatte. Dort »machte er die Bekanntschaft eines Gottes, den man nicht sehen konnte, der aber dich sah; eines Bergbewohners, der zugleich unsichtbar auf einer tragbaren Lade saß, in einem Zelt, wo er durch Schüttel-Lose Orakel erteilte.« (ebd) Entscheidend für Mann ist die Unsichtbarkeit dieses Gottes. Hingewie-

---

1 Thomas Mann, ›Das Gesetz‹, in: *Späte Erzählungen*, Frankfurter Ausgabe 1981, 339–408; die römische Zahl gibt das Kapitel, die arabische die Seitenzahl an.

sen sei aber auch darauf, dass der Begriff der Offenbarung absichtlich vermieden wird. Wie Mose die ›Bekanntschaft‹ dieses Gottes machte, wird sich im Laufe der Novelle noch herausstellen.

Dieses Numen, Jahwe genannt, war bei den Midianitern nur ein Gott unter vielen. Diesem gestaltlosen Gott opferten sie nur,»um nichts zu versäumen, niemanden zu kränken und sich von keiner möglichen Seite her Unannehmlichkeiten zuzuziehen.« (ebd) Man fühlt sich an den Altar des unbekannten Gottes auf dem Athener Areopag erinnert, der Paulus als Anknüpfungspunkt seiner Predigt dient (Apostelgeschichte 17,23). Die Unsichtbarkeit eines Gottes ist in der Antike etwas Besonderes. Üblicherweise hatte eine Gottheit ein Gottesbild, das im Tempel, dem Haus und Wohnort dieser Gottheit stand.»Mose dagegen, kraft seiner Begierde nach dem Reinen und Heiligen, war tief beeindruckt von der Unsichtbarkeit Jahwe's; er fand, daß kein sichtbarer Gott es an Heiligkeit mit einem unsichtbaren aufnehmen könne.« (ebd) Damit vertritt Thomas Mann die Auffassung von der religionsgeschichtlichen Einzigartigkeit des Gottes Israels.

Beim Schafe Hüten kommt es wie in der Bibel zur Gottesbegegnung am Dornbusch. Wenn Mann hier doch von Offenbarung spricht, so meint er damit ein ›flammendes Außen-Gesicht‹, d. h. also, dass die Eingebungen im Schillerschen rationalistischen Sinne in der Regel aus dem Inneren des Mose kamen, der Dornbusch also als ›Außen-Gesicht‹ einen Sonderfall darstellt. Dieser Gott des Dornbuschs ist kein anderer als der schon kanaanisierte Vätergott (El eljon, El ro'i, El schaddai, El olam), Thomas Mann übernimmt also die Altsche Hypothese von der Gleichsetzung JHWHs mit dem Vätergott (Exodus 3 und 6).[2]

Voll von dieser Gotteserfahrung lässt Mann seinen Mose nun nach Ägypten zurückkehren. Hier begegnen uns zum ersten Mal die von der Bibel abweichenden Familienverhältnisse des Mose. Der midianitische Schwiegervater Moses heißt in der Bibel Reguel, Jethro oder Hobab. Der Dichter macht nun Reguel zum Schwiegervater, Jethro hingegen zum Schwager des Mose, wobei er ›Schwäher‹ = Schwiegervater wohl als Schwager missversteht. Auch hat Mose zur Zeit der Rückkehr bei Thomas Mann zwei Söhne, während in der Bibel zwar Gerschom, nicht aber Eliezer geboren ist.»Zween Söhne« (I / 340) entstammt der Sprache der Lutherbibel, man denke nur an die ›zween Söhne Zebedäi‹. Die Rückkehr nach Ägypten mit Moses Frau Zippora auf dem Esel reitend

---

2 A. Alt:»Der Gott der Väter«, *Kleine Schriften I*, 3. Aufl., München 1963, 1–78,

lässt wieder an die neutestamentliche Flucht nach Ägypten denken (Matthäus 2,13–15). Ist der Retter im Neuen Testament in Gefahr, so ist der alttestamentliche Befreier jetzt außer Gefahr.

So begibt sich denn Mose zu den Seinen nach Gosen im Nildelta. Er berichtet von der Erscheinung JHWHs am Dornbusch und dass dieser kein anderer als der Gott ihrer Väter sei. Dieser Gott sei bereit, mit ihnen einen Bund der Erwählung aus allen Völkern zu schließen,»vorausgesetzt, daß es [Israel] sich ihm in völliger Ausschließlichkeit verschwöre und eine Eidgenossenschaft aufrichte zum alleinigen, bildlosen Dienste des Unsichtbaren.« (I / 341) Dabei stellt sich Mose sehr ungeschickt an mit Stottern und Fäuste Schütteln. Wenn er verkündete, JHWH habe Lust zu seinem Volk,»so deutete er dem Gotte zu und trug in ihn hinein, was möglicherweise auch des Gottes war, zugleich aber mindestens auch sein Eigen: Er selbst hatte Lust zu seines Vaters Blut, wie der Steinmetz Lust hat zu dem ungestalten Block.« (ebd) Hier zeichnet Thomas Mann seinen Mose als Bildhauer. Vorbild ist Michelangelo samt der gebrochenen Nase. Auch die Künstlerthematik klingt schon an, denn der Dichter sieht sich selbst als eine Art Bildhauer, der am deutschen Volk ›herumsprengt‹.

Das Volk ist in Ägypten religiös verkommen und Mose muss vorsichtig zu Werke gehen. So verschweigt er zunächst die Absicht des unsichtbaren Gottes, sein Volk aus Ägypten in das den Vätern verheißene Land zu führen. Außerdem hoffte er dieses Problem selbst beim Pharao zu lösen,»dem er garnicht so ferne stand«. (I / 342) Hier wird der Leser neugierig. Kapitel II bringt die Aufklärung. Aber das Volk ist »misstrauisch, halsstarrig und ängstlich gegen sein Bohren«. (ebd) Ja, Mose wird unliebsam an seine Tötung des Ägypters vor der Flucht nach Midian erinnert:»Es hat dich wohl einer zum Obersten oder zum Richter gesetzt über uns? Wir wüßten nicht wer.« (ebd)

II. Die Geburt des Mose

Ist Mose in der Bibel Israelit und von levitischer Abstammung, so macht ihn Freud bekanntlich zum Ägypter. Bei Thomas Mann wird er zum Mischblut, sein Vater ist ein hebräischer Sklave, seine Mutter eine ägyptische Prinzessin. Hier klingt Autobiographisches und die Künstlerthematik an. Thomas Manns Mutter war Deutschbrasilianerin (s. o.). Das Mischblut hat eine gewisse kritische Distanz zu seinem ›Vaterblut‹, Mose zu den Israeliten, Mann zu den Deutschen. Auch gelingt es dem Dichter besser als dem biblischen Erzähler zu erklären, warum Mose einen so leichten Zugang zu Pharao hat: Pharao ist sein ›Lüsternheits-Großvater‹.

Der Nil, in dem Mose in der Bibel ausgesetzt wird, ist in der Novelle der Ort seiner Zeugung. Pharaos zweite Tochter »ergötzte sich mit dienenden Gespielinnen unterm Schutze Bewaffneter in dem königlichen Garten am Nil.« (II / 342) Dort sieht sie einen hebräischen Sklaven, einen Wasserschöpfer, zu dem sie sich sexuell hingezogen fühlt und mit dem sie in einem Pavillon Verkehr hat. Der Sklave wird danach von den Wachen getötet. Die Prinzessin aber ist schwanger und gebiert das Kind (Mose) in aller Heimlichkeit. Die Dienerinnen – im Gegensatz zu den Hebräerinnen in der Bibel – setzen das Kind im Nil aus und inszenieren seine Auffindung. »Da fanden sie's dann und riefen: ›O Wunder, ein Findling und Schilfknabe, ein ausgesetztes Kindlein! Wie in alten Mären ist es, genau wie mit Sargon, den Akki der Wasserschöpfer im Schilfe fand und aufzog in der Güte seines Herzens. Immer wieder kommt dergleichen vor.‹« (II / 343) Hier leistet Thomas Mann religionsgeschichtliche Arbeit, indem er auf die Sage von Sargon von Akkade als Modell seiner wie der biblischen Geburtsgeschichte hindeutet. Auf die Geburt Jesu, des neutestamentlichen Heilbringers, verweisen die ›alten Mären‹ (›Vom Himmel hoch‹ s. o.). Der Wasserschöpfer, im Falle Sargons sein Ziehvater (Akki), ist bei Thomas Mann zum leiblichen Vater Moses geworden.

Und jetzt mündet die Novelle wieder in den biblischen Bericht ein: Das Kind wird den Leviten Amram und Jochebed zur ›Aufzucht‹ übergeben. Jochebed hat übrige Milch von Aaron ihrem Säugling. So sind Amram und Jochebed bei Thomas Mann nicht die wirklichen Eltern Moses und Aaron ist nur sein ›Milchbruder‹. Die Pflegeeltern geben dem Kinde den Namen Mose (= Sohn). Die ägyptischen theophoren Elemente (Ptach, Amen oder Ra) lassen sie aus Frömmigkeit weg. Humorvoll schließt Thomas Mann: »So war er ein ›Sohn‹ ganz einfach. Fragte sich eben nur, wessen.« (II / 344)

Vergleicht man die Legende von Sargon von Akkade mit dem biblischen Bericht und Thomas Manns Version, so ergeben sich folgende Parallelen bzw. Unterschiede:

1. In der Sargonlegende wird das Kind aus der hohen (königlichen) Familie ausgesetzt und in der niedrigen Familie (Akki) erzogen. Danach kehrt es in die hohe Familie zurück (Königsthron).

2. In der Bibel wird das Kind der niedrigen Familie (Amram & Jochebed) ausgesetzt und durch die hohe Familie (Prinzessin) gerettet und erzogen. Später kehrt Mose zu der niedrigen Familie und seinem Volk zurück.

3. Bei Thomas Mann wird das Kind der hohen Familie (Prinzessin) ausgesetzt und von der niedrigen Familie (Amram & Jochebed) erzogen. Danach kehrt Mose zur höfischen Erziehung in die hohe Familie zurück.

Es zeigt sich also, dass die Novelle der Sargonlegende mehr entspricht als die biblische Erzählung. Auf die Abhängigkeit der biblischen Aussetzungsgeschichte von der Sargonlegende hat Meik Gerhards[3] jetzt noch einmal hingewiesen. Er sieht darin eine Legitimationslegende des Usurpators Sargons II., der bei seiner Thronbesteigung den Namen Sargons von Akkade annimmt.

Eckart Otto[4] zieht folgende Parallelen zwischen Exodus 2, 1–10 und der Sargonlegende:

1. »Beide sind nichtehelicher Herkunft.
2. Beide werden deshalb von ihrer Mutter ausgesetzt.
3. Beide werden von ihr in einen Kasten aus Schilf gelegt.
4. Beide Schilfkästen werden mit Bitumen verstrichen.
5. Beide Schilfkästen werden am Flußufer abgelegt.
6. Beide Kinder werden durch Zufall gefunden.
7. Beide Kinder werden von Stiefeltern adoptiert großgezogen.
8. Beide Kinder haben als Erwachsene eine im Horizont der jeweiligen Politischen Theologie wichtige Mission zu erfüllen.«

So weit so gut. Aber wie Otto auf die Idee kommt, der biblische Mose sei nichtehelicher Herkunft, ist mir schleierhaft. Das träfe auf Thomas Manns Mose in der Novelle zu (›Mischgeburt‹). Vielleicht liest Otto Ex 2,1 zu sehr durch die Brille der Sargonlegende. Und dass der biblische Mose durch Zufall gefunden wird, hat Benno Jacob (Kommentar z. St.) für mich jedenfalls einleuchtend bestritten.

Benno Jacob verweist in seinem Kommentar[5] noch auf weitere Texte, in denen von der Aussetzung des Kindes die Rede ist (Gilgamesch, Semiramis, Cyrus, Perseus, Telephus, Ägystus, Oedipus, Romulus und Remus). Diese Aussetzungen geschehen aber in der Regel nicht zum Zwecke der Rettung der Kinder, sondern zum Zwecke ihrer Entfernung. Die wunderbare Rettung erfolgt gegen die Intention der ursprünglich Handelnden. Anders in der Bibel und bei Thomas Mann. Die Familie

---

3 *Die Aussetzungsgeschichte des Mose*, WMANT 109, Neukirchen 2006, 149ff.
4 *Mose. Ägypten & das AT*, 55.
5 *Das Buch Exodus*, hrsg. von Shlomo Mayer, Stuttgart 1997, 23.

Amrams hat das Kind nach Jacob offensichtlich an einer Stelle im Schilf ausgesetzt, von der man wusste, dass die Prinzessin dort in der Nähe baden würde. Noch eindeutiger ist die Situation der Aussetzung bei Thomas Mann, bei dem diese nur inszeniert ist zur Ehrenrettung der Prinzessin. Die Prinzessin will ihr Kind mit Hilfe Amrams und Jochebeds eindeutig behalten.

III. Fronarbeit der Israeliten und Moses Erziehung

Ähnlich wie die Bibel beschreibt auch Thomas Mann die Fronarbeit der Israeliten. Sie waren legal eingewandert, mussten aber dafür Steuern zahlen und Frondienst leisten. Den namenlosen Pharao der Bibel identifiziert Mann wie die meisten Bibelwissenschaftler mit Ramses II. (13. Jh. v. Chr.), dessen Namen er in der Form Ramessu wiedergibt. Ramses II. gilt als der Erbauer der Vorratsstädte Pitom und Ramses, und die Israeliten (bei Mann: Ibrim) mussten dafür Ziegel herstellen. Sie wurden nach Mann zwar gut verpflegt, aber ihrem ›Nomadenblut‹ passte die Fronarbeit nicht. Die in der Bibel und in der Novelle beschriebene Situation entspricht durchaus den historischen Umständen, wie Siegfried Herrmann (s. o.) gezeigt hat. Bei Hungersnöten drangen oft Beduinen aus Edom und der Sinaihalbinsel in Ägypten ein. Deshalb war diese Grenze befestigt, um die Hungerleider nur kontrolliert einwandern zu lassen. Parallelen zur EU-Außengrenze drängen sich auf. Aber nichts war umsonst. Die ›Zugelassenen‹, wie Mann sie nennt, mussten ›steuern‹ und ›fronen‹.

Solche Fronarbeit beim Ziegelbrennen wäre wohl nach Mann auch das Schicksal des Mose gewesen. Aber es kam anders. Wie in der Bibel, so in der Novelle erinnert sich die Prinzessin des / ihres Kindes. Mose wird an den Hof geholt und zum Ägypter erzogen. Wie die Söhne des Dichters, Klaus und Golo Mann, wird auch Mose auf ein feines Internat, allerdings nach Oberägypten, geschickt und dort mit den Söhnen der ägyptischen Adligen und der syrisch-kanaanäischen Stadtkönige erzogen. Diese hänseln ihn wegen seines Kurznamens und machen dunkle Anspielungen auf seine zweifelhafte Abstammung. Thomas Mann nennt sie ›Gecken‹, ›Schnösel‹ und ›Stutzer‹. Brunhild Neuland (s. o.) hält dies für Kritik an der ›unnützen Jugend einer parasitären Oberschicht‹ aber Thomas Mann dürfte weniger klassenkämpferisch eher an die Schulkameraden Klausens und Golos in Salem bzw. der Odenwaldschule gedacht haben.

Was die Affäre seiner Tochter betraf, so war deren Ergebnis dem Pharao nicht verborgen geblieben. Er war Moses ›Lüsternheits-Großvater‹. »Ja, Mose wußte dies und wußte auch, daß Pharao es wisse, und hatte ein drohendes Nicken bei dem Gedanken, in der Richtung von Pharao's Thron.« (III / 346) Dennoch fühlt sich der Mannsche wie der biblische Mose zu den Seinen, dem ›Vaterblut‹ hingezogen. »Das Blut des Verscharrten [...] war stärker in ihm als sein ägyptischer Teil.« (III / 345)

IV. Rückkehr zu den Seinen und Flucht nach Midian

So flieht Mose nach zwei Jahren aus dem thebanischen Internat, und die Novelle mündet wieder ganz in die biblische Handlung ein. Nach seiner Heimkehr sieht Mose, wie ein ägyptischer Aufseher einen fronenden Israeliten schlägt. Er stellt ihn zur Rede, und in Abweichung vom Bibeltext schlägt ihm der Ägypter mit seinem Stock die Nase ein, so dass der Mannsche Mose nun wirklich aussieht wie Michelangelo. »Er entriß aber dem Aufseher den Stock, holte fürchterlich aus und zertrümmerte dem Mann den Schädel, daß er tot war auf der Stelle. Nicht einmal umgeblickt hatte er sich, ob auch niemand es sah.« (IV / 347)

Michelangelo. Büste von Giovanni da Bologna. Florenz, Akademie; Bronze; Detail. Aus: *Michelangelo. Architettura, pittura, scultura*; Milano 1964.

Von den Ägyptern hat es auch niemand gesehen – aber von den fronenden Israeliten? Als er in der Bibel wie in der Novelle versucht, einen Streit zwischen zwei israelitischen Fronarbeitern zu schlichten, wenden diese sich gegen ihn, und einer spricht:»Wer hat dich zum Meister und Richter gesetzt über uns. Willst du mich vielleicht auch erwürgen, wie du damals den Ägypter erwürgt und verscharrt hast?« (ebd) Die Sache war also ruchbar geworden, und Mose muss fliehen. Er geht »über die Grenze, wo sie nicht fest war, bei den Bitterseen, durch die Watten. Durch viele Wüsten des Landes Sinai wanderte er, und kam nach Midian, zu den Minäern und ihrem Priesterkönige Reguel.« (ebd)

Benno Jacob befasst sich in seinem Exodus-Kommentar (z. St.) mit der antisemitischen Verwendung dieser Episode. Er schreibt zu Exodus 2,12:»Diese Geschichte gehört zum eisernen Bestand der antisemitischen Angriffe gegen das AT. In ihrem Jargon, den auch Männer wie Goethe und Schopenhauer nachzusprechen sich nicht für zu gut hielten, wird Mose dafür ein *Meuchelmörder* genannt.« Jacob weist darauf hin, dass es sich nicht um vorsätzlichen Mord, sondern um Totschlag handelt. Und er fährt apologetisch fort:»Man darf bei diesem ganzen Vorfall nicht vergessen, daß Mose noch jung und dies sein erstes öffentliches Handeln war. Besonnenheit ist nicht Sache der Jugend. Seine Gesinnung war löblich, aber nicht sein Tun. Seine Tat ist fahrlässiger Totschlag, und er muß ihn hart genug büßen, er muß flüchten und (gerade so wie Jakob) jahrzehntelang in der Fremde leben. Der Gott der Tora ist der Gerechte und *Heilige*.« (ebd)

Benno Jacobs Hinweis auf den Erzvater Jakob macht deutlich, dass Thomas Mann die Begegnung des Helden mit seiner zukünftigen Frau, die Brunnenszene Exodus 2,15ff, bei Mose nicht weiter ausgemalt hat, während er dies bei der gleichen Brunnenszene Genesis 29,1–14 in den ›Geschichten Jaakobs‹ lang und breit tut.[6]

Die Verbindung mit Midian hat nach Eckart Otto eine gewisse historische Wahrscheinlichkeit, wie sich später beim Exodus herausstellt:»Auf ihrer Flucht vor den Ägyptern mussten sie midianitisches Territorium durchqueren. Ohne ein Einvernehmen mit den Beduinen der Wüste hätten die Flüchtlinge keine Überlebenschance gehabt und wären beim ersten Brunnen niedergemacht worden. So liegt es nicht fern anzunehmen, daß die Flüchtlinge bei den Midianitern durch Mose mit der Jahwereligion in Verbindung kamen.«[7]

---

6 Golka, *Jakob*, 69–73.
7 E. Otto, *MOSE. Geschichte und Legende*, 33.

V. Erneute Rückkehr und Ausführung des Auftrages

Dieses Kapitel füllt weitgehend phantasievoll den biblischen Bericht aus. Mose kommt als erwachsener Mann zurück aus Midian und beginnt seine Mission. Dies ist für Thomas Mann eine Gelegenheit, sein Äußeres zu beschreiben: »[...] stämmig, mit gedrückter Nase, vortretenden Backenknochen, einem geteilten Bart, weit sehenden Augen und breiten Handgelenken« – so weit ähnelt Mose Michelangelo nach der Büste von Giovanni da Bologna – »wie man besonders sah, wenn er, was oft geschah, grübelnd Mund und Bart mit der Rechten bedeckte.« (V / 348) Der letzte Teil der Schilderung bezieht sich nicht mehr auf den Bildhauer, sondern auf Michelangelos ›Jeremia‹ in der Sixtinischen Kapelle. Dieser Mose wanderte zwischen den Hütten der Israeliten hin und her und ging seinem Auftrag nach, wobei er ständig das Aramäisch der Fronarbeiter mit dem Ägyptischen des Internats und dem Arabischen der Midianiter vermengte. »So brachte er alles durcheinander.« (ebd)

Michelangelo, *Der Prophet Jeremias*. Vatikan, Sixtinische Kapelle; Deckengemälde; Detail. Aus: *Michelangelo. Architettura, pittura, scultura*; Milano 1964.

Gott sei Dank! kam ihm sein Bruder Aaron zu Hilfe. Der Dichter beschreibt ihn als einen hoch gewachsenen sanften Mann »mit schwarzem Bart und schwarzen Ringellocken im Nacken, der seine großen, gewölbten Augenlieder gern fromm gesenkt hielt« und der »aus seinem Barte heraus salbungsvoll fließend zu reden verstand.« (ebd) Aaron begleitet Mose auf seinen ›Werbe-Wegen‹ und führt meist das Wort. Mose muss in Aarons salbungsvolle Rede ab und zu durch Fäusteschütteln etwas Feuer hineinbringen. Mit von der Partie sind ebenso Aarons Frau Eliseba und Moses und Aarons jüngere Schwester Mirjam, »ein begeistertes Weib, das singen und pauken konnte«. (V / 348f) Von ihr heißt es dann noch häufiger in Imitation biblischer Sprache: ›Sie paukte den Weibern vor‹. Sie alle waren begeisterte Anhänger der Mission Moses.

Sein wichtigster Mitarbeiter wird aber ein junger Mann, Hosea bin Nun, dem Mose mit Jehoschua (kurz: Joschua) einen JHWH-haltigen Namen gibt. Vorbild für Thomas Manns Joschua ist eindeutig Michelangelos David: »ein gerade stehender, sehniger junger Mensch mit einem Krauskopf, vortretendem Adamsapfel und einem bestimmt eingezeichneten Faltenpaar zwischen seinen Brauen«. (V / 349) Ist Mose bei Mann geistlicher Führer, so ist Joschua der militärische Führer und Organisator. Diese Rolle übernimmt der Josua der Bibel erst bei der Eroberung des verheißenen Landes im Buche Josua. Thomas Mann zieht diese Rolle seines Joschua vor, um Mose rein geistlich zu zeichnen und ihn von den anscheinend nötigen Gewalttaten zu entlasten. Für Joschua ist der Vätergott JHWH der Heerscharen, wobei er diese Heerscharen weniger als himmlisch, sondern als irdisch versteht und sich um ihren raschen Aufbau bemüht. Es ging ihm um die »Eroberung neuen und eigenen Siedelgrundes für die ebräischen Sippen, – folgerichtiger Weise, denn irgendwo mußten sie wohnen, und kein Land, verheißen oder nicht, würde ihnen geschenkt werden.« (ebd) Hier deutet Thomas Mann auf die biblische Problematik, dass das verheißene Land kein leeres Land ist und dass es nur durch Vertreibung anderer Völker in Besitz genommen werden kann. Damit wird auch die Berufung des heutigen Staates Israel auf die Bibel problematisch.

Manns Joschua schätzt die Personenzahl seines Volkes auf etwa zwölf- bis dreizehntausend Köpfe, was etwa dreitausend waffenfähige Männer ergibt. »Die Zahlen sind später ohne Maß übertrieben worden«, sagt Thomas Mann (ebd) im rationalistischen Geiste Goethes und Schillers. Mose und Joschua streben beide eine Art Zwischenaufenthalt Israels auf dem Wege von Ägypten ins verheißene Land an – und zwar aus ganz verschiedenen Gründen. Joschua muss älter werden, um die Rolle eines Feldherrn wirklich ausfüllen zu können, und zur Erreichung der notwendigen militärischen Stärke braucht er für einige Jahre einen ›Hege- und Heckplatz‹. Mose hingegen braucht diesen Aufenthalt für sein geplantes Bildungswerk der Heiligung und Gottesfurcht: »Furcht vor dem Gedanken der Reinheit, zügelnde Satzung, welche, da der Unsichtbare eigentlich der Gott aller Welt war, zukünftig alle binden, aber für sie zuerst erlassen und ihr strenges Vorrecht sein sollte unter den Heiden.« (V / 350) So verfolgen Mose und Joschua aus verschiedenen Gründen bei Thomas Mann das gleiche Ziel. Der Dichter nimmt hier die Kadesch-Hypothese E. Meyers, Gressmanns und Auerbachs auf – allerdings mit einer deutlichen Abweichung: Bei Thomas Mann ist der Aufenthalt in Kadesch im Sinne der Endgestalt der Bibel nur ein Zwischenaufenthalt, während die genannten Bibelwissenschaftler ihn als das Ziel der Exodusgruppe betrachten. Daher schlägt Israel den direkten Weg nach Kadesch ein und zieht nicht die so genannte Straße der Philister am Mittelmeer entlang, was der kürzeste Weg nach Kanaan gewesen wäre. Der Name der Straße wäre für das 13. vorchristliche Jahrhundert ein Anachronismus, haben sich die Philister doch erst im zwölften an der Küste des nach ihnen benannten Palästinas angesiedelt. »So stimmten sie« (Mose und Joschua) »überein unter verschiedenen Gesichtspunkten.« (V / 351)

VI. Mose und Aaron scheitern bei Pharao

Zu den Moseanhängern stößt jetzt noch Kaleb, der ›Busenfreund‹ Joschuas. Auf verschiedene Weise gelingt es ihnen, die Israeliten zu überreden, »sich dem Bildlosen zum Volke zu weihen und unter ihm und seinem Verkünder ins Freie zu ziehen.« (VI / 351f) Auch die Hoffnung, dass Mose dazu die Erlaubnis erwirken könne, macht den Leuten die Sache erst recht schmackhaft. Seine ägyptischen Verbindungen, vorher eher skeptisch betrachtet, erweisen sich nun als Plus. Und so werden Mose und Aaron beauftragt, die Freilassung des Volkes zu erwirken. Aaron soll auch mit seinem Brillenschlangentrick die Macht JHWHs erweisen, ein Fehlversuch, denn die ägyptischen Magier können dies auch.

Die Bibel gibt uns keinen Anhaltspunkt, warum Mose und Aaron überhaupt bei Hofe vorgelassen werden. Vielleicht sollen wir an die Prinzessin und Moses höfische Erziehung denken. Bei Thomas Mann ist klar, dass Mose zu seinem ›Lüsternheits-Großvater‹ jederzeit Zugang hat – erfolgreich ist er deswegen aber nicht. Auch die abgesprochene

Finte, nur um eine dreitägige Beurlaubung zu einem Opferfest zu bitten, verfängt nicht. Pharao wird in der Novelle mit seiner unliebsamen Großvaterschaft quasi erpresst. Natürlich könnte er Mose aus dem Wege räumen lassen, er fürchtet sich aber vor dem Auftritt seiner Tochter und der Szene, die sie ihm machen würde.»Die Prinzessin [...] wollte nun einmal nicht, daß ihrem Schilfknaben ein Leid geschehe, – in ihrem Schutze stand er, wie undankbar er ihrer Fürsorge, ihren Erziehungs- und Förderungsplänen auch begegnet war.« (VI / 353) Von Moses und Aarons Behauptung, ihr Gott würde sie mit Pestilenz und dem Schwerte schlagen, wenn sie nicht zum Opferfest drei Tage in die Wüste zögen, zeigt sich der Pharao wenig beeindruckt:»Das geht uns nicht nahe. Ihr seid zahlreich genug, mehr als zwölftausend Köpfe, und könntet Abminderung wohl vertragen, sei es durch Pestilenz oder Schwert oder harte Arbeit.« (VI / 354) Spricht Mose bei Thomas Mann von Pestilenz und Schwert, so fügt der Pharao die Fronarbeit hinzu und stellt damit die Verbindung zu Ex 1,8–22 her.[8]

In der Bibel erfolgt diese ›Abminderung‹ in drei Schritten:
1. Harte Fronarbeit, Ex 1,8–14.
2. Beabsichtigte Tötung der Knaben durch die Hebammen, Ex 1,15–21.
3. Offenes Pogrom, Ex 1,22.

Bei den älteren Exegeten werden 1. und 3. in der Regel dem Jahwisten (= J) zugeschrieben, 2. dem Elohisten (= E).[9] Neuere Ausleger, die E. Blum[10] folgen, würden bei Ex 1,15–21 eher von einer deuteronomischen Kompositionsschicht (KD) sprechen, die sie allerdings auch ins 8. Jh. datieren. Ist die Blumsche Auffassung einer Kompositionsschicht richtig, dann hat diese durch die Einfügung von 2. zwischen 1. und 3. eine Steigerung der Bedrückungsmaßnahmen des Pharao erreicht: 1. Harte Fronarbeit, 2. heimliche Tötung der Knaben durch die Hebammen und 3. offenes Pogrom. Diese Steigerung erkennt man nur in der Endgestalt des Textes, eine literarkritische Zerlegung in die Einzelteile zerstört diese Absicht.

Eckart Otto will die Fronarbeit von Ex 1,11 allerdings auf die Fronlasten Judas unter den assyrischen Großkönigen beziehen und be-

---

8 Ab jetzt kürze ich Exodus jeweils ›Ex‹ ab.

9 So etwa M. Noth, *Das zweite Buch Mose. Exodus*, ATD, Göttingen 1959 z. St.

10 *Studien zur Komposition des Pentateuch*, BZAW 189, Berlin / New York 1990.

trachtet das in Ex 1,11 und 1. Kön 9,19 gebrauchte hebräische Wort *miskhenot* ›Vorrats(städte)‹ als assyrisches Lehnwort aus dem akkadischen *mashkanu* ›Vorratsplatz‹. »Ist dieser zeitgeschichtliche Hintergrund von Ex 1,11 im 7. Jh. v. Chr. erkannt, so wird die Mose-Figur zur Antipode des neuassyrischen Großkönigs: Mose legt nicht wie dieser Fronlasten auf, sondern befreit davon. Mit Mose wird also nicht ein König geboren, der bedrückt, sondern ein Mann, der aus der Bedrückung befreit.«[11]

Bei B. S. Childs[12] stehen diese Bedrückungsmaßnahmen in einer Art Chiasmus in dem größeren Rahmen von Ex 1+2:

Ex 1,1–7   Die Namen der Söhne Israels (Priesterschrift = P)
Ex 1,8–14   Fronarbeit (Jahwist = J)
Ex 1,15–21   Hebammen (Elohist = E oder deuteronomische Kompositionsschicht = KD)
Ex 1,22–2,22 Pogrom; Kindheitsgeschichte und Flucht nach Midian (J)
Ex 2,23–25   Hilferuf und Erhörung der Söhne Israels (P).

Diese beiden Kapitel bilden den Prolog des Buches Exodus (Childs).

In der Novelle scheitern Mose und Aaron mit ihrem Vorstoß bei Pharao. Es »war nicht nur nichts Gutes dabei herausgekommen, sondern entschieden Böses kam nachträglich dabei heraus.« (VI / 354) Pharao verschärft jetzt aus Ärger über die Anfrage die Fron, indem die Israeliten bei gleich bleibender Ziegelleistung auch noch das Stroh, das man ihnen bisher geliefert hatte, selbst beschaffen müssen. »Vergebens wurden die ebräischen Obmänner, die man über das Volk gesetzt, bei den Behörden wegen Überforderung vorstellig.« (VI / 354f) Damit bezieht sich Thomas Mann auf Ex 5,1–6,1. Dieses Stück hatte Martin Noth (s. o.) als besonders alt betrachtet, zeige sich doch hier, dass Mose und Aaron später in die Überlieferung eingedrungen seien und dass sie ursprünglich nicht in das Thema ›Herausführung aus Ägypten‹ gehörten. Es kann nicht bestritten werden, dass die Überlieferungen von Exodus und Landnahme die Rollen Moses bzw. Josuas auf Kosten anderer (z. T. anonymer) Personen vergrößert haben. Das kann aber nicht bedeuten, dass Mose wie auch Josua in den genannten Traditionen überhaupt nicht zu Hause waren.

11 *Mose. Ägypten & das AT*, 61.
12 *Exodus*, OTL, London 1974, z. St.

In der Bibel wie in der Novelle erhalten die Obleute die Antwort: »Ihr seid müßig, müßig seid ihr, darum schreit ihr und sprecht: ›Wir wollen ausziehen und opfern.‹ Es bleibt dabei: Selber das Stroh beschafft und dabei die gleiche Zahl Ziegel.« (VI / 355)

VII. Weitere Verhandlungen und die zehn Plagen

Zunächst werden Mose und Aaron in der Novelle beschuldigt, die Israeliten in diese missliche Situation gebracht zu haben. Es kommt zu einem Vieraugengespräch zwischen Mose und Gott, in dem Mose behauptet, er hätte diesen Auftrag nie gewollt. »Aber der Gott tröstete und strafte ihn aus seinem Inneren und antwortete ihm von da, er solle sich seines Kleinmuts schämen; seine Entschuldigungen seien reine Ziererei gewesen, denn im Grunde habe er selbst auf die Sendung gebrannt, weil er nämlich ebenso große Lust zu dem Volk und seiner Gestaltung habe wie er, der Gott, ja, daß seine eigene Lust von der des Gottes garnicht zu unterscheiden, sondern einerlei sei mit ihr: Gotteslust sei es, was ihn zum Werke getrieben, und er solle sich schämen, an ihr beim ersten Misserfolg zu verzagen.« (VII / 355)

Auch hier klingt wieder das Künstlerthema an – Mose als Bildhauer, der an seinem Volk ›herumsprengt‹. Mose und Gott sind eins. Das Gespräch findet im Inneren Moses statt und Moses und Gottes Ziele sind eins: ›die Lust zu dem Volk und seiner Gestaltung‹. So nimmt Mose auf Bitten der Fronarbeiter das Gespräch mit Pharao, diesmal allein, wieder auf. Die Verschärfung der Fron hatte den Wunsch nach Freiheit nur umso größer werden lassen. Zehnmal tritt Mose vor den Pharao: »Ein Kampf entspann sich zwischen dem König und ihm, zäh und gedehnt, der zwar nie dazu führte, daß jener in Mose's Ansinnen willigte, wohl aber dazu, daß man eines Tages die Gosen-Leute mehr aus dem Lande stieß und trieb, als daß man sie daraus entlassen hätte, nur froh schließlich, sie los zu sein.« (VII / 356)

Damit verweist Thomas Mann schon auf die zehn Plagen, die er rein rationalistisch erklärt. Die ersten neun (›Blut, Frösche, Ungeziefer, Gewild, Grind, Seuche, Hagel, Heuschrecke, Finsternis‹) sind Dinge, die auch sonst in Ägypten gelegentlich vorkommen, wobei er die neunte Plage als Sonnenfinsternis deutet. »Etwas Unmögliches ist an keiner von ihnen; nur fragt es sich, ob sie, die letzte ausgenommen, mit der es eine undurchsichtige, nie wirklich aufgeklärte Bewandtnis hat, zum Endergebnis wesentlich beitrugen.« (VII / 357) Auch in der Bibelauslegung wird zwischen den ersten neun und der zehnten Plage deutlich unterschieden. Die ersten neun sind Schauwunder, in denen JHWH seine Macht demonstriert – und wohl auch später *ad majorem gloriam Dei* eingefügt – während die zehnte das ›Endergebnis‹ herbeiführt, in der Bibel durch den verlängerten Arm JHWHs, in der Novelle durch den verlängerten Arm Moses, von dem noch zu reden sein wird. Einig sind sich die Exegeten, dass die ersten neun Plagen in drei Zyklen gegliedert sind und dass die zehnte Plage eine Sonderstellung einnimmt. Georg Fohrer[13] spricht von der ›Urplage‹ und weist sie denn auch als einzige seiner ›Nomadenquelle‹ zu. Auch ohne diese Quellenhypothese ist klar: Bei der zehnten Plage handelt es sich um ältestes Überlieferungsgut, die ersten neun stellen eine theologische Ausweitung der Überlieferung dar. Letztere sind in drei Zyklen gegliedert, die ich hier nach dem jüdischen Kommentator Umberto Cassuto[14] wiedergebe:

Erster Zyklus	Zweiter Zyklus	Dritter Zyklus	Vorspiel
1. Blut	4. Fliegen	7. Hagel	Warnung: Mose steht am Morgen vor Pharao
2. Frösche	5. Seuche	8. Heuschrecken	Warnung: Mose erscheint vor Pharao
3. Stechmücken	6. Geschwüre	9. Finsternis	Keine Warnung

In der Quellenzuweisung sind sich die Forscher nicht einig. Den besten Überblick gibt wohl Childs.[15] Deutlich wird aber, dass in jedem der drei Zyklen die letzte Plage redaktionell ist, die Zyklen also eine Komposition darstellen: Plagen 3 und 6 werden in der Regel der Priesterschrift (P) zugewiesen – für mich die Endredaktion des Pentateuch – Plage 9 betrachten die Literarkritiker als elohistisch (E) – für mich die deuteronomische Kompositionsschicht (KD).

Die Plagen 1–9 sind in der Bibel deutlich von der zehnten Plage abgehoben und zeigen schon durch ihren kompositorischen Charakter, dass sie zur Verherrlichung JHWHs eingefügt worden sind. Der Triumph JHWHs über Pharao und Ägypten, von Israel ursprünglich erst am Schilfmeer erfahren, wird nun bereits in die Plagenerzählung vor-

---

13 *Überlieferung und Geschichte des Exodus*, BZAW 91, Berlin 1964, 74.
14 *A Commentary on the Book of Exodus*, Jerusalem hebr. 1951, engl. 1967, 93.
15 *Exodus*, 130ff; bes. 131.

gezogen (Schauwunder). Ganz anders die Tendenz bei Thomas Mann, der das Wunderhafte rationalistisch weg erklärt. Bei ihm handelt es sich um natürliche, wenn auch seltene Ereignisse, die sich über einen längeren Zeitraum erstreckt haben.

Schließlich verliert Pharao wie in der Bibel auch bei Thomas Mann die Geduld und jagt Mose unter Todesandrohung aus dem Saal. »Da wurde Mose, der eben noch hoch erregt gewesen, vollkommen ruhig und antwortete nur: ›Du hast es gesagt. Ich gehe und will dir nicht mehr vor die Augen kommen.‹ Woran er dachte bei diesem furchtbaren, gelassenen Abschied, war nicht nach seinem Sinn. Aber Joschua und Kaleb, die Jünglinge, nach deren Sinn war es.« (VII / 358) Dunkel und Furcht erregend deutet sich die zehnte Plage an.

VIII. Die Tötung der Erstgeburt

Der unheimliche Charakter, der sich in der Novelle am Schluss von Kapitel VII schon andeutete, tritt nun in der Erzählweise des Dichters bei der zehnten Plage noch stärker hervor: »Dies ist ein dunkles Kapitel, in halben, verhüllten Worten nur abzufassen. Es kam ein Tag, besser gesagt: eine Nacht, eine arge Vesper, wo Jahwe umging, oder sein Würgengel, und die letzte zehnte Plage über die Kinder Ägyptens, oder doch einen Teil von ihnen, das ägyptische Element unter den Bewohnern von Gosen, sowie der Städte Pitom und Ramses, verhängte, indem er diejenigen Hütten und Häuser, deren Pfosten zu seiner Verständigung mit Blut bestrichen waren, ausließ und verschonend an ihnen vorüberging.« (VIII / 359)

Auf die »arge Vesper« und das »Dunkel jener Vesper-Nacht« (VIII / 360) wurde schon in Teil I hingewiesen (s. o.). Hier übernimmt Thomas Mann von Goethe die Bezeichnung der Päsach-Nacht als ›umgekehrte Sizilianische Vesper‹, bei der nicht die Einheimischen die Fremden, sondern die Fremden die Einheimischen ermordet haben. Ebenso von Goethe stammt der Gedanke, dass die Zweitgeborenen von der Tötung der Erstgeborenen profitiert haben. Die Sizilianische Vesper fand allerdings nicht in der Nacht, sondern am frühen Abend, eben zur Zeit des Vespergottesdienstes statt, bevor sie sich dann zum landesweiten Aufstand entwickelte. Mit dem ›verschonenden Vorübergehen‹ liefert Thomas Mann eine Etymologie des hebräischen Wortes ›Päsach‹.

Wer aber war der Würgengel? »Die Unterscheidung zwischen Jahwe und seinem Würgengel will wohl vermerkt sein: sie hält fest, daß nicht Jahwe selbst es war, der umging, sondern eben sein Würgengel, – richtiger gesagt wohl eine ganze, vorsorglich zusammengestellte Schar von solchen. Will man die vielen aber auf eine Einzelerscheinung zurückführen, so spricht vieles dafür, sich Jahwe's Würgengel als eine stracke Jünglingsfigur mit Krauskopf, vortretendem Adamsapfel und bestimmt gefalteten Brauen vorzustellen.« (VIII / 359) Also Joschua! Damit entmythologisiert Mann den Würgengel JHWHs.

Während Moses Verhandlungen mit dem Pharao haben sich die Israeliten auf das entscheidende Ereignis vorbereitet. Mose hat, um freie Hand zu haben, seine Familie zu Jetro geschickt.»Joschua aber, dessen Verhältnis zu Mose unverkennbar demjenigen des Würgengels zu Jahwe ähnelt, hatte nach seiner Art gehandelt und, da er nicht die Mittel und auch noch nicht das Ansehen besaß, die dreitausend waffenfähigen Blutsgenossen unter seinem Befehl auf Kriegsfuß zu bringen, wenigstens eine Rotte draus erlesen, bewaffnet, exerziert und in Zucht gebannt, so daß für den Anfang etwas damit zu leisten war.« (VIII / 359f) Eine Elitetruppe mit Joschua als Rottenführer? Hat sich Thomas Mann für seine antifaschistische Novelle hier nicht im (braunen) Vokabular vergriffen? Die Stelle entbehrt nicht der Peinlichkeit wie auch andere Auftritte von Joschuas Elitetruppe. Kann man das alles mit der auf Grund des Schopenhauerschen pessimistischen Weltbildes notwendigen Erziehungsdiktatur entschuldigen? Man sieht hier die Wurzeln des Mose/Hitler-Streites zwischen Lubich und Mennicken (s. o.).

Außer der Tötung der Ägypter gibt es in der Bibel wie der Novelle noch den weiteren peinlichen Punkt ihrer Beraubung. Nach Ex 12,35f sollen die Israeliten auf Anordnung Moses ihre ägyptischen Nachbarn für das angebliche Opferfest um goldene und silberne Gefäße und Kleidung bitten und sie auf diese Weise berauben. Das veranlasst die Exegeten zu allerhand interessanter Apologetik. Cassuto beruft sich auf das Gesetz Deuteronomium 15,13–14, nach dem ein hebräischer Sklave bei seiner Freilassung nicht mit leeren Händen weggeschickt werden darf.»The Hebrew slaves who went forth from Egypt had already served their masters the number of years that Providence had predetermined (Gen. xv 13; Exod. xii 40–41), and consequently they were entitled to liberation, and upon liberation the bounty was also due to them.«[16] Nun wird der König von Ägypten das deuteronomische Gesetz nicht gekannt haben – Mose wahrscheinlich auch noch nicht – aber die himmlische Gerechtigkeit sorgte dafür, «that the requirements of law and justice were carried out, and directed the course of events to this end.« (ebd)

---

16 *Exodus*, 44.

Vielleicht hat Thomas Mann doch die überzeugendere Erklärung. Er redet seine Leser – und Zuhörer! – direkt an. Beim Josephsroman hatten wir von einem Er-Roman gesprochen, bei dem der Autor die Erzählung unterbricht und sich direkt an den Leser wendet, um mit ihm exegetische, inhaltliche und eben auch moralische Fragen zu diskutieren.[17] So rechtfertigt er sich auch hier, ohne die Tatsachen zu beschönigen: »Meine Freunde! Beim Auszug aus Ägypten ist sowohl getötet wie auch gestohlen worden. Nach Mose's festem Willen sollte es jedoch das letzte Mal gewesen sein. Wie soll sich der Mensch auch der Unreinheit entwinden, ohne ihr ein letztes Opfer zu bringen, sich einmal noch gründlich dabei zu verunreinigen?« (VIII / 361) Mit dem Exodus hat Manns Mose das Volk nun im Freien, »und Freiheit war ihm der Raum der Heiligung.« (ebd)

IX. Rettung am Schilfmeer

Über den Weg der Israeliten ist viel spekuliert worden. Dies würde ein eigenes Buch füllen. Die Lokalisierung des Schilfmeers – vom ›Roten‹ Meer steht nichts in der Bibel – ist in der älteren Forschung noch oft durch die vorausgesetzte Verbindung von Exodus- und Sinai-Tradition zusätzlich verwirrt worden. Legt man das Schilfmeer auf dem Weg zum Sinai in Midian dann an den Golf von Aqaba – obwohl es dort kein Schilf gibt – müssten die Ägypter schon einige Zeit debattiert haben, bevor sie den Israeliten nachsetzten. Mit der überlieferungsgeschichtlichen Trennung von Exodus- und Sinai-Tradition durch Gerhard von Rad (s. o.) haben sich solche Thesen erledigt.

Thomas Mann ist auf dem Stand der Forschung seiner Zeit, die das Schilfmeer im Gebiet der Bitterseen, etwa dem heutigen Suez-Kanal, lokalisiert. Dieser Ort war für die Israeliten relativ schnell zu erreichen, für die ägyptischen Streitwagen noch schneller. Die Bitterseen hatten eine zeitweilig offene Verbindung zum Golf von Suez. Musste Mann sich bei der Erzählung von den zehn Plagen noch selbst die Mühe machen, diese zu entmythologisieren und in seinem Sinne rationalistisch zu deuten, so hat ihm dies beim so genannten Schilfmeerwunder die alttestamentliche Wissenschaft abgenommen. Der Dichter zitiert quasi genüsslich und spricht von »schilfigen Watten, die die zeitweilig offene Verbindung der Bitterseen mit dem Meerbusen bildeten, und durch die

---

17 Golka, *Jakob*, 13–30.

man unter Umständen trockenen Fußes das Sinailand gewinnen konnte. Ging nämlich ein starker Ostwind, so boten sie, bei zurückgetriebenem Meere, einen freien Durchgang, – und in dieser Verfassung fanden die Flüchtigen, dank Jahwe's begünstigender Fügung, das Schilfmeer vor.« (IX / 361)

Die priesterliche Version in der Bibel, Mose habe mit seinem Stabe das Wasser geteilt, wird in der Novelle als Propaganda Joschuas und Kalebs dargestellt:»Mose habe unter Anrufung des Gottes seinen Stab über die Wasser gehalten und sie dadurch bewogen, zurückzutreten und dem Volke den Weg freizugeben. Wahrscheinlich hatte er das auch getan und war mit feierlicher Gebärde in Jahwe's Namen dem Ostwinde zu Hilfe gekommen.« (IX / 362) Welch herrliche Ironie! Aber Mose konnte die von Joschua und Kaleb propandistisch aufgebaute Reputation auch dringend gebrauchen, denn »hier war es ja, wo Pharao's Heeresmacht, Mann und Wagen, grimmige Sichelwagen, die man nur zu gut kannte, die Auswanderer einholte und um ein Haar ihrer Wanderung zu Gott ein blutiges Ende gesetzt hätte.« (ebd)

Beim Herankommen der Ägypter kommt es zu einem ›Massen-Murren‹, wie Mose es bisher höchstens bei dem ersten gescheiterten Versuch der Bitte um Urlaub zum Opferfest erlebt hatte. In der Bibel gibt es eine eigene Gattung solcher Murrgeschichten, die Teil der Überlieferung von der Wüstenwanderung sind und von Frank Schnutenhaus[18] und George W. Coats[19] untersucht wurden. Schnutenhaus fragt bei den alten nichtpriesterlichen Überlieferungen, warum denn gemurrt wird:

Murren wegen Not:
Ex 14,10f Feinde; 15,24 Durst; 16,3 Hunger; 17,3 Durst; Num (= Numeri) 11,1 Not; 11,4ff Hunger; 13,30f Feinde; 21,4f Hunger und Durst;

Murren gegen Moses Sonderstellung:
Num 12,1f ›Hat denn JHWH mit Mose allein geredet?‹ 16,13 ›Willst du (Mose) dich auch noch zum Herrn über uns aufwerfen?‹

Man sieht also nach Schnutenhaus, »daß das Murren wegen Not, also Feinde, Hunger und Durst, am häufigsten anzutreffen ist.«[20] Zentralsätze des Murrens sind entweder

---

18 *Die Entstehung der Mosetraditionen*, Diss., Heidelberg 1958 masch.
19 *Rebellion in the Wilderness*. The Murmuring Motif in the Wilderness Tradition in the Old Testament, Nashville, New York 1968.
20 *Mosetraditionen*, 129.

»warum hast du uns aus Ägypten geführt, [...] um uns sterben zu lassen« Ex 17,3; Num 21,5, oder »wären wir doch in Ägypten geblieben« Ex 16,3; 14,2;

so also auch in Ex 14, der Stelle, auf die sich Thomas Mann in diesem Kapitel bezieht. In den Murrgeschichten ist Mose Mittler zwischen Gott und Volk. Er richtet einerseits dem Volk Gottes Willen aus und vertritt andererseits das Volk vor Gott. Ähnlich ist die *Mittlerrolle der Propheten* in der Bibel. Auch sie, die Gerichtspropheten, werden vom Volk abgelehnt und leisten – soweit es ihnen erlaubt ist – Fürbitte vor Gott für das Volk. Eine innerbiblische Gedächtnisgeschichte, die Mose als einen Propheten versteht, kann also an die Murrgeschichten anknüpfen.

George W. Coats deutet das Murren des Volkes nicht als maulende Klage, sondern als offene Rebellion:»The act of murmuring poses a challenge to the object of the murmuring which, if unresolved, demands loss of office, due punishment, and perhaps death.«[21] Damit hätte Thomas Mann also Recht, wenn er in der Novelle häufiger als in der Bibel das Volk eine offene Todesdrohung gegen Mose aussprechen lässt – den ›Mann Mose‹, wie es mit einer Verbeugung gegenüber Sigmund Freud heißt.

Nach Coats dominiert die Überlieferung der Murrgeschichten die negative Interpretation der Wüstenzeit»and in fact presents the only fully developed tradition of rebellion involving *the whole people* during that period.«[22] Die Bearbeitung dieser Murrgeschichten weist Coats der deuteronomischen Pentateuchredaktion zu. Damit wird unser Blick auf das deuteronomistische Schema der Deutung der Richterzeit in Richter 2,6ff gelenkt:

Abfall des Volkes von JHWH – Bedrückung durch Feinde – JHWH schickt einen Richter (= Retter) – Befreiung des Volkes – Friedenszeit – erneuter Abfall von JHWH – usw. usw.

Damit zeigt sich im Sinne der innerbiblischen Gedächtnisgeschichte, dass in den Murrgeschichten auch die Deutung der *Rolle des Mose als charismatischer Führer* (Richter = Retter) fest zu machen ist, für die der Deuteronomist verantwortlich zeichnet – vielleicht sogar die Deutung der *Königsrolle*, falls Coats mit seiner Behauptung Recht hat, Sitz im Leben der Murrgeschichten-Überlieferung sei der Kult in Jerusalem gewesen.»The occasion for its repetition was the festival of election, the moment during the first day of the fall festival when the people

---

21 *Rebellion*, 249.
22 *Rebellion*, 253.

remembered ritually the election of their king and the designation of their city as the invincible dwelling of Yahweh.«[23]

Die Rede von den Gräbern in Ägypten taucht nun auch in der Novelle auf und ›wären wir zu Hause geblieben‹. »Auf einmal war Ägypten ›Zu Hause‹, da es doch sonst eine Fron-Fremde gewesen war.« (IX / 362) Jetzt aber war er ›der Mann Mose, der uns aus Ägypten geführt hat‹. Diese Phrase ist bei Thomas Mann zweideutig. Wenn es den Israeliten gut geht, gebrauchen sie sie als Lobpreis, geraten sie aber in Not oder Gefahr, sprechen sie die gleichen Worte mit beißendem Zynismus aus.

Jetzt aber war der Triumph beispiellos. »Mirjam, die Prophetin, Aarons Schwester, sang paukend den Weibern im Reigen vor: ›Singet dem Herrn – eine herrliche Tat – Roß und Mann – hat er ins Meer gestürzt.‹ Sie hatte es selbst gedichtet. Man muß es sich mit Paukenbegleitung denken.« (IX / 363) Thomas Mann zitiert hier Ex 15,20f, das so genannte Mirjamlied. Dabei lässt der Dichter sein bibelexegetisches Wissen durchscheinen, dass v. 21 der älteste Teil des Kapitels Ex 15 ist, älter als der Lobpsalm vv. 1ff – obwohl keiner der Forscher so weit gehen würde, den v. 21 zum ›Originalton Mirjam‹ zu erklären.

Aus dem Lobpsalm zitiert Mann aber den v. 11b, um die tiefe Ergriffenheit des Volkes zu zeigen:»Die Worte ›Mächtig, heilig, schrecklich, löblich und wundertätig‹ hörten nicht auf, von seinen Lippen zu kommen,« – vielleicht hatte Thomas Mann hier den Klang von Händels ›Israel in Ägypten‹ im Ohr –»und es war unklar, ob sie der Gottheit galten, oder Mosen, dem Gottesmann, von dem man annahm, daß sein Stab die ersäufende Flut über die Macht Ägyptens gebracht habe. Wenn gerade das Volk nicht murrte, hatte Mose stets seine liebe Not, zu verhindern, daß es ihn selber für einen Gott, für den hielt, den er verkündete.« (ebd) In der Bibel ist überhaupt nichts unklar, denn das Zitat aus dem Lobpsalm Ex 15,11b wird im vorausgehenden Halbvers 11a mit der Frage eingeleitet: ›Wer ist wie du JHWH unter den Göttern?‹

X. Durst und Hunger. Weitere Murrgeschichten

Nach der Katastrophe der Ägypter nutzt Mose sein neu gewonnenes Ansehen, um den Israeliten einzuschärfen: ›Du sollst dich über den Fall deines Feindes nicht freuen‹. »Es war das erste Mal, daß dergestalt das ganze Gehudel, zwölftausend und einige Hundert Köpfe, die dreitausend

---

23 *Rebellion*, 251; ähnlich J. R. Porter, *Moses and Monarchy*, s. o.

Waffenfähigen eingeschlossen, mit Du angesprochen wurde, dieser Redeform, die ihre Gesamtheit umfaßte und zugleich das Auge auf jeden Einzelnen, Mann und Weib, Greis und Kind, richtete, einen jeden wie mit dem Finger vor die Brust traf.« (X / 363f) Der Dichter bereitet damit die Redeform der so genannten apodiktischen Gesetze vor.[24] Das Volk betrachtet diese Aufforderung als hochgradig unnatürlich. »Den Bewußteren unter dem braunen Gehudel fing es zu dämmern an, was es meinte, und wie Unheimlich-Anspruchsvolles es damit auf sich hatte, sich einem unsichtbaren Gott verschworen zu haben.« (X / 364)

Nach der erfolgreich abgeschlossenen Murrgeschichte wegen Feindesnot folgt nun eine weitere wegen der Not des Durstes. ›Der Mann Mose, der uns aus Ägypten geführt‹ bedeutet jetzt wieder ›der uns ins Unglück gebracht hat‹. »Warum hast du uns lassen aus Ägypten ziehen?« (ebd) fragt das Volk stereotyp – und jiddelt dabei. Das kennen wir gelegentlich bei Thomas Mann schon aus den Josephsromanen. Und bald murrt das Volk auch, weil sie nichts mehr zu essen haben. Es folgt die Klage des Mittlers, auf die Schnutenhaus[25] in der Bibel hingewiesen hat, auch hier in der Novelle: »Hab ich denn all das Volk empfangen und geboren, [...] daß du zu mir sagen magst: ›Trag es in deinen Armen!‹ Woher soll ich Speise nehmen, daß ich all diesem Volk gebe? Sie weinen vor mir und sprechen: ›Gib uns Fleisch, daß wir essen!‹ Ich kann allein soviel Volk nicht tragen, es ist mir zu schwer. Und willst du so mit mir tun, so erwürge mich lieber, daß ich mein Unglück und ihres nicht sehen müsse!« (X / 365)

Vorbild für diese Passage ist Num 11,11–15, woher auch die weiblichen Bilder für Mose als Mutter des Volkes stammen. Auch bei dem afrikanischen Volk der Fante findet sich die weibliche Rolle des Häuptlings in einem Sprichwort: »Wenn die Brust des Häuptlings viel Milch hat / darf die ganze Welt trinken.«[26] In Bezug auf das Tragen des Volkes verweist Baruch Levine auf Jesaja 40,11. Dort heißt es, Gott werde Israel tragen, wie ein Hirte junge Lämmer in seinem Schoß trägt.[27] Vom Tragen des Volkes durch Mose spricht auch Ex 18,22, vom Tragen durch Gott Deut (= Deuteronomium) 1,31.

---

24 A. Alt: »Die Ursprünge des israelitischen Rechts«, *Kleine Schriften I*, 278–332.
25 *Mosetraditionen*, 136ff.
26 F. W. Golka, *Die Flecken des Leoparden.* Biblische und afrikanische Weisheit im Sprichwort, Stuttgart 1994, 34.
27 Baruch A. Levine, *Numbers 1–20*, The Anchor Bible, New York u. a. 1993, 323

Auch in der Novelle lässt Gott den klagenden Mose nicht im Stich. Wie in Ex 15,22–25 treffen die Israeliten auf die Quelle Mara (= die Bittere). »Zwar schmeckte ihr Wasser widerlich, dank unzuträglicher Beisätze, was bittere Enttäuschung und weit hinrollendes Murren hervorrief.« (ebd) Unterschiedlich aber die Lösung in der Bibel und der Novelle. In Ex 15,25 heißt es: ›Er schrie zum Herrn und der Herr zeigte ihm ein Stück Holz. Als er es ins Wasser warf, wurde das Wasser süß.‹ Grenzt dies durch Beteiligung der Gottheit ans Wunderhafte, bringt in der Novelle der Erfindergeist Moses die Lösung: »Aber Mose, erfinderisch gemacht durch die Not, setzte eine Art von Filter-Vorrichtung ein, die die üblen Beimengungen, wenn nicht ganz, so doch zum guten Teile zurückhielt, und verrichtete so ein Quell-Wunder, das das Gezeter in Beifallsjauchzen verwandelte und seinem Ansehen sehr auf die Füße half. Das Wort ›der uns aus Ägypten geführt hat‹ nahm gleich wieder eine rosige Färbung an.« (ebd) Die Bezeichnung der Filter-Vorrichtung als ›Quell-Wunder‹ ist nicht ohne eine gewisse Ironie.

Bleibt noch das Problem des Hungers. Während in Ex 16 JHWH auf das Murren des Volkes mit Speisung durch Wachteln und Manna reagiert, bleibt die Diät bei Thomas Mann zunächst fleischlos: »Denn es erwies sich, daß große Strecken der Wüste Paran mit einer Flechte bedeckt waren, die man essen konnte, der Manna-Flechte, einem zuckrigen Gefilz, rund und klein, wie Koriandersamen zu sehen und wie Bedellion, das sehr verderblich war und übel zu riechen begann, wenn man es nicht gleich aß, sonst aber, zerrieben, zerstoßen und als Aschenkuchen bereitet, eine recht leidliche Notspeise gab, beinahe wie Semmel mit Honig schmeckend, so fanden einige, und andere fanden: wie Ölkuchen.« (X / 365f)

Die biblische Sabbatthematik Ex 16,22ff fehlt bei Thomas Mann. Die Israeliten sollen am sechsten Tag die doppelte Menge Manna sammeln und am Sabbat, an dem die Arbeit des Sammelns verboten wäre, davon essen. Wichtig wird der Sabbat als *status confessionis* im babylonischen Exil (586–539 v. Chr.) zusammen mit der Beschneidung und den Speisegesetzen. Durch das Festhalten an diesen Traditionen bekennt man sich auch in der Fremde zu seinem Judentum. So kommt es deshalb auch in der Antike durchaus zu freiwilligen Ghetto-Bildungen, etwa in Alexandria, um nur ein Beispiel zu nennen. Durch das gemeinsame Leben lassen sich solche Vorschriften leichter einhalten.

Nun könnte man deshalb geneigt sein, Ex 16,22ff für einen nachexilischen Text zu halten – was im Großen und Ganzen auch zutrifft – aber es finden sich durchaus auch ältere Anteile. Martin Noth z. B. hält die Verse 29 und 30 für ein »J-Fragment«.[28] Der Sabbat ist durchaus vorexilisch schon nachweisbar, z. B. beim Propheten Amos (Am 8,5) im 8. Jh. v. Chr. im Nordreich oder bei seinem Jerusalemer Zeitgenossen Jesaja (Jes 1,14) in Juda. Über seine Ursprünge zu spekulieren, ist hier nicht der Ort. Das hat bereits der indische Alttestamentler Gnana Robinson getan.[29] Thomas Mann hat das Sabbat-Thema beiseite gelassen, weil er es wohl für eine Abschweifung von den für ihn wichtigeren Murrgeschichten hielt.

Aber dem Volke wird in der Novelle das Manna über – während sie es nach Ex 16,35 vierzig Jahre aßen – und sie zählen die Dinge auf, die ihnen in Ägypten zur Nahrung dienten, nebst der stereotypen jiddelnden Frage: ›Warum hast du uns lassen aus Ägypten ziehen?‹ So wendet sich Mose bei Mann verzweifelt an Gott: »Wie soll ich tun mit dem Volk? Sie mögen kein Manna mehr. Du sollst sehen, es fehlt nicht weit, so werden sie mich noch steinigen.« (X / 366) Hier nimmt Thomas Mann die Behauptung Freuds auf, die Juden hätten Mose ermordet.

XI. Joschua und die Vorbereitungen auf die Eroberung der Oase Kadesch

Vor einer Steinigung war Mose »allerdings so ziemlich geschützt durch Jehoschua, seinen Jüngling, und die reisige Mannschaft, die dieser sich schon zu Gosen herangezogen hatte, und die den Befreier umringte, sobald bedrohliches Murren aufkam im Pöbelvolk.« (XI / 366) Man denkt unwillkürlich an die Leibstandarte eines anderen Führers. Dieser Joschua »wartete nur auf eine Gelegenheit, sich als Feldherr und Vorkämpfer auszuweisen, um alle Waffenfähigen, die ganzen dreitausend, seinem Befehl zu verpflichten. Er wußte auch, daß diese Gelegenheit bevorstand.« (ebd)

Es ist dieses elfte Kapitel der Novelle, in dem das Verhältnis Joschuas zu Mose genauer beschrieben wird und das daher auch keine biblische Parallele hat. Bisher waren wir nur von Joschuas Aussehen genauer informiert worden, das dem David des Michelangelo entsprach, und über seine Beteiligung an jener ›argen Vesper‹, der umgekehrten ›Vespernacht‹. Ist Joschua der Mann fürs Grobe, der seinen Führer aus

---

28 *Exodus*, z. St.
29 *The Origin and Development of the Old Testament Sabbath*, Diss., Hamburg, 1975.

allem Unangenehmen herauszuhalten hat? So hatte sich die SS auch einmal verstanden. »Mose hatte viel an dem Jüngling, den er auf Gottes Namen getauft; er wäre ohne ihn manchmal ganz verloren gewesen. Er war ein geistlicher Mann, und seine Männlichkeit, stämmig und stark wie sie war, mit Handgelenken, breit wie die eines Steinmetzen, war eine geistliche, in sich gewandte, von Gott gehemmte und heftig befeuerte Männlichkeit, den äußeren Dingen fremd, ums Heilige nur besorgt.« (ebd) Bisher ist dies das Portrait Michelangelos, aber auch die Künstlerthematik klingt an: Thomas Mann als Künstler, der am deutschen Volke ›metzt‹ und ›herumsprengt‹. »Mit einer Art von Leichtsinn, der in eigentümlichem Gegensatz stand zu der grübelnden Nachdenklichkeit, in der er Mund und Bart mit der Hand zu bedecken pflegte«, – dies ist nun wieder Michelangelos Jeremia aus der Sixtinischen Kapelle – »war all sein Denken und Trachten darauf beschränkt gewesen, seines Vaters Geblüt in der Absonderung für sich allein zu haben, um es zu bilden und ungestört aus der heillosen Masse, die er liebte, eine heilige Gottesgestalt zu metzen.« (XI / 366f)

Wie diese Bildungsarbeit in der Wüste mit ihren praktischen logistischen Problemen eigentlich erfolgen soll, darüber hatte sich Thomas Manns Mose keine Gedanken gemacht. Ohne Joschua wäre er aufgeschmissen gewesen. »Nur froh konnte er darum sein, Joschua an seiner Seite zu haben, der nun gerade wieder die geistliche Männlichkeit in Mosen verehrte und ihm seine stracke, ganz aufs Äußere gerichtete Jung-Männlichkeit unbedingt zur Verfügung stellte.« (XI / 367) Um dies ganz harmlos zu deuten, kommt die ›stracke Jung-Männlichkeit‹ ein wenig zu oft in der Novelle vor – auch Michelangelos David spricht eine eindeutige Sprache, wie dies auch Stefan Heim in seinem *König David-Bericht* empfunden hat. Es ist also mit Lubich (s. o.) an eine homoerotische, ja wegen ›unbedingt zur Verfügung stellen‹ an eine homosexuelle Beziehung zu denken.

Michelangelo, *David*. Florenz, Akademie; Marmor, Höhe 4,10 m; Detail. Aus: Michelangelo. *Architettura, pittura, scultura*; Milano 1964.

Unter Joschuas praktischer Leitung und Navigation zieht Israel in der Wüste auf direktem Wege auf einen Aufenthaltsort zu. In diesem Ziel sind sich Mose und Joschua einig, es steckt aber bei beiden eine unterschiedliche Absicht dahinter. Beide wollen Zeit gewinnen. Aber wozu? Joschua,»damit das Volk sich hecke und ihm, dem Heranreifenden, eine stärkere Anzahl Waffenfähiger stelle.« (ebd) Mose,»damit er vor allem einmal das Gehudel zu Gott bilde und etwas Heilig-Anständiges, ein reines Werk, dem Unsichtbaren geweiht, daraus baue, – wonach ihm Geist und Handgelenke verlangten.« (ebd)

»Das Ziel nun war die Oase Kadesch« – in der Bibel und in der Novelle (XI / 368). Beim Kadesch-Thema zeigt sich nun Manns Abhängigkeit von Elias Auerbach, obwohl die Kadesch-Hypothese eigentlich auf dessen Lehrer E. Meyer und H. Gressmann zurückgeht. Thomas Mann beschreibt die Oase als eine vergleichsweise köstliche Ebene,»ein grünes Labsal im Wasserlosen, mit drei starken Quellen und einer Anzahl kleinerer noch obendrein, lang eine Tagesreise und eine halbe breit, mit frischer Weide bedeckt und Ackerboden, ein lockender Landstrich, tierreich und fruchtreich und groß genug, eine Kopfzahl wie diese zu beherbergen und zu ernähren.« (ebd) Bei Auerbach las Thomas Mann:»Kadesch ist die größte Oase der Sinai-Halbinsel, von mehreren starken Quellen bewässert. Sie erstreckt sich in mehreren Kilometern Breite auf eine Länge von ca. 25 Kilometern, sodass sie etwa 100 qkm Fläche bedeckt und damit einer Bevölkerung von Tausenden von Menschen Raum und Nahrung bieten kann.«[30]

Aber solch eine schöne Oase ist natürlich nicht ohne Besitzer, in diesem Fall ein Teil des Stammes der Amalekiter, und die würden Kadesch verteidigen.»Joschua machte Mosen klar, daß Krieg sein, eine Schlacht sein müsse zwischen Jahwe und Amalek, und wenn ewige Feindschaft daraus erwachsen sollte von Geschlecht zu Geschlecht. Die Oase müsse man haben; sie sei der gegebene Raum des Wachstums sowohl wie der Heiligung.« (ebd) Kurz gesagt: Sie entspricht deinen Interessen wie den meinen.

Aber Mose hat Bedenken. Man dürfe nach Gottes Willen seines Nächsten Haus nicht begehren. Aber Joschua antwortet ihm mit einer typisch nahöstlichen Geschichtsklitterung:»Kadesch sei nicht Amaleks Haus. Er wisse nicht nur im Raume Bescheid, sondern auch in den Vergangenheiten, und er wisse, daß Kadesch ehemals schon – er konnte freilich nicht sagen, wann – von ebräischen Leuten, nahverwandtem

---

30 *Moses*, 76.

Blut, Nachkommen der Väter, bewohnt gewesen sei, die von den Amalekitern versprengt worden seien. Kadesch sei ein Raub und einen Raub dürfe man rauben.« (ebd) Bei Auerbach liest sich das so: »Wie aber kamen sie auf Kadesch, das immerhin von der Grenze Ägyptens etwa 170–180 km entfernt lag? Wie kam vor allem ein so klarer und zielbewusster Führer wie Mosche auf Kadesch?« – Bei Thomas Mann ist Joschua eher der Zielbewusste. –»Das ist in der Tat nur damit zu erklären, dass wirklich die Israeliten die Oase schon von früher her kannten, dass vor allem der Stamm, dem Mosche angehörte, schon ältere Beziehungen zu Kadesch hatte.«[31] Also ist nach Auerbach Kadesch die Heimat der Leviten vor ihrer Zersprengung durch Amalek.

Mose ist in der Novelle von den Geschichtsthesen Joschuas keineswegs überzeugt, hat aber seine eigenen Gründe Kadesch (= Heiligtum) für eigentliches JHWH-Gebiet zu halten. Es war ein Heiligtum des midianitischen JHWH, den Mose mit dem Gott der Väter identifiziert hatte. Hier am Dornbusch hatte Mose seine Berufung erfahren – wobei Thomas Mann Gottesberg, Horeb und Sinai identifiziert. Alle gelten ihm gleichermaßen als Sitz JHWHs. Bei Auerbach hatte er gelesen: »Wo ist der Sitz Jahwes? Wieder werden wir auf Kadesch hingewiesen. Hier steht der flammende Dornbusch, an dem Mosche die Offenbarung seiner Sendung empfängt, und in dessen Nähe er vorher von der Gottheit angegriffen wird.«[32]

So schließt das Kapitel der Novelle: »Darum willigte Mose in Joschua's Vorhaben und ließ ihn seine Vorbereitungen treffen für den Waffengang Jahwe's mit Amalek.« (XI / 369)

XII. Der Kampf gegen Amalek

In Ex 17,8–16 gibt es vier handelnde Personen, Mose, Aaron, Hur und Josua – wobei Hur plötzlich aus dem Nichts auftaucht. Thomas Mann war das wohl etwas zu plötzlich, so hat er Hur einfach durch die schon eingeführte Mirjam ersetzt. Mann kommentiert dies nicht, und Mirjam tut auch nichts anderes als Hur, sie stützt einen Arm des Mose auf dem Aussichtshügel.

Nach Martin Noth gehört Ex 17,8–16 »zum alten Erzählungsgut und weist keine Spur einer Zusammensetzung aus verschiedenen Erzäh-

---

31 *Moses*, 118.
32 *Moses*, 75.

lungsfäden auf. Es dürfte aus J stammen.«[33] Vielleicht ist das Stück aber auch ganz eigenständig, wofür das plötzliche Auftauchen von Josua, Aaron und Hur sprechen könnte – während Mose, Aaron, Mirjam und Joschua bei Thomas Mann alle gut eingeführt sind, wozu besonders das ›unbiblische‹ Kapitel XI beiträgt. Zu bemerken ist in Ex 17 ferner, dass Aaron nicht als Bruder Moses gekennzeichnet ist, er ist nur ein Mensch wie Hur – während er bei Thomas Mann durch die Einfügung seiner Schwester mit Mose in eine Geschwistergruppe eingebunden ist. Die Amalekiter waren ein nomadischer Stämmeverband in der Sinaiwüste. Mit ihnen kam es nach Noth häufig zu Konflikten um Wasserstellen und Kleinviehweideplätze.»Auch nach der Ansiedlung im palästinischen Kulturland haben die Israeliten noch feindliche Auseinandersetzungen mit diesen Bewohnern der benachbarten Wüste gehabt, die das bebaute Land und seine Bewohner gefährdeten. Zuletzt hören wir von ihnen in der Erzählung von Sauls Amalekiterfeldzug (1. Sam 15) und in den Nachrichten über Davids Söldnerführerzeit in Ziklag (1. Sam 27,8; 30,1ff).« (ebd) Nach seiner Flucht vor Saul hatte David als Vasalle des Philisterfürsten Achisch von Gat die Stadt Ziklag zum Lehen bekommen, nutzte aber die Gelegenheit, sich mit den führenden Familien Judas zu befreunden und schützte sie u. a. vor den Amalekitern. Diese einflussreichen Familien waren David später von Nutzen, als er König von Juda wurde.

In Ex 17,8 rücken unerwartet die Amalekiter heran und kämpfen gegen Israel. Thomas Mann gibt eine bessere Erklärung:»Die Amalekiter waren nicht im Zweifel gewesen über den Sinn der Annäherung des Wandervolkes; solche Annäherungen haben immer nur *einen* Sinn. Ohne den Angriff abzuwarten, waren sie in hellen Haufen daraus hervorgekommen in die Wüste, größer an Zahl als Israel, auch besser bewaffnet.« (XII / 370) Wo der Kampf genau stattfand ist unklar. Noth hält die Ortsangabe ›Rephidim‹ für einen späteren priesterlichen Zusatz.»Hätte die Amalekiterkampfgeschichte in ihrem ursprünglichen Bestande einen Ortsnamen zur Bezeichnung des Schauplatzes enthalten, so wäre gewiß einleitend bemerkt worden, daß Israel sich da und da aufhielt.« (ebd) Lediglich die Nennung des ›Hügels‹ lässt nach Noth erkennen,»daß der Erzählung eine ganz bestimmte Lokalität vorschwebt, die man bei der Formulierung der Geschichte noch kannte.« (ebd) So bleibt es dabei, dass wir den Ort der Kampfhandlungen nicht kennen. Er wird irgendwo westlich von Kadesch zu suchen sein.

---

33 *Exodus*, 113.

Dies ist nun nicht irgendein Krieg, sondern eine Auseinandersetzung mit historischen Folgen, wie ihr Andauern in der Saul- und Davidzeit zeigt. Hier tritt nicht mehr irgendein ›Gehudel‹ an, sondern Israel gegen Amalek. So muss es nun bei Thomas Mann logischerweise zur Verleihung des Namens Israel (›Gott führt Krieg‹) kommen, und zwar mit Verweis auf den Jakobskampf am Jabbok (Gen 32,23–33), wo sich der Erzvater diesen Ehrennamen errungen hat. Dies ist merkwürdigerweise die einzige Jakobgeschichte, die Thomas Mann in Band I der Josephtetralogie nicht behandelt[34], obwohl er sie gleichwohl mit Jaakobs ›Ehrenhinken‹ vor dem Pharao in Band IV voraussetzt. »Es tat dem Geblüt sehr wohl; so lose seine Sippen zusammengehangen hatten, sie hießen nun alle Israel und kämpften vereint unter diesem geharnischten Namen, in Schlachtreihe gebracht und angeführt von Joschua, dem feldherrlichen Jüngling, und Kaleb, seinem Leutnant.« (XII / 369f)

Während des Kampfes befinden sich in der Bibel Mose, Aaron und Hur (bei Thomas Mann Mirjam) auf dem erwähnten ›Hügel‹. Während Mose in priesterlicher Rolle die Hände erhoben hat, siegen die Israeliten. Bei diesem Händeaufheben dürfte an eine Segensgeste gedacht sein, zum Gebet werden die Hände ausgebreitet mit der hohlen Handfläche nach oben. Schließlich müssen Aaron und Hur bzw. Mirjam die Arme des Mose abstützen, der große Schmerzen leidet, weil die Schlacht den ganzen Tag dauert. Ziel von Ex 17,8–16 ist offensichtlich die Aussage, dass allein Gottes Eingreifen durch den Segen Moses den Israeliten den Sieg verliehen hat.

Nun kann Thomas Mann den – zumindest damals noch – bekannten biblischen Bericht nicht einfach umschreiben und die Handlung abändern. Dennoch deutet er sie anders. Das Händeaufheben Moses ist keine Segensgeste, sondern eine rein menschliche Ermutigungsgeste – die allerdings funktioniert. Dann verstärkt der Dichter seine rationalistische Deutung noch, indem er einen Großteil des Erfolges der Kriegskunst des Feldherren Joschua zuschreibt: »Er versammelte seine beste Kraft, eine Auswahl, die Würgengel, am rechten Flügel des Feindes, drückte entschieden auf diesen, drängte ihn ab und war siegreich an dieser Stelle, während freilich indessen die Hauptmacht Amaleks gegen Israels Reihen in großem Vorteil war und ihnen in stürmischem Vordrang viel Raum abgewann. Vermittels des Durchbruchs jedoch an der Flanke gelangte Jehoschua in Amaleks Rücken, sodaß dieser sich gegen ihn wenden, zugleich aber die fast schon geschlagene, doch wieder ermutigt

---

34 Golka, *Jakob*, 114–118.

vorgehende Hauptmacht Israels bekämpfen mußte, sodaß Kopflosigkeit bei ihm die Oberhand gewann und er an seiner Sache verzagte.« (XII / 371) Eine erstaunliche strategische Leistung Thomas Manns, dessen militärische Kariere ja eher kurz und wenig erfolgreich war.[35] Amalek fühlt sich bei Thomas Mann verraten und schiebt seine Niederlage der göttlichen Intervention zu:»Jahwe ist über uns, ein Gott von unergründlicher Tücke!« (ebd) Aber es ist deutlich, dass sich der Dichter dieser Interpretation nicht anschließt.

In Ex 17,14 fordert JHWH den Mose auf, die Ereignisse zur Erinnerung in einem Schriftstück festzuhalten – sollte sich etwa für diese sechs Verse des Pentateuch doch noch die mosaische Verfasserschaft erweisen lassen? – und sie Josua zur mündlichen Überlieferung einzuprägen mit der Begründung: ›Das Andenken an Amalek will ich unter dem Himmel völlig auslöschen.‹ Der Schluss dieses Verses steht eindeutig in Beziehung zu Deut 25,17–19:

17 Denk daran, was Amalek dir unterwegs angetan hat, als ihr aus Ägypten zogt:

18 wie er unterwegs auf dich stieß und, als du müde und matt warst, ohne jede Gottesfurcht alle erschöpften Nachzügler von hinten niedermachte.

19 Wenn der Herr, dein Gott, dir von allen Feinden ringsum Ruhe verschafft hat in dem Land, das der Herr, dein Gott, dir als Erbbesitz gibt, damit du es in Besitz nimmst, dann *lösche die Erinnerung an Amalek unter dem Himmel aus*! Du sollst nicht vergessen. (Einheitsübersetzung)

Die Bemerkung in der Novelle, der Kampf sei ungleich gewesen,»weil Joschuas Leute vom Durst geplagt waren und seit vielen Tagen nichts anderes als Man zu essen gehabt hatten« (XII / 370), bezieht sich also nicht auf Ex 17, sondern Deut 25,18.

Vielleicht bietet Martin Noth doch eine bessere Erklärung als die mosaische Verfasserschaft:»Diese Notizen stammen wohl aus einer Zeit und aus einem Gesichtskreis, wo die Amalekiter als besonders böse und besonders gefährliche Widersacher des Volkes Jahwes erschienen [...]. Das war bei den am Südrande des westjordanischen Gebirges in der Nachbarschaft der Sinaiwüste wohnenden Israeliten der Fall, und zwar nach dem, was geschichtlich bekannt ist, in der Frühzeit bis auf

---

35 Vgl. Kurzke, *Thomas Mann-Biographie*, 94ff.

Saul und David.«[36] Diese Überlieferung soll Mose aufschreiben und Josua mündlich bewahren,»damit man des einst so gefährlichen Feindes der Amalekiter noch gedenken könne, wenn Jahwe, wie hier erwartet wird, sie völlig vernichtet haben werde.« (ebd)

Nach Ex 17,15f soll Mose an der Stätte des Amalekitersieges einen Altar errichten. Dabei kann es sich entweder um den Sitz Moses während des Händeaufhebens handeln, oder um einen nach der Schlacht von Mose errichteten Altar. Diesen Altar hat man wohl später noch gekannt (Noth). Bei Thomas Mann gelingt nur wenigen Amalekitern die Flucht nach Norden, wo sie sich mit dem Hauptstamm vereinigen. »Israel aber bezog die Oase Kadesch, die sich als durchzogen von einem breiten, rauschenden Bach, bestanden mit Nutzsträuchern und Fruchtbäumen und von Bienen, Singvögeln, Wachteln und Hasen erfüllt erwies. Die im Dorflager zurückgelassenen Kinder Amaleks vermehrten die Zahl seines eigenen Nachwuchses. Die Weiber Amaleks wurden Israels Weiber und Mägde.« (XII / 371f)

XIII. Das Zelt der Begegnung und Moses Richteramt

Folgt nun in der Bibel in Ex 18 der Besuch Jetros und die Einsetzung der Richter, so hat Thomas Mann noch ein Zwischenkapitel eingeschoben, um zu erklären, warum letzteres nötig war und um das Leben in der Oase Kadesch ausführlicher zu beschreiben. Mose steht auf dem Höhepunkt seines Erfolges.»Die Auswanderung war gelungen, Pharao's rächende Macht im Schilfmeer versunken, die Wüstenfahrt gnädig vonstattengegangen und die Schlacht um Kadesch mit Jahwe's Hilfe gewonnen worden.« (XIII / 372) Mose brauchte den Erfolg, um sein Werk der Reinigung an seinem Volk beginnen zu können. Thomas Mann spricht von ›Gestaltung im Zeichen des Unsichtbaren‹, ›Bohren‹, ›Wegsprengen‹ und ›Formen in Fleisch und Blut‹. Mose betrachtet die Oase als seine Werkstatt. Sie hieß nicht umsonst Kadesch = Heiligtum. Wieder wird Mose als Bildhauer dargestellt, entsprechend Thomas Manns Künstlerthematik.

Von der Oase hat das Volk einen Blick auf den Berg, den sie Horeb oder Sinai nennen. Er zeichnet sich vor anderen Gipfeln durch eine permanente Rauchwolke aus, ist also ein Vulkan, was der *djebel musa* auf der Sinaihalbinsel nicht ist. Gleiches gilt für den benachbarten *dje-*

---

36 *Exodus*, 114.

bel katerin. Die Identifikation des *djebel musa* mit dem Sinai geht erst auf die byzantinische Zeit zurück, wie auch die Gründung des Katherinenklosters. Östlich von Kadesch lässt sich auf der arabischen Halbinsel, auf der Ostseite des Golfes von Aqaba noch heute vulkanische Tätigkeit nachweisen. Von dort ausgehende Erdbeben sind im jordanischen Aqaba wie im israelischen Eilat zu spüren. Dieser Berg sei der Sitz ihres Gottes. Das Volk blickt mit Furcht und Zittern auf ihn. Um sie mit JHWH vertrauter zu machen, beschließt Mose »ihm auch mitten unter ihnen, zu Kadesch selbst, eine Stätte [zu errichten].« (XIII / 373) JHWH hat wie der Vätergott eine bewegliche Gegenwart. »Er saß auf dem Sinai, er saß auf dem Horeb, – nun schuf ihm Mose, kaum daß man sich zu Kadesch in den Dorflagern der Amalekiter ein wenig eingerichtet, ein Heim daselbst, ein Zelt in der Nähe des eigenen.« (ebd) Thomas Mann spricht von ›Begegnungs- oder Versammlungszelt‹ – das wäre die korrekte Übersetzung des hebräischen *ohel mo'ed* – oder mit Luther von der ›Stiftshütte‹. Dem liegt die Anschauung der priesterlichen Endredaktion des Pentateuch zu Grunde, dass die Gottheit im Tempel keine feste Wohnung hat, sondern jeweils (in der Wolke) erscheint, um der gottesdienstlichen Gemeinde zu begegnen. Die Wolke bedeckt die Stiftshütte in Ex 40,34.35.38 und erhebt sich danach in den Versen 36 und 37. »Die zadokidische Legitimation des Tempels als von Salomo gebaut war durch das Ende der davidischen Königsdynastie nicht mehr brauchbar, so daß sich die Legitimationsfigur anbot, derer sich die Aaroniden auch für ihr Priesteramt bedienten, das heißt die Rückführung des Kults auf Mose in der Frühzeit der Geschichte Israels.«[37]

Das Begegnungszelt enthält auch einige Gegenstände, die Mose dem midianitischen JHWH-Kult nachgebildet hat: die tragbare Lade, auf der die Gottheit unsichtbar thronte, die eherne Schlange und das so genannte Ephod – nach Thomas Manns Meinung eine ›Schüttel-Tasche‹, »aus der, als Ja oder Nein, Recht oder Unrecht, Gut oder Böse, die Orakel-Lose ›Urim und Tummim‹ sprangen, wenn man gezwungen war, in einer schweren Streitfrage, den Menschen unlösbar, unmittelbar Jahwe's Schiedsgericht anzurufen.« (ebd)

Mose richtet aber meist selbst an Gottes Statt. Als erstes richtet er in Kadesch eine Gerichtsstätte ein, schlichtet an bestimmten Tagen Streitfragen und spricht Recht. Ort dieser Gerichtsstätte ist die stärkste Quelle Me-Meriba. Thomas Mann gibt den Namen richtig mit ›Prozesswasser‹ wieder. So hat die Quelle schon immer geheißen. In Ex 17,1–7, einer

---

37 E. Otto, *MOSE. Geschichte und Legende*, 53.

Murrgeschichte wegen Durstes, wird der Name damit erklärt, dass die Israeliten mit JHWH gestritten hätten bzw. (Massa) ihn auf die Probe gestellt hätten. Thomas Mann weiß aber von Auerbach:»Meriba heißt die Streitquelle; aber nicht, weil die Israeliten hier mit Gott oder Mosche stritten. Der Name ist älter, ist von den Israeliten schon vorgefunden und nur von ihnen auf ihren Helden und seine Erlebnisse umgedeutet worden. In Wirklichkeit bedeutet ›Streitquelle‹ die Quelle, an der streitende Parteien ihre Sache vor die Gottheit bringen und entscheiden lassen. Auch Massa, ›Prüfquell‹, heißt nicht so, weil die Israeliten Gott versucht haben, sondern hieß schon immer so. Die Quelle heißt so, weil an ihr die Beweise streitender Parteien geprüft werden.«[38]

Mose muss den Israeliten in der Novelle das Rechtsempfinden erst beibringen. Zunächst denken sie, sie bekämen alle Recht. Die, die Unrecht bekamen, bedauerten, nicht Selbstjustiz geübt zu haben, und sie lernten nur mühsam von Mose,»daß dies gegen die Unsichtbarkeit Gottes gewesen wäre, und daß niemand mit langer Nase abzöge, der unrecht bekommen habe von Rechtes wegen; denn das Recht sei gleich schön und würdevoll in seiner heiligen Unsichtbarkeit, ob es einem nun recht oder unrecht gäbe.« (XIII / 374)

Mose muss auch Recht lehren und lehnt sich dabei weitgehend an den Codex Hammurapi an. Hammurapi (1792–1750 v. Chr.) ist der bedeutendste Herrscher der ersten Dynastie von Babylon. Eine Stele mit seiner Gesetzessammlung wurde 1902 in Susa gefunden und wird heute im Louvre verwahrt. Es handelt sich nicht um neue Gesetze, sondern um eine Sammlung geltenden Rechts, die Hammurapi veranlasst hat. Mose urteilt also in hunderten von Fällen nach dem Codex Hammurapi.»Aber es waren für *einen* Richter der Fälle zuviele, der Quellsitz war überlaufen, untersuchte der Meister das einzelne Vorkommnis nur einigermaßen treulich, so ward er nicht fertig, mußte vieles zurückstellen, Neues kam immer hinzu, und er war geplagt über alle Menschen:« (XIII / 375)

XIV. Jetros Besuch und die Einsetzung von Richtern

Dieses Kapitel spricht bei Thomas Mann wie in der Bibel zwei wichtige Themen an: In Ex 18,1–12 geht es um das Verhältnis der Midianiter zum JHWH-Glauben, in den Versen 13–27 um die Einsetzung von

---

38 *Moses*, 88.

Laienrichtern. Beginnen wir mit Ex 18,1–12. In der älteren Forschung wird oft der Jahwismus von den Midianitern hergeleitet (die so genannte Keniter- oder Midianiter-Hypothese). Dies hat das Judentum schwer getroffen und zu entsprechenden Gegenpositionen geführt. Als Beispiel sei Thomas Manns Gewährsmann, Elias Auerbach zitiert:»Dass dieser midianitische Priester ein Jahwediener war, ja der eigentliche Stifter der Jahwe-Religion in Israel, ist eine ganz abwegige Behauptung, die von einigen Forschern, mit geringen Vorbehalten auch von Gressmann, aufgestellt worden ist. Die Rolle Jitros wird vielmehr hier ganz ähnlich gewesen sein, wie in der gleich darauf folgenden Erzählung über die Ordnung des Rechtswesens: Er hat bestimmte Verdienste um die Organisation hier des Rechtswesens, dort des Opfer-Ritus gehabt. Aber der eigentliche Inhalt sowohl der Religion wie des Rechtes ist israelitisches Gut und trägt den Stempel der genialen Persönlichkeit Mosches. Niemals vorher und niemals nachher treten die geringsten Spuren einer geistigen Revolution auf, die auf Midian als Ausgangspunkt zurückgeht.«[39] Hier soll apologetisch also Mose als israelitischer Religionsstifter gerettet werden und auch die geniale Persönlichkeit des deutschen philosophischen Idealismus – dass die Sache damit nicht unbedingt falsch sein muss, wird sich noch beim Vergleich mit Erhard Blum (s. u.) herausstellen.

Thomas Mann jedenfalls folgt Auerbach. Jethro wird von dem Dichter fälschlich als Schwager Moses bezeichnet; ›Schwäher‹ bedeutet aber ›Schwiegervater‹ (s. o.). Mose hatte seine Familie vor dem Auszug in Jethros Obhut gegeben, jetzt soll sie nach Kadesch zu ihm zurückkehren. Jethro wird in der Novelle humorvoll als ein Mann von Welt geschildert.»Er war ein beleibter Scheich, heiter blickend, mit ebnen, gewandten Gebärden, ein Weltmann, eines entwickelten, gesellschaftlich wohl geübten Volkes Fürst.« (XIV / 375f)

Doch nun zur Gottesfrage. Jethro vernimmt bei Thomas Mann von Mose mit Erstaunen, wie einer seiner Götter, ausgerechnet der ›Bildlose‹, die Israeliten aus der Hand der Ägypter gerettet hat.»Wer hätte es gedacht!‹ sagte er. ›Er ist offenbar größer, als wir vermuteten, und was du mir erzählst, legt mir die Befürchtung nahe, daß wir seiner bisher zu lässig gepflegt haben. Ich will dafür sorgen, daß er auch bei uns zu höheren Ehren kommt.‹« (XIV / 376) Das ist eindeutig. Zwar wird die Herkunft der JHWH-Religion von den Midianitern nicht abgestritten, aber sie trägt im Sinne Auerbachs ›den Stempel der genialen

---

39 *Moses*, 101.

Persönlichkeit Mosches‹ (s. o.). Jethro hat bei Thomas Mann von der Natur dieses Gottes noch wenig verstanden. Die Rolle Moses als Religionsstifter bleibt erhalten, was der Dichter durch die von Mose dargebrachten Brandopfer untermauert. Auch Blum ist dieser Frage nachgegangen.[40] Hatten die alten Literarkritiker in der Nachfolge Wellhausens Ex 18 als elohistischen Text bezeichnet – ja es war so ziemlich das einzige Kapitel im Pentateuch, das sie dem E-Phantom in seiner Gänze überhaupt zuschreiben konnten – dann würde man bei Blum zunächst die Zuschreibung an die deuteronomisch-deuteronomistische Kompositionsschicht (KD) erwarten. Aber die Sache ist wohl noch komplizierter:»Der Vergleich mit Ex 4,18ff und Kap. 19 läßt diachron nur den Schluß zu, daß Ex 18 außerhalb des Erzählgefüges der *D-Komposition* steht. Die noch handgreiflicheren Fugen (17,1; 19,1f!) zu den *priesterlichen* Texten legen darüber hinaus nahe, das Kapitel, wie es uns überkommen ist, als eine Einschaltung auch in diese Komposition zu verstehen.«[41] Dann sollte man nach Blum aber auch erklären können,»aus welchen Anliegen der Text überhaupt und dann gerade an dieser Stelle eingearbeitet wurde.« (ebd)

Ex 18, früher immer wieder als Kronzeuge für die Keniter/Midianiter-Hypothese zitiert, handelt nach Blum»davon, wie *Jethro* (nicht Israel!) zur Erkenntnis *Jhwhs* kommt (v. 10–12). Die traditionelle Auslegung als *Bekehrungs*geschichte Jethros erscheint dem Text also sehr viel angemessener als die ›kritischen‹ Rekonstruktionen. Der Midianiter, der von den Heilstaten *Jhwhs* für Israel gehört hat, bekennt seine Erkenntnis [. . .] der Einzigartigkeit *Jhwhs*.«[42]

Aber damit ist die Angelegenheit für Blum noch nicht erledigt. Er verweist auf die häufigen Erwähnungen der Familienbeziehungen Moses – dem bei Thomas Mann die Heimholung der Familie entspricht.»Es geht darum, daß sich der Vater von *Moses nicht-israelitischer Frau* zum Gott Israels bekennt; es geht, wenn man so will, um eine Auseinandersetzung mit dem Problem der außer-israelitischen Familienbeziehung Moses. Die Lösung besteht darin, daß sich der fremde Priester (!) gleichsam mit Israel ›identifiziert‹ (v. 9), sich als *Jhwh*-Verehrer erweist und teilhat an der Kultgemeinschaft der Israeliten (v. 12). Die Teilnahme Aarons als Repräsentant der Priester und der Ältesten als Repräsentanten des Volkes am Opfermahl besiegeln in diesem Kontext

---

40 *Komposition,* 155–163.
41 *Komposition*, 155.
42 *Komposition*, 159.

geradezu die öffentliche Anerkennung der ›Zugehörigkeit‹ des Schwiegervaters Moses.«[43] Blum sieht den Hintergrund von Ex 18 in den ›Richtungsdiskussionen‹ des nachexilischen Judentums, was die Zugehörigkeit zu dieser Religion betrifft. Damit stünde Ex 18 nicht sehr weit entfernt vom Buch Jona, das ich an das Ende der Perserzeit (430-330 v. Chr.) gesetzt habe.[44] Blum erscheint es jedenfalls nicht gewagt, »*den* Tradenten, die Ex 18 in die formativ schon recht weit gediehene Pentateuch-Überlieferung integrierten, entsprechende ›aktuelle‹ Aussageinteressen zu unterstellen.«[45]

Warum wurde das Kapitel gerade an dieser Stelle eingeschaltet? Nach Blum ist Midian als Kontrast zu Amalek (Ex 17) gedacht, eine alte jüdische Auslegungstradition, die auf Ibn Ezra zurückgeht. Es geht um das Thema ›Israel und die Völker‹, und dieses Thema ist in Ex 18 sozusagen auf Mose personalisiert. »Die Erfahrung mit Amalek hat ihr Gegengewicht in der Begegnung mit Jethro.«[46] Umberto Cassuto überschreibt Ex 18 mit »ISRAEL IS WELCOMED AS ONE OF THE NATIONS OF THE WORLD«. (ebd) Der besonderen Erwählung geht die Einordnung Israels in die Gemeinschaft der Völker voraus – womit man den Segen Gottes über die ganze Menschheit in der Urgeschichte vor der Erwählung Abrahams vergleichen könnte. »But now [...] it was fitting that we should be told of a gesture of sympathy and esteem for the people of Israel shown by an important person, one of the leaders of the neighbouring peoples, who was able to understand and honour the unique and wonderful destiny of the children of Israel, and came to congratulate the new people, which was now entering the family of nations. We are prepared here, as it were, for what is to be stated in the next chapter (xix 5–6) concerning the election of Israel as ›a people of special possession‹ from among the nations of the earth.« (ebd)

Der zweite Teil von Ex 18, die Verse 13–27, handelt von der Einsetzung von Laienrichtern zur Unterstützung des Mose in weltlichen Angelegenheiten auf den Rat des Jetro. Thomas Mann übernimmt das Thema aus der Bibel, wobei ihm seine Charakterisierung des Jethro als Mann von Welt sehr zu Pass kommt. Jethro sieht sofort, dass Mose sich übernimmt und dass er die Arbeit delegieren muss. Der Zweck, der in

---

43 Blum, *Komposition*, 160f.
44 F. W. Golka, *Jona*, Calwer Bibelkommentare, Stuttgart 1991.
45 *Komposition*, 161f.
46 *Komposition*, 163; so auch Cassuto, *Exodus*, 211.

der Novelle dahinter steckt, ist ein anderer als in der Bibel; Mose braucht Zeit für sein Bildungswerk, und der Dichter schlägt wieder die Künstlerthematik an.»So war er nicht länger über Gebühr in die Geschäfte verstrickt, sondern bekam die Arme frei für das weitere Bildungswerk, das er an dem ungestalten Volksleib zu tun gedachte, und für das ihm Joschua, der strategische Jüngling, die Werkstatt erstritten, nämlich die Oase Kadesch. Zweifellos war das Recht ein wichtiges Beispiel für die Implikationen der Unsichtbarkeit Gottes, aber doch nur ein Beispiel, und eine gewaltige, lange, in Zorn und Geduld zu bewältigende Arbeit würde es sein, aus den ungebärdigen Horden nicht nur ein Volk zu bilden wie andere mehr, dem das Gewöhnliche gemütlich war, sondern ein außergewöhnliches und abgesondertes, eine reine Gestalt, aufgerichtet dem Unsichtbaren und ihm geheiligt.« (XIV / 378)

In der Bibel ist die Neuordnung des Rechtsprechungswesens auf einen praktischen Rat des Jetro hin als nunmehr in Israel dauernd gültig gemeint und so praktiziert worden. Sie beruht nach Martin Noth »auf einer Trennung zwischen sakraler und ›bürgerlicher‹ Rechtsprechung bzw. auf einer Ausgliederung der ›bürgerlichen‹ Rechtsprechung aus dem sakralen Bereich.«[47] Nur das Befragen Gottes in schwierigen Rechtsfällen (Verse 15.19) verbleibt Sache Moses. Alles Übrige soll tüchtigen Männern übertragen werden, »die als Oberste von Tausend-, Hundert-, Fünfzig- und Zehnerschaften eingesetzt werden sollten. Die damit vorgesehene Einteilung des Ganzen stammt gewiß nicht aus der Gerichtsverfassung, sondern aus der Heerbann-Organisation.«[48] Nach Noth wird den Heerbann-Unterführern damit die ›bürgerliche‹ Rechtsprechung übertragen. Eine schöne Beobachtung hat Eckart Otto gemacht:»Hatte vor Moses Flucht nach Midian ein Hebräer ihn gefragt, wer ihn denn wohl zum Richter eingesetzt habe (Ex 2,14), setzt Mose jetzt – und darin soll der Leser die im Geschichtsverlauf oft verborgene Hand Gottes erkennen – auf den Rat seines Schwiegervaters hin Richter über Israel ein (Ex 18,13–26).«[49]

Sollte der Vers 23 am Ende die Ansiedlung Israels voraussetzen, so muss man wie Noth in der Tat fragen, wer in späterer Zeit die Rolle Moses eingenommen hätte. Noth geht im Sinne seiner Amphiktyonie-Hypothese von dem so genannten ›Richter Israels‹ aus. Die im Richterbuch erwähnten ›kleinen‹ Richter haben aber nur über einzelne Stämme

---

47 *Exodus*, 120.
48 *Exodus*, 120f.
49 Eckart Otto, *MOSE. Geschichte und Legende*, München 2006, 16.

und einige Nachbargebiete Recht gesprochen. Amphiktyonien (= kultisch-politische Verbände) sind auch nur bei den griechischen Stadtstaaten nachzuweisen, und die Hypothese wird heute, nachdem sie die deutsche Forschung über dreißig Jahre dominiert hat, in der Regel nicht mehr angewandt. Am deutlichsten wurde die Amphiktyonie-Hypothese widerlegt von Roland de Vaux.[50] So dürften diejenigen, die sich auf die Autorität des Mose beriefen, wohl eher die Richter des von Jehoschaphat (Josaphat) eingesetzten Jerusalemer Obergerichts gewesen sein (2. Chronik 19,8ff). Ex 18,13ff legitimiert die verschiedenen Funktionen dieses Gerichtes mit Berufung auf das Amt des Moses.[51]

Das israelitische Recht, das letztlich von Gott kommt, vermittelt nach Crüsemann nicht der König, sondern ›Mose‹. »Fragt man, wer diesen ›Mose‹ in der Königszeit repräsentiert und in seinem Namen sprechen konnte, kommt als einzige Instanz dieses Obergericht in Jerusalem in Frage, das sich offensichtlich mosaisch legitimiert sieht und im Namen des Mose spricht. Es hat auf jeden Fall eine wichtige Rolle in der judäischen Rechtsgeschichte gespielt. Wie weit man die alttestamentlichen Rechtstexte, die Tora mit ihm verbinden kann oder muß, wird zu fragen sein. Zusammensetzung und Funktion entsprechen aber so genau der im alten Orient singulären Zusammensetzung des israelitischen Rechts, daß man eine solche Institution geradezu postulieren und erfinden müßte, wäre sie nicht in den Quellen gut bezeugt.«[52] Auch dies gehört zur innerbiblischen Gedächtnisgeschichte: Die Rolle des Mose als Gesetzgeber und Richter.

In v. 23 drängt Jetro Mose, seinem Rat zu folgen, und bezeichnet dies sogar als Befehl Gottes. Auch dies ist für das Judentum nicht unproblematisch. Wie kann es sein, dass Mose, das Urbild des Mittlers, der ›von Mund zu Mund‹ mit Gott gesprochen hat, vom Rate eines ausländischen Priesters abhängt – selbst wenn dieser sein Schwiegervater ist – und das bei einer wichtigen Angelegenheit wie der Rechtsprechung. Die Bibel selbst scheint hier kein Problem zu sehen. »The narrative moves back and forth with apparent ease between advice offered on the level of practical expediency (vv. 17f) and statements about God's will which supports the plan (vv. 19, 23). No tension appears between these two poles because both are seen to reflect the

50 *Histoire Ancienne d'Israel*, Paris 1971, Kap. 23; engl. *The Early History of Israel to the Period of the Judges*, London 1978, 695–715.
51 B. S. Childs, *Exodus*, OTL, London 1974, 330f.
52 Frank Crüsemann, *Die Tora*. Theologie und Sozialgeschichte des alttestamentlichen Gesetzes, München 1992, 121.

divine will to the same extent. Because the world of experience was no less an avenue through which God worked, the narrative can attribute the organization of a fundamental institution of Israel's law to practical wisdom without any indication that this might later be thought to denigrate its importance in the divine economy.«[53] Was also späteren Auslegern Schwierigkeiten bereitet haben mag, ist für die Bibel noch ganz unproblematisch.[54]

Das Kapitel Ex 18 wurde früher wegen des Fehlens des hebräischen Gottesnamens oft einer ›elohistischen Quelle‹ zu geordnet. Der Gottesname ist aber deshalb weggelassen, weil hier ein Israelit (Mose) mit einem Fremden (Jetro) redet. Benno Jacob erklärt dies so:»Auch Mose gebraucht nicht mehr den Namen J-h-w-h, sondern bequemt sich von jetzt an, wo nicht mehr von der speziellen Gottestat die Rede ist, der unbestimmt religiösen Sprache Jitros mit *Elohim* (v. 15), unterläßt aber nicht *ha*-Elohim, d. h. *der*, der wahre und einzige, an den wir allein glauben, zu unterstreichen, wo es sich um Dinge handelt, die von diesem kommen, seine Satzungen und *torot*.«[55] Daraus folgert Jacob:»Wenn man dem Israeliten den Vorbehalt läßt, daß es für ihn nur Einen Gott gibt, *dann ist Elohim der gemeinsame Boden, auf dem er sich mit jedem gottgläubigen und feinfühlendem* (sic!) *Menschen begegnen kann.* Dies wurde mächtig gefördert dadurch, daß das Judentum schließlich den *Eigen*namen Gottes überhaupt nicht mehr gebrauchte.« (ebd)

XV. Reinheit und Heiligkeit

Mose beginnt jetzt in der Mannschen Novelle sein Werk der Heiligung an einem Volk, das bisher nur ›Gehudel‹ oder ›Pöbelvolk‹ genannt werden konnte. Thomas Mann führt die Künstlerthematik weiter aus mit dem an Michelangelo orientierten Bild des Steinmetzen. Wie dieser an seinem Rohmaterial, so ›sprengt‹ Mose an dem Volk ›herum‹.»Wie es aussah in dem Gehudel, und wie sehr es ein bloßer Rohstoff war aus Fleisch und Blut, dem die Grundbegriffe der Reinheit und der Heiligkeit abgingen; wie sehr Mose von vorn anfangen und ihnen das Früheste beibringen mußte, das merkt man den notdürftigen Vorschriften

53 Childs, *Exodus*, 332.
54 Zum Problem ›Universalismus und Partikularismus‹ vgl. F. W. Golka,»Die Geschöpflichkeit des Menschen und die Erwählung Israels«, *Jona*, Stuttgart 1991, 25–33.
55 *Exodus*, 520.

an, mit denen er daran herumzuwerken, zu meißeln und zu sprengen begann – nicht zu ihrem Behagen; der Klotz ist nicht auf des Meisters Seite, sondern gegen ihn, und gleich das Früheste, was zu seiner Formung geschieht, kommt ihm am allerunnatürlichsten vor.«(XV / 379) Mose taucht überall im Dorflager auf, schüttelt die Fäuste und regelt an ihnen herum, wobei er die Unsichtbarkeit Gottes zum Prüfstein nimmt, »Jahwe's, der sie aus Ägypten geführt hatte, um sie sich zum Volk zu nehmen, und der heilige Leute an ihnen haben wollte, heilig, wie er es war.« (ebd) Damit zitiert Thomas Mann den namensgebenden Kernsatz des so genannten *Heiligkeitsgesetzes* Lev (= Levitikus) 17–26: ›Ihr sollt heilig sein, denn ich, JHWH, euer Gott bin heilig‹ (Lev 19,2). »Vorläufig waren sie nichts als Pöbelvolk, was sie schon dadurch bekundeten, daß sie ihre Leiber ins Lager entleerten, wo es sich treffen wollte. Das war eine Schande und eine Pest. Du sollst außen vor dem Lager einen Ort haben, wohin du zur Not hinauswandelst, [...]. Und sollst ein Schäuflein haben, womit du gräbst, ehe du dich setzest; und wenn du gesessen hast, sollst du's zuscharren, denn der Herr, dein Gott wandelt in deinem Lager, das darum ein heilig Lager sein soll, nämlich ein sauberes, damit Er sich nicht die Nase zuhalte und sich von Dir wende.« (ebd)

Hier zitiert Thomas Mann ziemlich wörtlich Deut 23,13–15:
13 Und du sollst draußen vor dem Lager einen Platz haben, wohin du zur Notdurft hinausgehst.
14 Und du sollst eine Schaufel haben, und wenn du dich draußen setzen willst, sollst du damit graben; und wenn du gesessen hast, sollst du zuscharren, was von dir gegangen ist.
15 Denn der HERR, dein Gott, zieht mit dir inmitten deines Lagers, um dich zu erretten und deine Feinde vor dir dahinzugeben. Darum soll dein Lager heilig sein, daß nichts Schändliches unter dir gesehen werde und er sich von dir wende. (Lutherbibel)

Heiligkeit fängt für Thomas Manns Mose mit Sauberkeit an. »Das nächste Mal will ich bei jedem ein Schäuflein sehen, oder der Würgengel soll über euch kommen.« (XV / 379f) Joschuas Truppe soll die Vorschriften notfalls mit Gewalt durchsetzen. Auch hier wieder die Mannsche Erziehungsdiktatur zum Wohle des unverständigen Pöbelvolkes.

Auch zum Schutz vor Krankheiten soll in der Novelle die Reinlichkeit dienen. »Du sollst sauber sein und dich viel mit lebendigem Wasser baden um der Gesundheit willen; denn ohne die ist keine Reinheit und Heiligkeit, und Krankheit ist unrein. [...] Lerne unterscheiden zwischen Reinheit und Unreinheit, sonst bestehst du nicht vor dem Unsichtbaren und bist nur Pöbel.« (XV / 380) Auch heute noch gehört die Miqwe, das rituelle Bad, zur Ausstattung einer Synagoge. In der Novelle bezieht sich Thomas Mann bei der Aussonderung der Aussätzigen und anderer Unreiner auf Lev 13+14. »Darum, wenn ein Mann oder ein Weib einen fressenden Aussatz hat und einen bösen Fluß am Leibe, Grind oder Krätze, die sollen unrein sein und nicht im Lager gelitten werden, sondern hinausgetan sein draußen davor, abgesondert in Unreinheit, wie der Herr euch abgesondert hat, daß ihr rein wäret. [...] Ist er aber rein worden in der Absonderung, so soll er sieben Tage zählen, ob er auch wirklich rein ist, und sich gründlich mit Wasser baden, dann mag er wiederkommen.« (ebd)

Die biblische Vorlage Lev 13+14 hat den Sinn, einerseits das Vorhandensein des Aussatzes festzustellen – es geht also nicht um Heilung, sondern um Erkennung der Krankheit – andererseits den Betroffenen nach der Genesung wieder kultfähig zu machen. Diese Aufgabe fällt jedem Priester zu, die wenigen gelegentlichen Erwähnungen Aarons dürften sekundär sein. Nach Noth haben die menschlichen Hauterkrankungen eine kultisch verunreinigende Wirkung; »der betroffene Mensch war nicht mehr intakt und damit nicht mehr kultfähig, seine äußere Erscheinung war entstellt. Grundsätzlich schloß jede Krankheit, soweit sie am Körper sichtbar wurde, für die Dauer ihres Vorhandenseins aus der kultischen Gemeinschaft aus.«[56]

Der Priester ist also nicht in der Rolle des Arztes. »Die Frage einer etwa möglichen Therapie zur Heilung der Krankheit fiel dabei ganz aus dem Gesichtskreis des priesterlichen Berufswissens heraus; der Priester hatte nur das Vorhandensein oder Nichtvorhandensein oder Nichtmehrvorhandensein der Merkmale einer als Krankheit anzusprechenden körperlichen Unregelmäßigkeit festzustellen und die jeweils erforderlichen kultischen und rituellen Maßnahmen anzuordnen.« (ebd) Die Quarantäne ist also weniger eine medizinische als eine kultische Maßnahme. Für das Erkennen des Aussatzes war im Laufe der Zeit eine komplizierte Kasuistik entwickelt worden, die in ihren Bestandteilen weit älter sein dürfte als die priesterliche Endredaktion des Pentateuch. Nach Noth ist »mindestens der Grundbestand der beiden Kapitel als ›vorpriesterlich‹ anzusprechen.« (ebd)

Schwierig ist die Identifizierung der in diesen beiden Kapiteln beschriebenen Krankheit – hebr. *zara'at*. Für Milgrom ist lediglich eines

---

56 M. Noth, *Das dritte Buch Mose. Leviticus*, ATD 6, Göttingen 1962, 89.

sicher: es ist nicht die Lepra (Hansen's disease).[57] Da eine positive Identifizierung, auch von medizinischer Seite, bisher fehlt, muss diese Frage offen bleiben. Ferner entspricht unserem Text, dass im Alten Testament die Propheten heilen, während die Priester die Diagnose stellen (1. Könige 17,13–24; 2. Könige 4,17–37; 20,7; Jesaja 38,1–8). Der Priester tut nichts für die Heilung. Seine Rituale beginnen erst, wenn die Krankheit vorüber ist. Krankheit und Heilung kommen beide von Gott, zu dem der Kranke beten muss. (Sirach 38,9 aus dem Gedicht ›Über den Arzt‹ Sir 38,1–15) Das priesterliche Ritual hat einen religiösen (kultischen) und keinen therapeutischen Zweck.

Nach dem Thema Reinheit und Heiligkeit wendet sich Thomas Mann den Speisevorschriften zu. Hier bieten Lev 11 und Deut 14,3–21 die biblische Grundlage. »Unterscheide! sage ich dir und sei heilig vor Gott, sonst kannst du nicht heilig sein, wie ich dich haben will. Du ißt ja alles durcheinander, ohne Wahl und Heiligkeit, wie ich sehen muß, das ist mir ein Greuel. Du sollst aber das eine essen und das andere nicht, und sollst deinen Stolz haben und deinen Ekel.« (XV / 380) Lev 11 ist breit und ausführlich angelegt, Deut 14,3–21 kürzer und knapper, so dass es Thomas Mann wohl eher als seine Hauptvorlage gedient haben wird. Beide Stücke sind nach Noth nicht aus einem Guss, sodass der eindeutig bestehende Zusammenhang zwischen beiden Stücken schwer zu bestimmen ist. Aufs Ganze gesehen wirkt Deut 14,3–21 »durch die Konzentration auf die Frage der Eßbarkeit bzw. Nichteßbarkeit geschlossener und ursprünglicher.«[58] Deut 14 ist »in pluralischer Anrede formuliert und gehört damit zu den nachträglich in das deuteronomische Gesetz aufgenommenen Elementen; es dürfte danach etwa aus der Exilszeit stammen.« (ebd) Lev 11 hat eine längere Geschichte als Deut 14, das bedeutet nach Noth, dass seine älteren Teile wohl älter, und seine jüngeren Teile wohl jünger sind als Deut 14. »Der Sache nach enthält es gewiß alte, vielleicht sogar uralte Regelungen, die man einmal – vielleicht anläßlich des Endes des Jerusalemer Kults mit seiner bisherigen königszeitlichen Praxis – niederzuschreiben begonnen und dann eine Zeitlang laufend durch weitere Einzelvorschriften ergänzt hat.« (ebd) Vielleicht beziehen sich sowohl Lev 11 als auch Deut 14 auf solche Sammlungen und nicht aufeinander? Jedenfalls wäre auch das denkbar.

---

57 Jacob Milgrom, *Leviticus 1–16*, The Anchor Bible, New York u. a. 1991, 816ff.

58 Noth, *Leviticus*, 76.

Die Uneinheitlichkeit von Lev 11 ergibt sich aus der Vermischung verschiedener Gesichtspunkte: Unterscheidung von reinen und unreinen Tieren beim Essen ihres Fleisches, Verunreinigung durch Berührung, Verunreinigung durch verendete Tiere.»Diese Gesichtspunkte sind nun nicht übersichtlich voneinander geschieden, sondern gehen durcheinander. Das Ganze ist also in seiner vorliegenden Gestalt zu einer lockeren Vereinigung dessen geworden, was über die Reinheit und Unreinheit von Tieren für den Priester (für ihn selbst und für die durch ihn zu erteilende Belehrung), dann aber auch für den ›Laien‹ zu wissen wichtig war.«[59]

Die reinen und unreinen Tiere werden nach äußerlichen Merkmalen unterschieden – mit Ausnahme der Vögel. Der eigentlich Grund für die Unterscheidung ist aber nach Noth »auf kultischem Gebiet zu suchen; denn es handelt sich durchweg um die Begriffe ›kultisch rein‹ und ›kultisch unrein‹.«[60] Das Essen unreiner Tiere hätte die Israeliten zu illegitimen Kulten, ihren Praktiken und Mächten in Beziehung gesetzt. Zum Teil setzt man sich bewusst von ägyptischen Kulten ab.

So tritt Mose bei Thomas Mann wie ein Priester auf, der *Torah* erteilt. Dies geschah später auf Anfrage der Laien. Mose hat aber niemand gefragt – ganz im Gegenteil! Das ›Gehudel‹ empfindet die Vorschriften als Einschränkung.»Was da die Klauen spaltet und wiederkäut unter den Tieren, das magst du essen. Was aber wiederkäut und hat Klauen, spaltet sie aber nicht, das sei euch unrein, und sollt's nicht essen. Wohl gemerkt, das gute Kamel ist nicht unrein als Gottes lebendiges Geschöpf, aber als Speise schickt es sich nicht, so wenig als wie das Schwein, das sollt ihr auch nicht essen, denn es spaltet die Klauen wohl, wiederkäut aber nicht. Darum unterscheidet!« (XV / 380) Und ähnliche *Torah* erteilt Manns Mose für Wassertiere, Fische und Vögel.

In Deut 14 heißt es:

4 Dies sind die Tiere, die ihr essen dürft: Rind, Schaf und Ziege,
5 Hirsch, Gazelle, Damhirsch, Steinbock und die Antilopenarten,
6 und alle Tiere, die gespaltene Klauen, und zwar *zwei* ganz durchgespaltene Klauen, haben und Wiederkäuer sind unter den Tieren, die dürft ihr essen.
7 Doch dürft ihr von denen, die wiederkäuen, und von denen, die ganz gespaltene Klauen haben, folgende nicht essen: das Kamel, den Ha-

---

59 Noth, *Leviticus*, 76f.
60 *Leviticus*, 77.

sen, den Klippdachs – denn sie sind zwar Wiederkäuer, haben aber keine ganz gespaltenen Klauen; als unrein sollen sie euch gelten –
8 und das Schwein; denn es hat zwar gespaltene Klauen, und zwar ganz durchgespaltene Klauen, ist aber kein Wiederkäuer; als unrein soll es euch gelten. Von ihrem Fleisch dürft ihr nicht essen, und ihren Leichnam dürft ihr nicht berühren. (Lutherbibel)

»So machte er ihnen Speisevorschriften und schränkte sie ein in Dingen der Nahrung, aber nicht nur in diesen«, heißt es in der Novelle (XV / 381). Im Folgenden geht es um den verbotenen Geschlechtsverkehr. »Ebenso tat er es in Dingen der Lust und Liebe, denn auch darin ging es bei ihnen drunter und drüber nach rechter Pöbelart.« (ebd) Biblisches Vorbild für den verbotenen Geschlechtsverkehr ist Lev 18.

Die Struktur von Lev 18 ist nicht ganz klar, und die Exegeten haben immer wieder versucht, ein wenig Ordnung in die Sache zu bringen. Gordon J. Whenham[61] hat in dem Kapitel eine lockere Anlehnung an das *Bundesformular* finden wollen, wie er es in Ex 20, Deut und Jos 24 voraussetzt:

v. 2 Preamble: ›I am YHWH your God‹
v. 3 Historical retrospect: ›Egypt where you dwelt‹
v. 4 Basic stipulation: ›My rules alone shall you observe‹
v. 5 Blessing: ›he shall live by them‹
vv. 6–23 Detailed stipulations
vv. 24–30 Curses

Das hat Milgrom jedoch zurückgewiesen: »However, the separation of the (single!) blessing from the curses and the fact that the historical retrospect lacks any of YHWH's past salvific acts renders the covenant treaty analogy unusable.«[62] Ähnlich liegen die Dinge beim Dekalog Ex 20.

Lev 18 hat einen Rahmen in den Versen 2b–5 und 24–30. Hier werden die Kanaanäer, die Vorbewohner des Landes, Israel als abschreckendes Beispiel vorgehalten. Wegen ihrer sexuellen Zügellosigkeit sind sie aus dem Lande vertrieben worden. Die Übertretung gerade dieser Satzungen, in denen der Gott Israels besonders streng ist, würde zur Folge haben, dass Israel seines Landes wieder verlustig gehen würde. Die Erwähnung Ägyptens in v. 3a ist ein wenig pedantisch, geht sie doch davon aus, dass die Israeliten in dieser Situation die Kanaanäer noch nicht kennen.

---

61 *The Book of Leviticus*, Grand Rapids, Mich. 1979 z. St.
62 J. Milgrom, *Leviticus 17–22*, The Anchor Bible, New York u. a. 2000, 1516.

Das Kernstück des Kapitels bildet nach Noth »der formell und sachlich relativ geschlossene Komplex der apodiktischen Verbote in V. 7–18.«[63] Der Ausdruck ›apodiktisch‹ geht auf Albrecht Alt zurück.[64] Es handelt sich um so genannte ›Du sollst nicht‹-Verbote, wie wir sie aus dem Dekalog Ex 20 kennen, im Gegensatz zu den kasuistischen ›Wenn-dann‹-Vorschriften. Die einzelnen Verbote des Geschlechtsverkehrs werden so verstanden, als handele es sich um Blutsverwandte, obwohl doch einige Betroffene in unserem Sinne nur angeheiratet oder verschwägert sind. Grundlage der Verbote ist also nicht die Blutsverwandtschaft, sondern die Zeltgemeinschaft der Großfamilie oder Sippe.

Nach Noth scheint es »danach so, als sei ursprünglich nicht ein bestimmt abgegrenzter Blutsverwandtschaftskreis, sondern der Kreis der normalerweise in einer Großfamilie miteinander lebenden und (in Zelten oder Häusern) beieinander wohnenden Verwandten in das Auge gefaßt gewesen und als sei die Grundlage des Ganzen ein jede Promiskuität in diesem Bereich streng verbietendes Sippenethos gewesen, an dem Israel auch im Kulturlande im Gegensatz zu den im Zusammenhang mit ihren Fruchtbarkeitskulten wenig bedenklichen Angehörigen der ›kanaanäischen‹ Stadtkultur festhielt im Bewußtsein dessen, daß das dem Willen seines Gottes entsprach, der ein ganz anderer war als die ›kanaanäischen‹ Fruchtbarkeitsgottheiten.«[65]

Es werden also die Ehen innerhalb der Großfamilie geschützt, aber auch die im Bereich der Sippe wohnenden unverheirateten Mädchen, zu denen die Männer der Großfamilie ungehinderten Zugang haben. Die Systematik der Verbote entsteht dadurch, dass Verheiratungen so aufgefasst werden, als begründeten sie Blutsverwandtschaft. In den Versen 19–23 werden solche Geschlechtsbeziehungen, die allgemein als nicht statthaft und widernatürlich angesehen werden, verboten. So auch in Thomas Manns Novelle: »Ich höre, du hältst deine Tochter zur Hurerei an und nimmst Hurengeld von ihr? Tu das nicht mehr, denn beharrst du darauf, will ich dich steinigen lassen. Was fällt dir ein, beim Knaben zu schlafen wie beim Weibe? Das ist ein Unding und Völkergreuel, und sollen beide des Todes sterben. Treibt aber einer es mit dem Vieh, sei es Mann oder Weib, die sollen nun vollends ausgerottet sein und erwürgt werden mitsamt dem Vieh.« (XV / 382)

---

63 *Leviticus*, 116.
64 »Die Ursprünge des israelitischen Rechts«, *Kleine Schriften I*, 278–332.
65 *Leviticus*, 116.

Besonders sei noch auf den Lev 18,21 hingewiesen, das Verbot der Übereignung von Nachkommen an den Moloch und das Verbot, den Namen JHWHs zu entweihen. Dazu stellt Milgrom in seinem Kommentar drei Fragen:

1. Wurde der Erstgeborene JHWH geopfert?
2. Wurde er dem Moloch geopfert?
3. War dies Volksbrauch oder eine göttliche Forderung?

Manche Gelehrte haben dies behauptet und darin eine Stärkung der Fruchtbarkeit gesehen. Milgrom[66] lehnt dies im Anschluss an de Vaux kategorisch ab, den er zitiert:»It would indeed be absurd to suppose that there could have been in Israel or among any other people, at any moment of their history, a constant general law, compelling the suppression of the firstborn, who are the hope of the race.«[67] Auch bedeutet ›Übereignung‹ keine Opferung; auch die Nasiräer und der junge Samuel werden JHWH übereignet. Abraham hätte in Genesis 22 seinen Sohn Isaak zwar nach dem Volksbrauch opfern können, aber Gott verhinderte dies, indem er einen Widder zur Ablösung des Erstgeborenen zur Verfügung stellte. Auch in der Novelle droht Mose, die Molochverehrer in die Wüste zu jagen.

Thomas Manns Mose löst mit diesen Verboten beim Volke Bestürzung aus – war denn mit einem Mal alles verboten?»Sie hatten zunächst das Gefühl, daß überhaupt vom lieben Leben beinahe nichts übrig bleibe, wenn man all dies befolgte. Er sprengte mit dem Meißel an ihnen herum« – wieder das Michelangelo-Vorbild: der Künstler als Bildhauer – »und das war sehr wörtlich zu nehmen, denn mit den Ahndungen, die er auf die schlimmsten Übertretungen der Schranken setzte, war es kein Spaß, und hinter seinen Verboten standen der junge Joschua und seine Würgeengel« (ebd) – womit wir wieder beim Thema Erziehungsdiktatur wären.

»›Ich bin der Herr, euer Gott‹, sagte er, auf die Gefahr hin, daß sie ihn wirklich selbst dafür hielten, ›der euch aus Ägyptenland geführt und abgesondert hat vor den Völkern. Darum sollt ihr auch absondern das Reine vom Unreinen und nicht den Völkern nachhuren, sondern mir heilig sein. Denn ich, der Herr, bin heilig und habe euch abgesondert, daß ihr mein wäret.‹« (ebd) Hier verbindet Thomas Mann die Einleitung des *Dekalogs* Ex 20,2 mit Lev 19,2, dem Kernsatz des so genannten *Heiligkeitsgesetzes* Lev 17–26. Auf die Selbstvorstellung Gottes

---

66 *Leviticus 17–22*, 1586.
67 R. de Vaux, *Studies in Old Testament Sacrifice*, Cardiff 1964, 70, Anm. 69.

und den Hinweis auf die Herausführung aus Ägypten, dem ›Sklaven-haus‹ in Ex 20,2 folgt in Vers 3 das Fremdgötterverbot: Du sollst keine anderen Götter neben mir haben – was Thomas Mann mit ›Absonde-rung‹ bezeichnet, das exklusive Gottesverhältnis, der Bund zwischen JHWH und Israel.

»Du sollst keine anderen Götter haben mir ins Angesicht« (= auf meine Kosten, zu meinem Nachteil), übersetzt Frank Crüsemann.[68] Diese Formulierung »soll alle Möglichkeiten überhaupt abdecken, an-dere Götter zu ›haben‹, also jede denkbare Art von Beziehungen zu irgendwelchen Gottheiten.« (ebd) Sie ist keine monotheistische For-mulierung, sondern eine polytheistische; sie setzt die Existenz von anderen Göttern eindeutig voraus. Ein Monotheismus hat sich erst an-satzweise im babylonischen Exil entwickelt, beim Zweiten Jesaja, den Kapiteln 40–55 des Jesajabuches. Dafür gab es eine historische Not-wendigkeit: Mit dem Zusammenbruch des Staates Juda 586 v. Chr., der Einnahme der Stadt Jerusalem und dem Brand des JHWH-Tempels war auch die Vorstellung vom Nationalgott untergegangen. Ein Gott, der die Juden während des Exils bewahren und wieder in ihre Heimat zurück-führen würde, musste ein solcher sein, der die ganze Welt geschaffen hat und sie mit ihrer Völkervielfalt regiert – als der einzige Gott. So ist es dann auch nicht überraschend, dass in dieser Zeit der Weltschöp-fungsbericht Gen 1,1–2,3 (sic!) entsteht.

Der Gott des Dekalogs – in seinem noch polytheistischen Rahmen – ist aber ein ›eifersüchtiger‹ Gott (Ex 20,5 / Deut 5,9), d. h. er lässt keine Beziehungen zu anderen Göttern zu. Im Zusammenbruch des Staates und Juda und im Exil konnte man daher auch nicht das Ein-wirken neuer und fremder Götter sehen. Sondern nach Crüsemann war damit »unausweichlich gegeben, daß sich die ›Gestalt‹ Jahwes ständig verändern mußte.«[69] Natürlich gibt es zur Zeit der Abfassung des De-kalogs »neben diesem Gott andere Götter. Aber neben dem als freiheits-stiftende Beziehung gedachten Gottesverhältnis kann Israel keine ande-ren Beziehungen haben. Damit würde das Gottesverhältnis und die eigene Freiheit verworfen, zumindest aber entscheidend entwertet.«[70]

Dieser Gott wird bei Thomas Mann als der ›Bildlose‹ bezeichnet, und Thomas Mann leitet die ethischen Forderungen gegen über dem ›Gehudel‹ auch aus der Bildlosigkeit ab. Was hat es dann aber mit

---

68 *Bewahrung der Freiheit*. Das Thema des Dekalogs in sozialgeschichtlicher Perspektive, München 1983, 42f.
69 *Bewahrung*, 46.
70 Crüsemann, *Bewahrung*, 47.

dieser Bildlosigkeit auf sich? Auch im Dekalog folgt auf das Fremdgöt-terverbot[71] das Bilderverbot. Das hebräische *päsäl* ist ein Schnitzbild, eine kleine Götterstatue. Solche Jahwe-Bilder hat es auch in Israel gegeben (Richter 17,4; 18,17f). Bildlosigkeit ist aber nach Crüsemann »spätestens seit dem Propheten Hosea [...] essentieller Bestandteil des (reinen) Jahweglaubens.«[72] Das Bilderverbot hat in der altorientalischen Umwelt keine Parallele. Um die theologische Kernwahrheit des Bilderverbotes zu verstehen, muss man nach Crüsemann dreierlei bedenken:

1. »Die Tatsache, daß in den Religionen der umliegenden Völker nie-mals ein Götterbild das Wesen eines Gottes ganz erfassen kann und soll. Nirgends ist die Gottheit mit dem Bild identisch.«

2. »Ein wichtiger Punkt ist, daß Bilder nicht nur in der gesamten dama-ligen Welt eine große Rolle gespielt haben, sondern [...] auch im alten Israel.«

3. »Ein dritter Punkt ist, daß das Bilderverbot die große Fülle sprach-licher Bilder für Gott und sein Handeln, die das Alte Testament enthält [... Hosea! ...], nicht nur nicht mitmeinte und also verbot, sondern daß sie der Sache nach gerade mit dieser Vorstellung des abbildlosen Gottes zusammenhängen.«[73]

Gehört die Freiheit Israels in der Bibel zu Gottes ›Selbstdefinition‹, dann kann nichts anderes – auch kein Bild – zum angemessenen ›Of-fenbarungsmedium‹ (Crüsemann) werden. Hier kann Thomas Mann also durchaus sinngemäß anknüpfen, wenn er die Bildlosigkeit zur Grund-lage der ethischen Forderung Gottes an Israel macht.

Ein Bund (hebr. *berit*) ist zunächst kein gegenseitiger Vertrag in unserem Sinne, sondern eine einseitige Verpflichtung, im Falle Gottes etwa eine Verheißung.[74] In Ex 20,2b liegt aber das ganze Gewicht darauf, dass dieses Verhältnis auf Gegenseitigkeit beruht. Weil JHWH Israel aus Ägypten geführt hat, soll es zum Dank seinen Bund und seine Gebote halten. Nun ist schon lange bekannt, dass dieser Verweis auf die Herausführung aus Ägypten ein späterer theologischer Zusatz ist. Und selbst der theologische Laie könnte die Herkunft dieser Aus-

71 F.W. Golka, »Schwierigkeiten bei der Datierung des Fremdgötterverbotes«, *Vetus Testamentum* XXVIII, 1978, 352–354.
72 Crüsemann, *Bewahrung*, 47.
73 *Bewahrung*, 48f.
74 E. Kutsch, *Verheißung und Gesetz*. Untersuchungen zum sogenannten ›Bund‹ im Alten Testament, BZAW 131, Berlin 1973.

sage leicht ermitteln, kommt sie doch in den Büchern Deuteronomium und Josua fast auf jeder Seite vor. Es handelt sich um deuteronomisch-deuteronomistische Theologie,[75] die sich im 8. vorchristlichen Jahrhundert auch beim Propheten Hosea findet, sodass eine Ansetzung dieser Redaktion (KD) in eben diesem 8. Jh. nicht ganz falsch sein dürfte. »Wie groß war ihre Bestürzung«, heißt es dann in der Novelle, »nicht einmal Trauerschnitte sollten sie sich machen und sich nicht ein bißchen tätowieren.« (XV / 383) Diesmal verwendet Thomas Mann Deut 14,1+2:

1 Ihr seid Kinder des HERRN, eures Gottes. Ihr sollte euch um eines Toten willen nicht wund ritzen noch kahl scheren über den Augen.

2 Denn du bist ein heiliges Volk dem HERRN, deinem Gott, und der HERR hat dich erwählt, dass du sein Eigentum seist, aus allen Völkern, die auf Erden sind. (Lutherbibel)

So verbindet Thomas Mann wie in der Bibel die ethische Forderung mit dem Heiligkeits- und Erwählungsgedanken. »Es bedeutete große Einschränkung mit Jahwe im Bunde zu sein; da aber hinter Mose's Verboten der Würgengel stand und sie nicht gern in die Wüste gejagt werden wollten, so kam ihnen das, was er verbot, bald fürchterlich vor.« (ebd)

Sodann behandelt die Mannsche Novelle das zehnte Gebot (Ex 20,17; Deut 5,21): »Halte dein Herz im Zaum, sagte er ihnen, und wirf nicht dein Auge auf eines anderen Habe, daß du sie haben möchtest, denn leicht bringt dich das dazu, sie ihm zu nehmen, sei es durch heimliche Entwendung, was eine Feigheit ist, oder indem du ihn totschlägst, was eine Rohheit ist. Jahwe und ich wollen euch weder feig noch roh, sondern die Mitte davon sollt ihr sein, nämlich anständig. Habt ihr soviel begriffen?« (ebd) Thomas Mann hat jedenfalls soviel begriffen, dass es sich bei dem Begehren nicht nur um einen neidischen Blick auf die Besitztümer eines Mitmenschen handelt, sondern um tatsächliches Ansichbringen.

Was wird begehrt? ›Alles, was sein ist‹ sagen beide Versionen in der Zusammenfassung, aber in Ex 20 steht das Haus voran (gefolgt von Frau, Sklave, Sklavin, Vieh), während Deut 5 mit der Frau beginnt (gefolgt von Haus, Feld, Sklave, Sklavin, Vieh). Beide Fassungen umschreiben die Gesamtheit des Besitzes. Ja, die Frau gehört im Alten Testament zu den Besitztümern eines Mannes – das lässt sich nicht

---

75 L. Perlitt, *Bundestheologie im Alten Testament*, WMANT 36, Neukirchen 1969.

unter den Teppich kehren. Ich hoffe nur, dass es nicht irgendwelche ›bibeltreuen‹ Christen wieder einführen wollen, oder irgendwelche ›politisch-korrekten‹ Christen aus der Bibel ›hinausübersetzen‹. Crüsemann aber sieht hier eine doppelte Auffächerung der Lebensgrundlage des Nächsten, Besitz und Familie, und betrachtet dies als eine Entsprechung zur Doppelung am Anfang des Dekalogs, Fremdgötter- und Bilderverbot. Verhindert werden soll der reale Übergriff, etwa auf das Land bei Abwesenheit oder auf die Ehefrau im Kriege, nicht der bloße Gedanke. Einen eindeutigen Verstoß gegen dieses Gebot zeigt das Verhalten Davids in der Batscheba-Affäre 2. Samuel 11 – der König vergreift sich an der Frau eines Offiziers, der im Feld steht – angeprangert vom Propheten Nathan in seinem berühmten Gleichnis vom Schaf des armen Mannes 2. Sam 12.

Nun könnte man meinen, das zehnte Gebot sei überflüssig. Ehebruch und Diebstahl sind doch bereits verboten. Aber nach Crüsemann tritt die Differenz »sofort heraus, wenn man sieht, daß es damals zahlreiche *durchaus legale* und weithin anerkannte Praktiken und Möglichkeiten gab, den nächsten um Haus und Besitz zu bringen.«[76] Man denke etwa an die weit verbreitete Praxis, den Armen durch Wucherzinsen in die Schuldsklaverei zu treiben. Das ganze Buch Amos ist eine Anklage gegen soziale Unterdrückung. In Amos 5 heißt es:

11 Darum, weil ihr die Armen unterdrückt und nehmt von ihnen hohe Abgaben an Korn, so sollt ihr in den Häusern nicht wohnen, die ihr von Quadersteinen gebaut habt, und den Wein nicht trinken, den ihr in den feinen Weinbergen gepflanzt habt.

12 Denn ich kenne eure Freveltaten, die so viel sind, und eure Sünden, die so groß sind, wie ihr die Gerechten bedrängt und Bestechungsgeld nehmt und die Armen im Tor unterdrückt. (Lutherbibel)

Diese Tricks der Ausbeuter waren durchaus bekannt, und man versuchte mit Zinsverbot (Ex 22,24b; Deut 23,20f) und Schuldenerlass (Nehemia 5) gegenzusteuern. Aber diese Maßnahmen, vergleichbar denen Solons in Athen, hatten meist nur eine vorübergehende Wirkung.

Was das zehnte Gebot also verbietet, ist das planmäßige Ruinieren des Mitmenschen. »Indem das ›Aussein auf‹ verboten wird, wird jeder denkbare Griff nach der Lebensgrundlage des Nächsten abgeschnitten, auch der rechtlich mögliche und gesellschaftlich legitimierte Weg.«[77]

---

76 *Bewahrung*, 77.
77 Crüsemann, *Bewahrung*, 78.

Das Diebstahlsverbot kommt bei Thomas Mann nur knapp im Vergleich mit dem Mord vor:»Stehlen ist eine schleichendes Elend, aber zu morden [...]« (XV / 383). Es geht bei dem Verbot des Diebstahls nicht nur um das Stehlen eines Menschen wie in Ex 21,16 – um ihn gewinnbringend in die Sklaverei zu verkaufen – sondern um jede Art von Diebstahl, Personen oder Sachen. Das Objekt des Stehlens ist bewusst weggelassen. Das hebr. *ganabh* bedeutet nichts anderes als ›stehlen‹ im Deutschen.

Diebstahl ist nach Crüsemann eindeutig Bruch der Rechtsordnung. »Ist die widerrechtliche Aneignung von Menschen, von Freien und Sklaven, aber auch von Sachen gemeint, so wird damit dem Nächsten unter Bruch des Rechts die Lebensgrundlage oder ein Teil von ihr entzogen. Sie ist aber, vom Prolog her gelesen, Teil seiner ihm von Jahwe gewährten Freiheit vom Sklavenhaus, der Täter schädigt sich damit zugleich an der eigenen, ihm von Jahwe gewährten.«[78]

Zum Tötungsverbot heißt es dann weiter bei Thomas Mann:»[...] aber zu morden, sei es aus Wut oder Gier, [...] das ist eine lodernde Untat, und wer sie begeht, gegen den will ich mein Antlitz setzen, daß er nicht weiß, wo er sich bergen soll. Denn er hat Blut vergossen, da doch das Blut eine heilige Scheu und ein großes Geheimnis ist, mir eine Altargabe und eine Versöhnung. Blut sollt ihr nicht essen und kein Fleisch, wenn es im Blute ist, denn es ist mein. Wer nun aber gar beschmiert ist mit eines Menschen Blut, dessen Herz soll an kaltem Entsetzen kranken, und ich will ihn jagen, daß er vor sich selber davonläuft bis ans Ende der Welt. Sagt Amen dazu! Und sie sagten Amen.« (XV / 383f) Amen d. h. ›so soll es sein‹ oder ›es werde wahr‹ (Luther). Auch hier ist bewusst unklar, wer redet. Die Altargabe deutet eher auf Gott, ebenso ist das Jagen bis ans Ende der Welt wohl eine Anspielung auf die Vertreibung Kains (Genesis 4,12b). Dort findet sich auch das Zetergeschrei des vergossenen Bruderblutes (Vers 10).[79]

Beim Verbot des Tötens, wie des Ehebrechens und des Stehlens geht es nach Crüsemann darum, anderen nicht das zu nehmen, was man selbst von JHWH empfangen hat, also zunächst das Leben.»Es ist die Voraussetzung alles anderen. Und der unbestrittene Grundsinn dieses Gebotes ist: elementare Lebenssicherung des Nächsten und seiner Fami-

---

78 *Bewahrung*, 73.
79 F. W. Golka,»Keine Gnade für Kain (Gen 4, 1–16)« in: *Werden und Wirken des Alten Testaments*, FS C. Westermann zum 70. Geburtstag, hg. von R. Albertz u. a., Göttingen/Neukirchen-Vluyn 1980, 58–73.

lie.«[80] Was heißt aber genau ›töten‹ oder ›morden‹ – hebr. *rzh* (sprich: razach)?

Es ist die deutsche philosophische und theologische Ursünde zu meinen, die Bedeutung eines Wortes leite sich aus seiner Etymologie her; die Angelsachsen wussten schon immer – weil ihre Sprache ein germanisch-romanischer Bastard ist – dass sich die Bedeutung eines Wortes aus seinem Wortfeld und seinen Feldnachbarn erklärt. Ein Beispiel: Als ich 1989 meine Lehrtätigkeit an der damaligen Universität Oldenburg begann, war es weitgehend üblich, studentische Hausarbeiten mit ›1‹ oder ›2‹ zu benoten. Auf dieser Notenskala bedeutete ›1‹ = ›überdurchschnittlich‹, ›2‹ entsprechend = ›unterdurchschnittlich‹. Unser Institut führte dann die Notenskala 1–6 ein. Jetzt war eine ›1‹ = ›sehr gut‹, eine ›2‹ = ›gut‹, beide Noten überdurchschnittlich. Etymologisch hatte sich nichts verändert, aber die Feldnachbarn waren andere geworden.

Stellen wir also auf dieser Basis die Frage nach der Bedeutung des hebr. *rzh* noch einmal. Crüsemann stellt als Konsens der Wissenschaft fest, dass das hebräische Verb »keineswegs jedes Töten überhaupt meint, sondern nur ›ungesetzliches, willkürliches Totschlagen‹, bzw. ›einen Unschuldigen töten‹.« (ebd) Es ist bekannt, dass die alten Israeliten keine Pazifisten waren, sondern Kriege geführt und die Todesstrafe verhängt haben. Damit wird die christliche wie die jüdische Position zu Kriegsdienst und Todesstrafe nicht präjudiziert – sollten es ›bibeltreue‹ Christen politisch-konservativer Provenienz auch anders wollen. Das hebr. *rzh* wird weder für das Töten von Tieren verwendet, noch für das Handeln Gottes. Es ist nach Crüsemann »das mit Gewalt vollzogene Töten eines Menschen«[81] und zwar sowohl bei absichtlicher wie unbeabsichtigter Tötung. Für die unabsichtlichen Totschläger gab es im alten Israel Asylstädte.

»Du sollst niemanden umbringen, mit Gewalt töten‹ – das umschließt vom Prolog her gesehen alle Verhaltensweisen, die indirekt oder direkt den Tod anderer Menschen veranlassen. Dabei sind von Kontext und Anlage des Dekalogs zunächst die Verhaltensformen gemeint, die der *einzelne* angeredete Israelit zu verantworten hat.«[82] Deswegen ist hier von Krieg oder Todesstrafe nicht die Rede. »Wenn Krieg hier nicht im Blick ist, dann auch nicht im Sinne des Erlaubtseins, sondern gar nicht.« (ebd)

---

80 *Bewahrung*, 65.
81 *Bewahrung*, 67.
82 Crüsemann, *Bewahrung*, 68.

Nach Christoph Dohmen teilt das Mordverbot mit den im Dekalog nachfolgenden Prohibitiven bezüglich Ehebruch und Diebstahl »seinen offensichtlichen Ursprung in der prophetischen Kritik, worauf das Vorkommen der Trias in Hos(ea) 4,2 (›Fluchen, Lügen, Morden, Stehlen und Ehebrechen breiten sich aus, und Bluttat reiht sich an Bluttat‹) und Jer(emia) 7,9 (›stehlen, morden und ehebrechen sowie falsches Schwören, den Baalen opfern und fremden Göttern nachlaufen, die ihr nicht kennt‹) hinweist.«[83] Auf die Bluttat in Hos 4,2 spielt auch Thomas Mann an. (XV / 384 s. o.)

In der Novelle haben sich die Israeliten mit ihrem Amen verpflichtet, nicht zu morden. Was die reine Tötung betrifft, so wollen sie dies wohl halten. Aber nun stellt sich heraus, dass wie beim Ehebruch alles in noch viel weiterem Sinne gemeint sein soll. Beim Ehebruch deutet Thomas Mann Ex 20,14 wohl von Matthäus 5,27f, also von der Bergpredigt, aus:

27 Ihr habt gehört, dass gesagt ist: ›Du sollst nicht ehebrechen‹.

28 Ich aber sage euch: Wer eine Frau ansieht, ihrer zu begehren, der hat schon mit ihr die Ehe gebrochen in seinem Herzen. (Lutherbibel)

Beim Ehebruch kann im alten Israel der Mann nur eine fremde, die Frau nur die eigene Ehe brechen. Der Schutz von Familie und Ehe hat nach Dohmen nicht nur ethische, sondern auch soziale und wirtschaftliche Gründe. »Wenn beispielsweise Erbfolge und religiöse Zugehörigkeit patrilinear bestimmt werden, kommt der nicht immer leicht zu klärenden Vaterschaft eine immens wichtige Rolle zu, denn die Stellung der Nachkommen ergibt sich letztendlich aus der stets unzweifelhaften Mutterschaft in Beziehung zu einem Manne, d. h. (in der Antike) einer vermuteten Vaterschaft.«[84]

Durch das Ehebruchsverbot werden soziale und biologische Verhältnisse in Übereinstimmung gebracht. Es geht also um den Schutz der Nachkommen, deren materielle und soziale Stellung durch den Ehebruch gefährdet werden kann. Später ist das Judentum auf Nummer sicher gegangen und hat die Religionszugehörigkeit der Eindeutigkeit halber an die Mutter gebunden. Nur wer von einer jüdischen Mutter geboren wurde, gilt als Jude. So entwickelt sich die Institution der ›jiddischen Momme‹.

Bei Thomas Mann beginnt nun – nach der Ehebruchsanalogie – auch Mord und Totschlag sehr früh: »bei jeder Verletzung des anderen durch

---

83 C. Dohmen, *Exodus 19–40*, HThKAT, Freiburg 2004, 122.
84 *Exodus 19–40*, 123f.

Falschheit und Übervorteilung, wozu doch fast alle Lust hatten, floß schon sein Blut. Sie sollten nicht fälschlich handeln untereinander, nicht gegen jemanden aussagen als Lügenzeuge, rechtes Maß brauchen, rechte Pfunde und rechten Scheffel.« (XV / 384)

Das altisraelitische Gerichtsverfahren fand im Stadttor statt, wo die freien Bürger das Urteil sprachen. Wer ein Vergehen bezeugen konnte, trat zugleich als Zeuge und Ankläger auf. Deshalb war der falsche oder Lügenzeuge so gefährlich, und daher durfte auch ein Todesurteil nur auf der Basis von zwei Zeugenaussagen gesprochen werden. Aber, wie die Geschichte von Nabots Weinberg (1. Könige 21) zeigt, ist der König Ahab durchaus in der Lage, zwei falsche Zeugen zu bestechen, damit Nabot durch Justizmord umbringen zu lassen und sich seines Weinberges – der dann an die Krone fällt – zu bemächtigen. Auch später vor dem jüdischen Hohen Rat werden zwei Lügenzeugen aufgeboten, um Jesus zum Tode zu verurteilen (Mt 26,59–66).

Ist Ahabs Justizmord im 9. Jh. vielleicht auch ein besonders drastisches Beispiel für den Einsatz von Lügenzeugen, so zeigt sich bei den Propheten des 8. Jh.s, dass die Rechtsverdrehung zum Schaden der Armen in Israel und Juda an der Tagesordnung war. Fast das ganze Buch Amos bezeugt diese Verhältnisse für das Nordreich, aber in Juda lagen die Dinge nicht viel anders, wie wir bei Jesaja und Micha lesen. Jes 1,23: ›Deine Fürsten sind Abtrünnige und Diebsgesellen, sie nehmen alle gern Geschenke an und trachten nach Gaben. Den Waisen schaffen sie nicht Recht, und der Witwe Sache kommt nicht vor sie.‹ Noch drastischer ist die Sprache von Micha 3:

1 Und ich sprach: Höret doch, ihr Häupter im Hause Jakob und ihr Herren im Hause Israel! Ihr solltet die sein, die das Recht kennen.

2 Aber ihr hasset das Gute und liebet das Arge; ihr schindet ihnen die Haut ab und das Fleisch von ihren Knochen

3 und fresset das Fleisch meines Volks. Und wenn ihr ihnen die Haut abgezogen habt, zerbrecht ihr ihnen auch die Knochen; ihr zerlegt es wie in einen Topf und Fleisch wie in einen Kessel. (Lutherbibel)

Nach Crüsemann geht es bei dem vorletzten Gebot »um nichts Geringeres als die Aufhebung bzw. Infragestellung der im Prolog vorausgesetzten Freiheit vom Sklavenhaus. Verboten wird, durch die Manipulation des Rechts den Anderen um die Grundlage seiner Freiheit zu bringen oder diese zu schädigen.«[85] So wird durch die Absicht des

---

85 *Bewahrung*, 75.

Lügenzeugen»der Nächste in seinem Recht gemindert, er kann in Bezug auf seinen materiellen Besitz oder auch seine Ehre geschädigt oder auch nur benachteiligt werden, so dass der ›Zeuge‹ möglicherweise sogar selbst aus dem Schaden des anderen Profit zieht.«[86] Wer ist aber der *re'a*, der Nächste, gegen den man nicht als Lügenzeuge aussagen, d. h. ihn fälschlich verklagen soll? Gegen die immer wieder aufkommende Meinung, der Nächste sei der Volksgenosse, hat sich Benno Jacob mit Vehemenz gewandt.[87] »Der Nächste ist nämlich [...] jeder Mensch mit dem ich in nähere Beziehung getreten bin oder treten will oder treten soll. Der Nächste *ist* nicht jeder Mensch, aber jeder kann es *werden*. (ebd) Diese Sicht entspricht genau der Deutung des Nächsten in Jesu Gleichnis vom barmherzigen Samariter (Lukas 10,29–37) – einer Deutung, mit der Jesus genau in der jüdischen Tradition steht.

Thomas Mann hatte richtig erkannt, dass es bei den letzten Geboten des Dekalogs nicht so sehr um vollzogene Taten, sondern um innere Einstellungen und Absichten geht. Genau so sieht es auch Dohmen in seinem Kommentar:»Die Absicht, das Recht eines anderen zu beugen, ihn zu benachteiligen oder zu schwächen, wie sie die lügenhafte oder nichtige Aussage [...] offenbart, wird vom vorliegenden Verbot aufgenommen, denn ein solches Vorhaben zerstört die gegenseitige Achtung und damit auch die Würde des Einzelnen. Mit dem Verbot wird folglich im Dekalog ein neuer Bereich eröffnet, der zwar nicht nur Gesinnungen in den Blick nimmt, aber mehr auf *Haltungen* und *Absichten* denn auf vollzogene Taten abzielt, was sich in dem nachfolgenden Begehrensverbot fortsetzt und dort noch klarer zu sehen ist.«[88] Mit dieser Einstellung ist die Bergpredigt also durchaus im Dekalog verwurzelt.

Was aber heißt dann Vater und Mutter ›ehren‹? Bei Thomas Mann hat dies einen ›weiteren Sinn‹.»Wer die Hand erhob gegen seine Erzeuger und ihnen fluchte, – nun ja, mit dem wollte er abfahren. Aber die Ehrerbietung sollte sich auf die erstrecken, die deine Erzeuger auch hätten sein können. Vor einem grauen Haupte sollst du aufstehen, die Arme kreuzen und dein dummes Haupt neigen, verstehst du mich?« (XV / 384) Dies ist das übliche Verständnis des Elterngebotes – aber ist es auch richtig?

---

86 Dohmen, *Exodus 19–40*, 125.
87 *Exodus*, 582f.
88 *Exodus 19–40*, 126.

Mit dem Elterngebot setzt nach Crüsemann die Reihe der Sozialgebote ein, und seine Spitzenstellung ist sicher kein Zufall, denn »einmal stehen auf diese Weise die einzigen beiden positiv formulierten Gebote zusammen in der Mitte. Nur sie fordern ein bestimmtes Tun, alle anderen nur die Unterlassung von etwas. Zum anderen entspricht die Spitzenstellung der Tatsache, daß es auch im Blick auf die Häufigkeit der Belege an der Spitze der ethischen Weisungen im Alten Testament steht.«[89] Dies wollen wir einmal an einigen Beispielen überprüfen:

1) Rechtssammlungen:
Wer Vater oder Mutter schlägt, der soll des Todes sterben (Ex 21,15). Wer Vater oder Mutter flucht, der soll des Todes sterben (Ex 21,17). Ein jeder fürchte seine Mutter und seinen Vater (Lev 19,3). Wer seinem Vater oder seiner Mutter flucht, der soll des Todes sterben. Seine Blutschuld komme über ihn, weil er seinem Vater oder seiner Mutter geflucht hat (Lev 20,9). Verflucht sei, wer seinen Vater oder seine Mutter verunehrt. Und alles Volk soll sagen: Amen (Deut 27,16).

2) Sprichwörter:
Mein Sohn, gehorche der Zucht deines Vaters und verlass nicht das Gebot deiner Mutter (Sprüche 1,8). Wer den Vater misshandelt und die Mutter verjagt, der ist ein schandbarer und verfluchter Sohn (Spr 19,26). Wer seinem Vater und seiner Mutter flucht, dessen Leuchte wird verlöschen in der Finsternis (Spr 20,20). Gehorche deinem Vater, der dich gezeugt hat, und verachte deine Mutter nicht, wenn sie alt wird (Spr 23,22). Wer seinem Vater oder seiner Mutter etwas nimmt und spricht, es sei nicht Sünde, der ist eines Verderbers Geselle (Spr 28,24).

3) Prophetie:
Vater und Mutter verachten sie, den Fremdlingen tun sie Gewalt und Unrecht an, die Witwen und Waisen bedrücken sie (Ezechiel 22,7). Denn der Sohn verachtet den Vater, die Tochter widersetzt sich der Mutter, die Schwiegertochter ist wider die Schwiegermutter; und des Menschen Feinde sind seine eigenen Hausgenossen (Micha 7,6). Ein Sohn soll seinen Vater ehren und ein Knecht seinen Herrn. Bin ich nun Vater, wo ist meine Ehre? Bin ich Herr, wo fürchtet man mich? (Maleachi 1,6). (Lutherbibel)

---

89 *Bewahrung*, 59.

In allen drei Bereichen spielt, wie man sieht, das Verhalten gegenüber den Eltern eine wichtige Rolle. Was ist dann aber die Bedeutung des Elterngebotes Ex 20,12?

Die gründlichste Untersuchung dieser Frage hat wohl Rainer Albertz[90] angestellt, und zwar unter Hinzuziehung akkadischer Parallelen aus dem Zweistromland, da das Problem nur auf Grund biblischer Texte nicht eindeutig zu entscheiden ist. Nach Albertz richtet sich das Elterngebot an erwachsene Kinder und will ihr Verhalten gegenüber den alt gewordenen Eltern regeln. »Es meint konkret die angemessene Versorgung der alten Eltern mit Nahrung, Kleidung und Wohnung bis zu ihrem Tod, darüber hinaus einen respektvollen Umgang und eine würdige Behandlung, die trotz der Abnahme ihrer Lebenskraft ihrer Stellung als Eltern entspricht.«[91]

Nach Albertz gehört auch die Verpflichtung einer würdigen Beerdigung dazu. Albertz vermutet daher als Sitz im Leben des biblischen Elterngebotes die Übergabe des Hofes an den Sohn und die letztwillige Verfügung des sterbenden Elternteils. So ganz falsch lag Thomas Mann also nicht – er hat nur den kostspieligeren Teil der Verpflichtung übersehen. Auch die Altersvorsorge in der heutigen arabischen Welt bestätigt diese Deutung des Elterngebots. In der Regel gibt es in diesen Ländern keine Altersrente; Jordanien hat erst vor kurzem einen noch sehr begrenzten Anfang gemacht. Die Versorgung der Alten übernehmen die Söhne – Töchter scheiden bei patrilokaler Residenz aus – von denen man möglichst viele haben sollte. Das führt dann notwendigerweise zu einer Bevölkerungspyramide, damit die Versorgung der Eltern sich auf mehrere Schultern verteilt. In London hat man es aus diesen Gründen bei pränataler Diagnostik untersagt, asiatischen Familien das Geschlecht ihres erwarteten Kindes mitzuteilen, um die Abtreibung der Mädchen zu verhindern.

Crüsemann schließt sich im Wesentlichen der Altersversorgungsthese von Albertz an, bringt aber noch einen wichtigen Gesichtspunkt für die Notwendigkeit dieses Gebotes ins Spiel. Wann waren die Alten besonders gefährdet? In Notzeiten natürlich. »In Neh 5 [...] wird deutlich, daß in Zeiten der Not zunächst die Söhne und Töchter verpfändet, d. h. in die Schuldsklaverei gegeben wurden, ja schließlich sogar in Dauersklaverei an fremde Völker verkauft werden mußten. Bei solchen nicht

---

90 »Hintergrund und Bedeutung des Elterngebots im Dekalog«, *Zeitschrift für die alttestamentliche Wissenschaft* 90, 1978, 348–374.
91 *ZAW* 90, 374.

eben seltenen Vorgängen, wo zuerst die Kinder, dann der Familienvater und seine Frau in die Sklaverei zogen – lag es da nicht nahe und ist gewiß auch oft so praktiziert worden, zunächst überflüssige und inzwischen unnütze Esser loszuwerden?«[92] In solchen Notzeiten musste der Schutz der Alten religiös begründet werden – zumal, da es so etwas wie die bei den Nachbarvölkern weit verbreitete Ahnenverehrung in Israel nicht gab.

Sieht Crüsemann den Sinn des Dekaloges in der Bewahrung der Freiheit der aus Ägypten geführten Israeliten, so regelt das Elterngebot »die Weitergabe der Freiheit durch die Kette der Generationen an ihrem schwächsten Glied.«[93] Das Bleiben auf dem von JHWH verliehenen Ackerboden entspricht dem Verhalten gegenüber den Eltern. »Damit wird das zukünftige eigene Schicksal den Angeredeten vor Augen gestellt.« (ebd)

Die Zusammenstellung von Eltern- und Schabbatgebot im Dekalog zeigt uns deutlich die Perspektive auf die Familie, die hier geschützt wird, denn die Familie ist der Ort der religiösen Tradition, der Glaubensüberlieferung, des Gebetes und der Feier von Schabbat und Päsach. Dies ist auch einer der Gründe, warum das Judentum nach der Zerstörung des Tempels und der Zerstreuung unter die Völker (Diaspora) überlebt hat.

Thomas Mann nimmt dann in der Novelle geschickt den Faden der Alten auf, um zum Schabbatgebot überzuleiten: »Zuletzt aber zeigte sich, daß Alter ein Gleichnis war für das Alte im Allgemeinen, für alles, was nicht von heute und gestern war, sondern von weither kam, das fromm Überlieferte, den Väterbrauch. Dem sollte man Ehre erweisen und Gottesfurcht.« (XV / 384f) Damit geht der Dichter zum Schabbatgebot über, indem er auf das Stichwort ›Herausführung aus Ägypten‹ im Prolog des Dekalogs Bezug nimmt: »So sollst du meine Feiertage heiligen, den Tag, da ich dich aus Ägypten führte, den Tag der ungesäuerten Brote, und immer den Tag, da ich von der Schöpfung ruhte.« (XV / 385) So verbindet Thomas Mann Exodus und Weltschöpfung. »Meinen Tag, den Sabbat, sollst du nicht mit Arbeitsschweiß verunreinigen, ich verbiete es dir! Denn ich habe dich aus dem ägyptischen Diensthause geführt, mit mächtiger Hand und mit ausgestrecktem Arm, wo du ein Knecht warst und ein Arbeitstier, und mein Tag soll der Tag deiner Freiheit sein, die sollst du feiern.« (ebd) Hier nimmt Thomas

---

92 *Bewahrung*, 60.
93 *Bewahrung*, 62.

Mann Crüsemanns Motiv der Bewahrung der Freiheit vorweg.»Sechs Tage sollst du ein Ackerer sein oder ein Pflugmacher oder ein Topfdreher oder ein Kupferschmied oder ein Schreiner, aber an meinem Tag sollst du ein rein Gewand anlegen und garnichts sein, außer ein Mensch, und deine Augen aufschlagen zum Unsichtbaren.« (ebd)

Auch in der Novelle sollen die Israeliten daran denken, dass sie Knechte in Ägypten waren und die Fremden, ›die Kinder Amaleks zum Beispiel‹, ordentlich behandeln. Die Fremden stehen unter JHWHs Schutz.»Mache überhaupt nicht einen so dummdreisten Unterschied zwischen dir und den anderen, daß du denkst, du allein bist wirklich und auf dich kommt's an, der andere aber ist nur ein Schein. Ihr habt das Leben gemeinsam, und es ist nur Zufall, daß du nicht er bist.« (ebd) Hier redet Thomas Mann deutlich gegen die Rassenideologie der Nationalsozialisten. Der ›Zufall, daß du nicht er bist‹ (und er nicht du), lässt an Chaplins großartigen Film ›The Great Dictator‹ denken, in dem er in einer Doppelrolle einen kleinen jüdischen Friseur und den Diktator spielt.

Nach der Untersuchung des indischen Alttestamentlers Gnana Robinson[94] hat sich der jüdische Schabbat im babylonischen Exil aus zwei Wurzeln entwickelt, dem Ruhetag an jedem siebten Tag und dem ehemaligen Vollmondtag Schabbat, wobei die erste Institution den Namen der zweiten angenommen hat. Seit dem Exil ist der Schabbat – zusammen mit Beschneidung und Speisevorschriften – als jüdisches ›Glaubensbekenntnis‹ eindeutig nachweisbar. Nach Crüsemann[95] ist es aber eher unwahrscheinlich, dass ein solch regelmäßiger Tag des Nichtarbeitens überhaupt erst in der Exilszeit geschaffen worden sein soll. Sicher können wir nicht sein, denn es ist nicht klar, ob in Jesaja 1,13 und Amos 8,5 – beides Texte aus dem 8. Jh., in denen sowohl Neumond als auch Schabbat erscheinen – zwei verschiedene Dinge gemeint sind oder ein und dasselbe. Der Dekalog hat jedenfalls allein den regelmäßigen Ruhetag im Blick.

Den Siebentagerhythmus des Schabbat verbindet Robinson mit dem Siebenjahresrhythmus der sakralen Brache.»Das Land, von dem man lebt, soll im regelmäßigen Rhythmus von sieben Tagen und sieben Jahren losgelassen, sich selbst überlassen, allein Gott ausgesetzt werden. Das ist sehr vage, aber jeder Schritt darüber hinaus wäre pure Spekula-

---

94 *The Origin and Development of the Old Testament Sabbath*, Diss., Hamburg 1975.
95 *Bewahrung*, 55.

tion.«[96] Dohmen verweist darauf, dass uns aus dem Kalender der Babylonier ein *schabattum / schapattum* bekannt ist.»Dabei handelt es sich um das Fest des 15. Tages im Mondmonat, also den Tag des Vollmondes. In vielen vorderorientalischen Kulturen sind Feiertage am 1., dem Neumond, und am 15., dem Vollmond, im Mondmonat bekannt.«[97] Aber ob der mesopotamische *schabattum* unmittelbarer Vorläufer des jüdischen Schabbats war, lässt sich nicht eindeutig nachweisen. Auf jeden Fall war er kein Feiertag im Wochenrhythmus, sondern ein einmal im Monat vorkommender Feiertag in der Mondphase. Den Siebentagerhythmus leitet Dohmen wie Robinson aus der sakralen Brache ab.

Eine Synthese von ›siebtem Tag‹ und ›Schabbat‹ findet sich im Dekalog (›der siebte Tag soll ein Schabbat sein‹). Hier wird nach Dohmen »der Gedanke eines speziellen Tages, der mit der Zeitrechnung zu tun hat, nämlich der Schabbat, mit der Ruhetagsregelung der sozialen Arbeitsgesetze verbunden, und so entsteht ein ›Wochen-Schabbat‹ bzw. die Woche als Zeitmaß unabhängig von bestimmten Arbeitsphasen,«[98] wie etwa der Erntezeit. Aber durch die Exoduserinnerung (Deut 5,15) hat auch der regelmäßige Wochenschabbat etwas von dem einmaligen Monatsfeiertag bewahrt, so dass die von Gnana Robinson beobachtete Synthese möglich wurde.

Findet diese Synthese, wie von Robinson behauptet, während des babylonischen Exils statt, so drückt sich das darin vorausgesetzte Zeitbewusstsein in dem damals verfassten priesterlichen Schöpfungsbericht Gen 1,1–2,3 aus. Die Zeit wird zuerst erschaffen, der Siebentagerhythmus (6+1) ist erst ein zweiter Schritt. Nach Dohmen ist »die von Ex 20,8–11 für das Schabbat-Gebot gewählte Formulierung [...] vom Grundgedanken des von der Schöpfungserzählung in Gen 1,1–2,3 herkommenden Zeitbewusstsein verständlich.«[99] Ex 20 redet vom Gedenken (hebr. *sachar*) – und nicht wie Deut 5 vom Bewahren (hebr. *schamar*) – was nach Dohmen (ebd) eine Vergewisserung und Bewusstmachung der durch den Schabbat gesetzten Zeitstruktur bedeutet.

Auch im Zusammenhang des Schabbatgebotes ist ein Rückbezug auf den Prolog sinnvoll. Nach Crüsemann heißt Befreiung aus dem Sklavenhaus nicht Befreiung von der harten Arbeit auf dem in Genesis 3,17ff verfluchten Ackerboden. »Es gehört aber zu dieser Befreiung,

96 Crüsemann, *Bewahrung*, 57.
97 *Exodus 19–40*, 116.
98 *Exodus 19–40*, 118.
99 *Exodus 19–40*, 119.

den wöchentlichen Ruhetag zu praktizieren. Die geforderte Ruhe ist das praktizierte Gegenteil von Sklavenarbeit. So geht es in diesem Gebot, liest man es vom Prolog her, um die exemplarische Wahrnehmung und Praktizierung des von Jahwe geschenkten Status der Freiheit, in dem sich die Angeredeten befinden.«[100]

XVI. Die Klage des Mittlers und die Rebellion Aarons und Mirjams

Nach der Gabe der Gebote setzt Thomas Mann seine Erzählung – unter Auslassung von Bundesbuch Ex 20,22–23,33 und dem Rest der Sinaiperikope Ex 24 – Num(eri) 10 – in Num 11+12 mit der Klage des Mittlers und der Rebellion Aarons und Mirjams fort. Wir befinden uns also im Bereich des Themas ›Führung in der Wüste‹ (Teil II). Was die Klage des Mittlers betrifft, nimmt er jedoch eine Änderung gegenüber dem Bibeltext vor. Während in Num 11 die Israeliten wegen der ständigen Mannadiät murren – so dass ihnen schließlich Wachteln zur Aufbesserung des Speiseplanes geschickt werden –, wird die Klage Moses bei Thomas Mann mit der Widerspenstigkeit des Volkes beim Annehmen der Gebote begründet. Das Volk gehorcht zunächst nur wegen der Reputation Moses, die sich auf die Herausführung aus Ägypten, die Versenkung von Pharaos Wagen und den Sieg über die Amalekiter bei der Schlacht um Kadesch gründet.

Moses Ziel ist es, aus dem ›Gehudel‹ für den Unsichtbaren ein heiliges Volk zu machen.»Im Schweiße seines Angesichtes werkte er daran zu Kadesch, seiner Werkstatt, indem er seine weitstehenden Augen überall hatte, metzte, sprengte, formte und ebnete an dem unwilligen Klotz mit zäher Geduld, mit wiederholter Nachsicht und öfterem Verzeihen, mit loderndem Zorn und strafender Unerbittlichkeit, und wollte doch oft verzagen, wenn sich das Fleisch, in dem er arbeitete, so widerspenstig und vergeßlich-rückfällig erwies.« (XVI / 386) In der Novelle droht Mose dem ›Pöbelvolk‹ mit einer plötzlichen Strafe Gottes. Dann aber folgt die an Gott gerichtete Klage des Mittlers:»Was soll ich machen mit diesem Fleisch, und warum hast du deine Gnade von mir genommen, daß du mir aufhalst, was ich nicht tragen kann? [...] Wie komme auch ich dazu, das Volk in den Armen zu tragen, als ob ich's geboren hätte? Ich bin ihm nur halb verwandt, von Vaters

---

100 *Bewahrung*, 58.

Seite. Darum, so bitte ich dich, laß mich meines Lebens froh werden und schenk mir die Aufgabe, sonst aber erwürge mich lieber!« (ebd)

Dem entspricht die Klage des Mittlers in Num 11 aber, wohl gemerkt, *nach* dem Murren des Volkes über das Manna:

11 Und Mose sprach zu dem HERRN: Warum bekümmerst du deinen Knecht? Und warum finde ich keine Gnade vor deinen Augen, daß du die Last dieses ganzen Volkes auf mich legst?

12 Hab ich denn all das Volk empfangen oder geboren, daß du zu mir sagen könntest: Trag es in deinen Armen, wie eine Amme ein Kind trägt, in das Land, das du ihren Vätern zugeschworen hast?

13 Woher soll ich Fleisch nehmen, um es all diesem Volk zu geben? Sie weinen vor mir und sprechen: Gib uns Fleisch zu essen.

14 Ich vermag all dies Volk nicht allein zu tragen, denn es ist mir zu schwer.

15 Willst du aber doch so mit mir tun, so töte mich lieber, wenn anders ich Gnade vor deinen Augen gefunden habe, damit ich nicht mein Unglück sehen muß. (Lutherbibel)

In Num 11 ist nunmehr von ›dem Volk‹ (hebr. *ha'am*) die Rede, während bis Num 10 in der überwiegend priesterlichen Sinaiperikope von der Kultgemeinde (hebr. *ha'edah*) gesprochen wurde.

Sowohl die Bibel als auch die Novelle gebraucht für Mose das Mutter- bzw. Ammenbild. Wenn Mose sich gegen die Mutterrolle wehrt, steht dahinter die ungewöhnliche Vorstellung, dass JHWH die eigentliche Mutter Israels ist.»Bei der im Alten Testament üblichen Abwehr naturhafter Auffassungen vom Verhältnis zwischen Gott und Volk, wie sie den Religionen der Umwelt bekannt waren, ist schon die Aussage, daß Israel der Sohn Jahwes sei, selten.« (Ex 4,22; Hosea 11,1) »Ganz ungeläufig aber ist es, die Beziehung zwischen Jahwe und Israel mit dem Muttergedanken auszudrücken und damit auch nur indirekt Jahwe mit dem Begriff der Weiblichkeit zusammenzubringen.«[101] Num 11,12 geht dann zu dem Ammenbild über; Mose soll das Volk als die von der Mutter beauftragte Amme tragen.

Auf die Klage des Mittlers erhält er in der Novelle eine interessante Antwort:»Gerade weil du ihnen nur halb verwandt bist, vonseiten des Verscharrten, bist du der Mann, sie mir zu bearbeiten und sie mir aufzurichten zum heiligen Volk. Denn stecktest du mitten darin und wärest recht einer von ihnen, so sähst du sie nicht und könntest nicht Hand an

101 M. Noth, *Das vierte Buch Mose. Numeri*, Göttingen 1966, 77.

sie legen. Außerdem ist das alles nur Ziererei [...]«. (XVI / 387) Hier greift Thomas Mann auf die von ihm im Gegensatz zur Bibel erfundene Halbblütigkeit Moses zurück, die im Sinne der Künstlerthematik die nötige Distanz schafft, mit der Mose an den Israeliten, wie auch Thomas Mann an den Deutschen, herumwerkeln und -sprengen kann.

»Darum stelle dich nicht vor mir, als hättest du nicht die größte Lust zu deiner Plage! Es ist meine Lust, die du hast, Gotteslust ist es, und ohne sie würde dir das Leben zum Ekel, *wie Manna dem Volk*, schon nach wenigen Tagen. Nur wenn ich dich erwürgte, freilich, dann könntest du ihrer entraten.« (ebd – kursiv von mir) Manna? Von Manna war in Kapitel XVI überhaupt keine Rede. Thomas Mann greift hier also auf Num 11 zurück, den Bibeltext, dem er auch die Klage des Mittlers entnommen hat (s. o.). Das kennen wir schon aus den Josephsromanen, dass Bibeltexte vorausgesetzt werden, die Thomas Mann gar nicht bearbeitet hat – wie etwa der Jakobskampf am Jabbok (Gen 32,23–33). In der Bibel antwortet JHWH zweifach auf die Klage seines Mittlers, einmal durch die Verteilung von Anteilen an Moses Geist auf die siebzig Ältesten (Num 11,16–30) und zum anderen durch die Sendung der Wachteln (Num 11,31–34).

Zunächst wird auf seine Klage hin die Last Moses, die er allein nicht tragen kann, in Num 11,16–30 durch die Bestellung der siebzig Ältesten erleichtert. »Mose erhält den Auftrag, 70 ›Älteste‹ auszuwählen aus dem offenbar sehr groß vorgestellten Kreis der ›Ältesten Israels‹, unter denen damit, falls überhaupt etwas sehr Konkretes gemeint ist, die Häupter der Großfamilien vorgestellt sein müssen, denen denn auch ursprünglich und eigentlich der Titel ›Älteste‹ zukam. Solche ›Älteste‹ waren in alten Zeiten der Sippen-›Verfassung‹ die ›Amts‹-Träger schlechthin.«[102] Wenn Mose also ein Teil der Last abgenommen werden soll, dann muss der auf Mose ruhende Geist von JHWH selbst umverteilt werden, eben auf die Ältesten. Das führt nach Noth »bei den ausgewählten Ältesten zu einer bemerkenswerten Kombination von Institution und Charisma, von Amt und Berufung.« (ebd) Der den Ältesten verliehene Geist trägt deutlich prophetische Züge, wie wir im Folgenden sehen werden.

Das Volk ›heiligt‹ sich also auf Moses Anordnung – soll heißen: sie ziehen sich saubere Kleider an und enthalten sich des Geschlechtsverkehrs – und versammelt sich außerhalb des Lagers vor dem Begegnungszelt (hebr. *ohel mo'ed*; Luther: ›Stiftshütte‹). Den Ausdruck ken-

---

102 Noth, *Numeri*, 78.

nen wir sonst nur aus der Priesterschrift, hier und in Num 12,4ff kommt er aber auch in der vorpriesterlichen Überlieferung vor. Zugrunde liegt dem Ausdruck ›Begegnungszelt‹ die Vorstellung, dass die Gottheit nicht als dauerhaft im Zelt wohnend gedacht ist, sondern jeweils zur Begegnung mit Mose und dem Volke erscheint.

Nachdem JHWH mit Mose geredet hat, kommt er in der Wolke herunter und legt den Geist auf die siebzig Ältesten. ›Und als der Geist auf ihnen ruhte, gerieten sie in Verzückung und hörten nicht auf‹ (Vers 25b). Die Vorstellung der prophetischen Verzückung bis zur Raserei geht auf das altisraelitische Gruppenprophetentum zurück. Ein Beispiel dafür wird uns im Zusammenhang mit der Berufung Sauls zum ersten König Israels in 1. Sam 10 überliefert:

5 Danach wirst du nach Gibea Gottes kommen, wo die Wache der Philister ist; und wenn du dort in die Stadt kommst, wird dir eine Schar von Propheten begegnen, die von der Höhe herabkommen, und vor ihnen her Harfe und Pauke und Flöte und Zither, und sie werden in Verzückung sein.

6 Und der Geist des HERRN wird über dich kommen, dass du mit ihnen in Verzückung gerätst; da wirst du umgewandelt und ein anderer Mensch werden.

10 Und als sie nach Gibea kamen, siehe, da kam ihm eine Prophetenschar entgegen, und der Geist Gottes geriet über ihn, dass er mit ihnen in Verzückung geriet.

11 Als sie sahen, dass er mit den Propheten in Verzückung war, sprachen alle, die ihn früher gekannt hatten, untereinander: Was ist mit dem Sohn des Kis geschehen? Ist Saul auch unter den Propheten?

12 Und einer von dort sprach: Wer ist denn schon ihr Vater? Daher ist das Sprichwort gekommen: Ist Saul auch unter den Propheten? (Lutherbibel)

Die sich in Verzückung befindenden Ältesten sprechen, wie die Gruppenpropheten, nicht unbedingt in verständlicher Rede. Wie sollen dabei ausgerechnet sie den Mose entlasten? Damit zeigt sich schon, dass Num 11,16–30 ›historisch‹ gedeutet oder auch im Rahmen des Erzählfadens wenig Sinn ergibt – weshalb Thomas Mann die siebzig Ältesten als Antwort auf die Klage seines Mittlers wohl auch weggelassen hat. Wir müssen also wieder von der innerbiblischen Gedächtnisgeschichte ausgehen und fragen: Wer hatte ein Interesse daran, sich an dieser Stelle in den Text hineinzuschreiben? Ziel von Num 11,16–30 ist offenbar, wie bereits Martin Noth erkannt hatte, die *Herleitung der ekstatischen Prophetie vom Geiste Moses.*

»Es wird zwar nicht gesagt, daß es daraufhin immer wieder dieses Phänomen in Israel gab; aber es taucht doch hier prototypisch zum ersten Male in der Geschichte Israels in unmittelbarem Zusammenhang mit der als einmalig gedachten Gestalt Moses auf. Damit ist zugleich ziemlich sicher erwiesen, daß der sekundäre Zuwachs in 4. Mose 11 aus dem Kreise der ekstatischen ›Prophetie‹ stammt. Eine einigermaßen genaue Datierung ist nicht möglich; denn geschichtlich ist diese Erscheinung von der Zeit Sauls an bis in die Zeiten Jeremias und Ezechiels nachweisbar.«[103] So wird Mose durch seinen Geist auch für das ekstatische Prophetentum zum Erzpropheten innerhalb der innerbiblischen Gedächtnisgeschichte. Ähnlich ist wohl auch der Ausspruch Moses gegenüber Josua bin Nun zu verstehen: ›Wollte Gott, dass alle im Volk des HERRN Propheten wären und der HERR seinen Geist über sie kommen ließe!‹ (v. 29b Lutherbibel). Dieser letzte Wunsch drückt nach Noth eine allgemeine Hochschätzung der Prophetie aus, die dem Mose in den Mund gelegt wird.

Merkwürdig ist die Episode von Eldad und Medad in Num 11,26–30. Eldad und Medad waren zwei der von Mose auserwählten Ältesten. Aus nicht weiter erklärten Gründen waren sie im Lager geblieben, als die übrigen Ältesten mit Mose zum Begegnungszelt zogen. Als der Geist JHWHs auf die siebzig Ältesten herabkam, kam er auch auf Eldad und Medad, obwohl sie sich in einiger Entfernung vom Begegnungszelt befanden. Nachdem die Wirkung des Geistes bei den am Zelt Versammelten nachgelassen hatte, blieb sie dennoch auf Eldad und Medad. Sie wurden vom Geist ergriffen, weil Mose sie registriert hatte. Dies zeigt nichtsdestotrotz den autoritativen Charakter der Geistverleihung, selbst wenn sie hier als etwas erratisch erscheinen mag.

In Num 11,31–34 wird die Murrgeschichte über die eintönige Mannadiät zu Ende geführt, indem der Speiseplan durch Wachteln angereichert wird. Dafür bieten die Kommentare eine ganz natürliche Erklärung. »Im Frühjahr und Herbst pflegen an der Mittelmeerküste der Sinaihalbinsel Wachtelzüge aufzutauchen. Die Vögel lassen sich auf dem Lande nieder und sind, vom Fluge ermüdet und ohnehin schwerfällig, leicht einzufangen, auch ohne spezielle Geräte der Vogelstellerei.«[104] Bereits in Ex 16, einer priesterlichen Erzählung vom Wandern des Volkes in der Wüste, waren Manna und Wachteln zusammen

---

103 *Numeri*, 80.
104 Noth, *Numeri,* 81.

aufgetaucht. In der vorpriesterlichen Überlieferung stellt die Wachtel eine Steigerung gegenüber der Mannageschichte dar. Wegen der übergroßen Gelüste wird das Volk mit einem ›sehr großen Schlag‹ bestraft. Worum es sich genau handelt, wissen wir nicht. Daran wird, wie auch sonst in den alttestamentlichen Erzählungen üblich, ein ätiologischer (hier: etymologischer) Schluss angehängt, der den Namen ›Lustgräber‹ erklärt.[105] Den Abschluss des Kapitels bildet eine Itinerarnotiz in Vers 35: Das Volk zieht von den ›Lustgräbern‹ nach Hazeroth weiter.

Es wäre nun noch die Frage zu klären, wie sich die einzelnen Teile von Num 11 zueinander verhalten. Das Kapitel enthält zwei unterschiedliche Erzählungen: (1) die Unzufriedenheit des Volkes in Bezug auf die Nahrung, besonders ihre Verdrossenheit mit dem Manna und ihre Forderung nach Fleisch; und (2) den Wechsel in der Leitung des Volkes (geistbegabte Älteste) wegen der Klage Moses über die Schwere seines Amtes. Wie Gray[106] gezeigt hat, ließe sich das Thema der Leitung leicht entfernen, und es bliebe eine kohärente Erzählung von Gottes Zorn und Strafe übrig.

Baruch A. Levine besteht jedoch auf dem Zusammenhang zwischen Nahrungsversorgung und politischer Führerschaft.»One of the primary responsibilities of a leader is to provide food for his people. There are other Torah narratives in which these two concerns, stable leadership and food and water, are integrated within the same narrative: for instance, in Exod 15:22–26 and 17:1–7, the people rebelled against Moses because they had no water. It is preferable, therefore, to accept Numbers 11 as a coherent composition instead of extracting one of the two themes, which would undo the work of the authors of JE who may have fused them initially.«[107] Ohne über die ›Autoren von JE‹ spekulieren zu wollen, schließe ich mich der Sicht Levines an. Wenn der Endtext Sinn gibt, ist er immer irgendwelchen Rekonstruktionen vorzuziehen. Dazu hätte auch Thomas Mann Amen gesagt.

Im zweiten Teil von Kapitel XVI behandelt der Dichter nun eine weitere Murrgeschichte, die Rebellion Mirjams (und Aarons) Num 12. Hier taucht das selbst von Martin Noth für historisch gehaltene Motiv der ausländischen Frau des Mose auf (s. o.). Aber wer ist diese Frau? Die Bibel spricht von einer ›Kuschitin‹. Und auch dies ist nicht ein-

---

105 Vgl. F. W. Golka,»The Aetiologies in the Old Testament«, *Vetus Testamentum* 26, 1976, 410–428 und *VT* 27, 1977, 36–47.
106 G. B. Gray, *Numbers*, ICC, 2. Aufl. 1912 z. St.
107 *Numbers 1–20*, The Anchor Bible, 1993, 327f.

deutig. Stammt sie aus Kusch = Nubien / Äthiopien (Luther: ›Mohrin‹)? Hat sie sich dann den Israeliten beim Auszug angeschlossen? Solche Proselyten gab es wahrscheinlich beim zweiten, dem neuen Exodus aus Babylon; es sind die, die zwar in der Liste der Rückkehrer aufgeführt waren, aber nach Esra 2,59 nicht angeben konnten, ob ihre Sippe und ihre Nachkommen aus Israel stammten. Sie wurden vorläufig vom Priesteramt ausgeschlossen, bis nach der Tempelweihe der Hohepriester die Rechtmäßigkeit ihrer Ansprüche durch den Gebrauch der Lose ›Urim und Thummim‹ testen konnte.

Aber die ›Kuschitin‹ kann nach Meinung vieler Ausleger auch aus dem arabischen Stamm Kuschan kommen, einem eng verwandten Nachbarstamm der Midianiter – wenn nicht gar mit ihnen (teil)identisch. Sie könnte dann ebenfalls mit Zippora identisch sein – so dass gar keine Rivalität zu Zippora vorausgesetzt ist und keine Herabsetzung der Hauptfrau. So sieht es die traditionelle jüdische Exegese. Kritikpunkt ist dann, dass Mose eine Nichtisraelitin zur Frau genommen hat – was wiederum im späteren Judentum hinsichtlich der Nachkommen Moses problematisch ist, denn nur ein von einer jüdischen Mutter geborenes Kind gilt als Jude. Dem will auch schon die ›Quasi-Einbürgerung‹ Jetros in Ex 18 zuvorkommen.

Aber Thomas Mann lässt uns nicht im Unklaren. Er entscheidet sich für die ›Negerbedeutung‹ (Käte Hamburger), die ›bekannte Mohrin‹, wie es XVI / 387 mit viel Ironie heißt. Sie dient Mose, dem ›geplagten Mann‹ zu seiner Entspannung. Auch in der Novelle ist sie aus Kusch (= Nubien) nach Ägypten gelangt und hat »unter dem Geblüte in Gosen gelebt und sich dem Auszuge angeschlossen« (ebd). Obwohl sie keine Jungfrau war, nimmt Mose sie zur Bettgenossin. »In ihrer Art war sie ein prachtvolles Stück, mit Bergesbrüsten, rollendem Augenweiß, Wulstlippen, in die sich im Kuß zu versenken ein Abenteuer sein mochte, und einer Haut voller Würze. Mose hing gewaltig an ihr um seiner Entspannung willen und konnte nicht von ihr lassen, obgleich er dabei die Gegnerschaft seines ganzen Hauses zu tragen hatte.« (XVI / 387f)

Wer sind die Gegner Moses in seiner Familie? Zippora, seine Frau, hat bei Thomas Mann »viel von dem Weltsinn ihres Bruders Jethro« (XVI / 388). Daher fand sie sich »noch leidlich mit der Rivalin ab, besonders da diese ihren weiblichen Triumph über sie verbarg und sich sehr unterwürfig gegen sie hielt; sie behandelte die Mohrin mehr mit Spott als mit Haß und begegnete auch dem Mose eher ironisch in dieser Sache, als daß sie ihrer Eifersucht hätte die Zügel schießen lassen.« (ebd) Die Söhne, Gersom und Eliezer, die zu Joschuas Truppe gehören, sind öffentlich auch keine Problem, da sie Disziplin halten, heimlich hegen sie aber einen Groll gegen ihren Vater und stehen auf Seiten ihrer Mutter.

Die Hauptgegner Moses sind wie in der Bibel Mirjam und Aaron: »Ganz anders lagen die Dinge bei Mirjam, der Prophetin, und Aaron, dem Salbungsvollen. Ihr Haß auf die Bett-Mohrin war giftiger als der der anderen, weil er mehr oder minder ein Auslaß war für eine tiefere und allgemeinere Mißgunst, die sie gegen Mose verband.« (ebd) Hinter dem Hass gegen die Mohrin – der sich eher als äußerlich vorgeschoben erweist – steckt ein viel tieferer Neid auf das exklusive Gottesverhältnis Moses. Mirjam und Aaron halten sich für gleichwertig, wenn nicht für besser als Mose. Ihre Vorwürfe wegen der Mohrin bilden nur den »Ausgangspunkt für weitere Anklagen: bald kamen sie davon ab auf das Unrecht, das ihnen geschehe durch seine Größe.« (ebd)

Mose argumentiert, er brauche bei seiner schweren Arbeit etwas Entspannung, und, was er täte, sei keine Sünde vor Gott und nicht verboten.»Ei, ja, sagten sie, er suche sich die Verbote aus nach eigenem Geschmack und werde wohl nächstens noch aufstellen, daß es geradezu geboten sei, bei Mohrinnen zu liegen, denn er halte sich ja für Jahwe's alleiniges Mundstück. Dabei seien sie, Mirjam und Aaron, Amrams, des Levi-Enkels, echte Kinder, er aber sei doch am Ende nur ein Findling aus dem Schilf und solle ein wenig Demut lernen.« (XVI / 389) Auch Moses Hinweis auf seine Berufung nützt ihm bei den Geschwistern nichts. Er habe Mirjam ihre Hymne ›Ross und Mann‹ verboten und, dass er Aaron als Hohen Priester am Stiftszelt angestellt habe, sei ja wohl nur selbstverständlich, denn ohne seine (Aarons) Beredsamkeit hätte er, der stotternde Mose, Israel nicht aus Ägypten geführt, wofür er nun den Ruhm beanspruche. Und durch seine ›Schwarzbuhlerei‹ brächte er im Verhältnis zu Midian den ganzen Stamm in Gefahr.

Mose bittet, sie sollten ihm die Mohrin zur Entspannung doch gönnen.»Aber das wollten sie nicht. Sie heischten keifend, daß er sich nicht nur von der Mohrin trennen und sie seines Bettes verweisen solle, sondern daß er sie auch ohne Wasser hinaus in die Wüste stieße.« (XVI / 390) Jetzt möchte Mose wohl im Zorn geradezu explodieren, aber es kommt ganz anders:»Jahwe schritt ein, er setzte sein Angesicht gegen die hartherzigen Geschwister und nahm sich seines Knechtes Mose an, daß sie's nimmer vergaßen. Etwas Entsetzliches und nie Dagewesenes geschah.« (ebd) Damit mündet die Novelle wieder in den Erzählfaden der Bibel ein.

Während Thomas Mann die Geschichte mit der ›bekannten Mohrin‹ lang und genüsslich auswalzt – obwohl sie ja auch in der Novelle nur ein Vorwand für die Geschwisterrebellion gegen den Führungsanspruch Moses ist – wird sie in Num 12 mit dem Vers 1 abgehandelt: ›Da redeten Mirjam und Aaron gegen Mose um seiner Frau willen, der Kuschiterin, die er genommen hatte. Er hatte nämlich eine kuschitische Frau genommen.‹ (Lutherbibel) Schwerpunkte sind im Bibeltext eindeutig die Rebellion Mirjams und Aarons – wobei letzterer eigentlich keine eigenständige Rolle spielt – und die daraufhin vor der Strafe zunächst erfolgende Gottesrede (Num 12):

2 Und sie sprachen: Redet denn der HERR allein durch Mose? Redet er nicht auch durch uns? Und der Herr hörte es.

3 Aber Mose war ein sehr demütiger Mensch, mehr als alle Menschen auf Erden.

4 Und sogleich sprach der HERR zu Mose und zu Aaron und zu Mirjam: Geht hinaus, ihr drei, zu der Stiftshütte! Und sie gingen alle drei hinaus.

5 Da kam der HERR hernieder in der Wolkensäule und trat in die Tür der Stiftshütte und rief Aaron und Mirjam, und die gingen beide hin.

6 Und er sprach: Höret meine Worte: Ist jemand unter euch ein Prophet des HERRN, dem will ich kundmachen in Gesichten oder will mit ihm reden in Träumen.

7 Aber so steht es nicht mit meinem Knecht Mose; ihm ist mein ganzes Haus anvertraut.

8 Von Mund zu Mund rede ich mit ihm, nicht durch dunkle Worte oder Gleichnisse, und er sieht den HERRN in seiner Gestalt. Warum habt ihr euch denn nicht gefürchtet, gegen meinen Knecht Mose zu reden? (Lutherbibel)

In den Versen 2–8 geht es um die Einzigartigkeit Moses als Empfänger des Wortes JHWHs.

Es handelt sich um eine Murrgeschichte (Schnutenhaus), eine Rebellion in der Wüste (Coats) gegen Mose. Mirjam und Aaron beanspruchen eine gleichwertige Rolle. Im Falle Mirjams könnte dabei an ihre Bezeichnung als ›Prophetin‹ in Ex 15,20 angeknüpft sein. Von Aaron ist sonst nicht bekannt, dass er selbständig das Wort JHWHs empfangen hätte. Noth fragt: »Wurde er vielleicht nur im hiesigen Zusammenhang als männlicher Partner Mirjam beigesellt, weil das in diesem Falle erwünscht schien und weil er als eine bekannte Gestalt aus der Umgebung Moses für diese Rolle geeignet war?«[108] JHWH hört die Vor-

---

108 Noth, *Numeri*, 84.

würfe Mirjams und Aarons gegen Mose und greift sofort ein. Mose übt in v. 3 bescheidene Zurückhaltung (›ein sehr demütiger Mensch‹), während er bei Thomas Mann die Fäuste schüttelt und seine Zornesader anschwillt. Seine einzigartige Auszeichnung kann nur als Gabe JHWHs verstanden werden.

Nach den Versen 4+5 beordnet JHWH die drei Protagonisten zum Begegnungszelt, das sich außerhalb des Lagers befand und zu dem JHWH herabkommt, um von dort aus zu reden.»Aaron und Mirjam werden zum Hervortreten aufgefordert, um die entscheidende göttliche Antwort auf ihr unzufriedenes Gerede zu empfangen, während Mose, obwohl auch er die göttliche Entscheidung mit anhören soll, im Hintergrund bleibt.«[109] Mirjam (und mittelbar auch Aaron) konnten schon behaupten, das Wort Gottes zu empfangen. Zumindest Mirjam wird ja in Ex 15,20 als *nebhi'ah* (Prophetin) bezeichnet. Das berechtigt sie beide aber nicht dazu, sich mit Mose auf eine Stufe zu stellen. Redet Gott mit den Propheten in Traumgesichten, so redet er mit Mose ›von Mund zu Mund‹ (Deut 34,10: ›von Angesicht zu Angesicht‹), wie mit einem Gleichgestellten. Mose ist zwar Prophet, doch überschreitet er zugleich die Grenzen dieses Amtes, wie Perlitt (s. o.) gezeigt hat. Seine Rolle als Knecht des HERRN (*äbhäd JHWH*) ist eine Rolle sui generis, vielleicht schon eher als königlicher denn als prophetischer Knecht aufzufassen. Hat sich unter dem Gesichtspunkt der innerbiblischen Gedächtnisgeschichte in Num 11 das ekstatische Prophetentum in die Bibel eingeschrieben, so könnten in Num 12 eher monarchische Interessen den Ausschlag gegeben haben.[110] Mit der Gottesrede von Kap. 12, ausgelöst durch die Vorwürfe Mirjams und Aarons, soll»die Konsequenz abgewehrt werden, als sei Mose nichts anderes als ein ›(ekstatischer) Prophet‹ gewesen. Er war *viel mehr*; Jahwe hatte ihn zu seinem intimen Vertrauten gemacht.«[111]

XVII. Die Bestrafung Mirjams

Num 12,9–16, die Bestrafung der Mirjam, bearbeitet Thomas Mann in der Novelle zu Beginn des Kapitels XVII. Während Mose also im Begriffe steht zu ›explodieren‹, stiehlt ihm Gott die Show. Es kommt zu

---

109 Noth, *Numeri*, 85.
110 Vgl. Porter, *Moses and Monarchy*, s. o.
111 Noth, *Numeri*, 86.

einem Vulkanausbruch des Berges Horeb / Sinai, ferner zu einem Erdbeben, das eine riesige Erdspalte aufreißt, die Mirjam und Aaron als für sich bestimmt erkennen und der sie nur ganz knapp entgehen. Die Offenbarung am Berge belehrt sie, dass sie zu weit gegangen sind mit ihrer Kritik an Mose. Sie rufen Mose um Gnade an – wobei sie sich noch gegenseitig die Schuld in die Schuhe schieben, also nicht wirklich geläutert sind. »Aaron rief: ›Ach, mein Herr, dieses Weib, meine Schwester, hat häßlich gefaselt, nimm doch meine Fürbitte an und laß die Sünde nicht auf ihr bleiben, womit sie sich versündigt hat an dem Gesalbten des Herrn.‹« (XVII / 391) Der Gesalbte JHWHs in Israel ist der König; also findet sich auch bei Thomas Mann die monarchische Deutung der Knechtesrolle Moses. Das wird am schönsten deutlich in der Geschichte von der Verschonung Sauls durch David in der Höhle von En-Gedi am Westufer des Toten Meeres 1. Sam 24:

5 Da sprachen die Männer Davids zu ihm: Siehe, das ist der Tag, von dem der HERR zu dir gesagt hat: Siehe, ich will deinen Feind in deine Hände geben, dass du mit ihm tust, was dir gefällt. Und David stand auf und schnitt leise einen Zipfel vom Rock Sauls.

6 Aber danach schlug ihm sein Herz, dass er den Zipfel vom Rock Sauls abgeschnitten hatte,

7 und er sprach zu seinen Männern: Das lasse der HERR ferne von mir sein, dass ich das tun sollte und meine Hand legen an meinen Herrn, den *Gesalbten des HERRN*; denn er *ist* der *Gesalbte des HERRN*.

8 Und David wies seine Männer von sich mit harten Worten und ließ sie sich nicht an Saul vergreifen. (Lutherbibel)

»Und Mirjam schrie auch zu Mose und sprach: ›Herr, man konnte nicht törichter reden als mein Bruder Aaron getan. Vergib ihm doch, und laß die Sünde nicht auf ihm bleiben, damit nicht Gott ihn verschlinge, weil er dich so lose mit deiner Mohrin geneckt!« (XVII / 391f) An dieser Stelle bereitet Thomas Mann eine Wende in seiner Novelle vor, die von der Bibel abweicht. Wir müssen bedenken, dass Manns Israeliten ja noch nicht am Sinai gewesen sind, während sie ihn in Num 12 schon hinter sich haben. Dazu tritt bei Mann noch die bekannte rationalistische Wunderkritik: »Mose war nicht ganz sicher, ob wirklich Jahwe's Kundgebung den Geschwistern galt und ihrer Lieblosigkeit, oder ob es sich nur so traf, daß er eben jetzt an ihn seinen Ruf ergehen ließ, damit er wegen des Volks und des Bildungswerks mit ihm rede, – denn solches Rufs war er stündlich gewärtig.« (XVII / 392)

Mose lässt also bei Thomas Mann die Halbgeschwister bei ihrer Annahme und kündigt an, zu Gott auf den Berg steigen zu wollen.

»Denn längst schon weiß ich, daß Er alles, was ich sie gelehrt zu ihrer Heiligung vor ihm, dem Heiligen, ins Bündige bringen will und ins Ewig-Kurzgefaßte, damit ich's herniedertrage zu euch von Seinem Berge und das Volk es besitze im Stiftszelt, mit der Lade zusammen, dem Ephod und der Ehernen Schlange.« (ebd) Damit verlässt der Dichter den Erzählfaden von Num 12, den wir zunächst weiter verfolgen wollen.

Es fällt auf, dass in Num 12,9–15 die Strafe für die Rebellion gegen Mose nur Mirjam trifft. Aaron, der sich mit ihr solidarisiert und Fürbitte bei Mose leistet, ist doch eher – schon in Vers 1 – eine Nebenfigur. »Aaron [...] bezeichnet seine mit Mirjam gemeinsame Mißgunst gegen Mose zwar als eine ›Verfehlung‹, aber doch als eine nur aus ›Torheit‹ begangene Verfehlung, um durch eine Fürbitte Moses die Aufhebung der Bestrafung Mirjams zu erwirken.«[112] Und Mose schreit in der Tat zu JHWH und leistet Fürbitte für die ›aussätzige‹ Mirjam. Dass es sich bei der Hautkrankheit *zara'at* wohl doch nicht um Lepra handelt, hatten wir im Anschluss an Milgrom bereits diskutiert (s. o.). In einem solchen Fall wird man nach Lev 13,4 und 14,3 für sieben Tage zur Quarantäne aus dem Lager ausgeschlossen.

Im Falle Mirjams handelt es sich aber nicht um Quarantäne, sondern um eine Strafmaßnahme. Dazu wird eine Analogie bemüht. Wenn ein Vater seiner Tochter für ein Vergehen – das hier ungenannt bleibt – ins Gesicht gespuckt hat, wird sie für sieben Tage aus dem Lager ausgeschlossen. Dies wird auch im Falle Mirjams angewandt. Nach Noth soll wahrscheinlich »die Milde der göttlichen Entscheidung deutlich gemacht werden, die Mirjam nur so bestraft, wie ein Mädchen bestraft würde, das sich eines Vergehens schuldig gemacht hatte, das zwar beschämend, aber doch so geringfügig war, daß die verhältnismäßig leichte Strafe des siebentägigen Ausschlusses genügte, während Mirjam sich gegen den Vertrauten Jahwes gewandt hatte, wofür sie eigentlich mit lebenslänglichem Aussatz hätte bestraft werden müssen.« (ebd) Nach sieben Tagen wird Mirjam wieder ins Lager aufgenommen, und die Israeliten, die so lange gewartet haben, ziehen nach einer Itinerarnotiz von Hazerot in die Wüste Paran weiter.

Thomas Mann weitet an dieser Stelle die Erzählung mit nichtbiblischen Details aus, besonders, was die Rolle des Joschua betrifft. Nach dem Vulkanausbruch und einigen Nachbeben schlottern dem Volke die Knie. Aber Mose verkündet seine Entschlossenheit, zu JHWH auf den

---

112 Noth, *Numeri*, 86.

Berg zu steigen und das ›Ewig-Kurzgefasste‹, ›Gottes Gesetz‹ herabzubringen. Moses Hoffnung ist, dass, wenn sie es einmal schriftlich hätten, sie es vielleicht doch eher halten würden.

Zu diesem Zweck soll das Volk sich heiligen »und ihre Kleider waschen und sich ihrer Weiber enthalten, denn morgen sollten sie ausziehen aus Kadesch in die Wüste, näher zum Berge, und sollten ihm gegenüber ein Lager aufschlagen und da auf ihn warten, bis er vom furchtbaren Stelldichein zu ihnen zurückkäme und ihnen vielleicht etwas mitbrächte.« (XVII / 393) Während Mose für das Geistliche zuständig ist, muss sich Joschua um das Praktische kümmern für den ›Volksausflug‹, z. B. um die Versorgung mit Nahrungsmitteln, den Bau des Lagers und den Schutzzaun um den Berg, damit sich ihm niemand nahe. Kaleb, seinen Leutnant, lässt er mit einer ›Polizei-Abteilung‹ zum Schutze der Oase zurück. Nach drei Tagen sind die logistischen Vorbereitungen so weit gediehen, dass man ziehen kann. Was der Dichter hier an biblischem Material verwendet, stammt aus Ex 19:

10 Und der HERR sprach zu Mose: Geh hin zum Volke und heilige sie heute und morgen, dass sie ihre Kleider waschen

11 und bereit seien für den dritten Tag; denn am dritten Tag wird der HERR herabfahren vor allem Volk auf den Berg Sinai.

12 Und zieh eine Grenze um das Volk und sprich zu ihnen: Hütet euch, auf den Berg zu steigen oder seinen Fuß anzurühren; denn wer den Berg anrührt, der soll des Todes sterben.

13 Keine Hand soll ihn anrühren, sondern er soll gesteinigt oder erschossen werden; es sei Tier oder Mensch, sie sollen nicht leben bleiben. Wenn aber das Widderhorn lange tönen wird, dann soll man auf den Berg steigen.

14 Mose stieg vom Berge zum Volk herab und heiligte sie, und sie wuschen ihre Kleider.

15 Und er sprach zu ihnen: Seid bereit für den dritten Tag, und keiner rühre eine Frau an. (Lutherbibel)

Joschua ist rührend besorgt um Mose und verspricht, ihn gelegentlich auf dem Berg zu besuchen und zu verproviantieren. Damit erklärt Thomas Mann wieder rationalistisch, wie Mose vierzig Tage auf dem Berg verbringen konnte ohne zu verhungern. Auch solle sich Mose »nicht zu unmittelbar an Jahwe herantrauen und sich vor der heißen Schmelzbrühe hüten, die an den Seiten des Berges hinunterlief.« (XVII / 394) Gemeint ist die Lava, die seit der Eruption aus dem Krater herausläuft.

Der angesprochene Bibeltext Ex 19 ist Teil verschiedener größerer Texteinheiten. Erstens ist er das erste Kapitel der so genannten Sinai-

148

perikope, die von Ex 19,1 bis Num 10,11 reicht, zweitens der Anfang der so genannten Sinaitheophanie Ex 19–40 und drittens die Eröffnung des Kernbereiches dieser Theophanie Ex 19–24. Diesen Kernbereich gliedert Dohmen[113] in vier Teile:

1. Ex 19,1–25: Ankunft, Vorbereitung und Theophanie am Sinai
2. Ex 20,1–21: Der Dekalog
3. Ex 20,22–23,33: Anweisungen für den Bund
4. Ex 24,1–18: Bundesurkunde und Bundesschluss

Diese knappe Übersicht gibt nach Dohmen zu erkennen,»dass der Abschnitt Ex 19–24 die wichtigsten Elemente des Geschehensablaufes der gesamten Sinaiperikope – wie z. B. Theophanie, Geschichte, Gesetz, Bund, Kult – schon aufgreift, so dass dieser Abschnitt sich als *Eröffnung* in Bezug auf das Ganze darstellt. Insofern alle wichtigen Themen der Sinaiperikope hier schon begegnen, drängt der Abschnitt auch zur Fortsetzung in den nachfolgenden Teilen.« (ebd)

In Ex 19,10 soll sich das Volk ›heiligen‹; als praktische Maßnahme bedeutet das zunächst einmal das Waschen der Kleider und die Enthaltung vom Geschlechtsverkehr. Aber der Ausdruck bedeutet viel grundsätzlicher die Wahrnehmung einer Differenz zwischen ›heilig‹ und ›profan‹, ›rein‹ und ›unrein‹, die für die Begegnung mit Gott notwendig ist. Dieses Phänomen lässt sich auch in der christlichen Tradition beobachten, nämlich im Anlegen der besten Kleidung für den sonntäglichen Kirchgang (Trachten in bestimmten Regionen) und in der Enthaltung vom Geschlechtsverkehr vor dem Empfang der Kommunion. Vor dem Betreten von Moscheen und hinduistischen Tempeln werden die Schuhe abgelegt und oft die Füße gewaschen. Die Unterscheidung von ›heilig‹ und ›profan‹ ist somit ein interreligiöses Phänomen. Vor dem Dom von Palermo sah ich einmal einen amerikanischen Touristen, der beim Verlassen der Kirche sein Mütze wieder *abnahm* – und sich damit als Jude erwies.

Die Grenze zwischen ›heilig‹ und ›profan‹ kann nicht ohne Folgen missachtet werden (Zaun). Die Vorbereitung, hier Reinigung und Heiligung, ruft dem Menschen diese Grenze ins Bewusstsein, und zwar als Berührungspunkt. Dohmen kommentiert dies im Anschluss an die jüdische Auslegungstradition[114] wie folgt:»Insofern sind die in der Bibel

---

113 *Exodus 19–40*, 43.
114 Franz Rosenzweig, *Der Stern der Erlösung*, Frankfurt 1988, 427; Benno Jacob, Kom. z. St.; Cassuto, Kom. z. St.

häufig zu findenden Trennungen von heilig und profan bzw. rein und unrein primär nicht als negative Ausgrenzungen zu verstehen, sondern als solche Ermöglichung der Begegnung mit dem Göttlichen.«[115] Wird der heilige Ort ausgegrenzt (hier: durch den Zaun; Kirchen, Moscheen, Tempel), so in Ex 19,11 mit dem ›dritten Tag‹ auch die heilige Zeit. Als Zwölfjähriger habe ich einmal in einer reformierten Kirche in Holland erlebt, dass die Zigaretten erst zu Beginn des Gottesdienstes gelöscht wurden – Aschenbecher waren an der Rückseite der Kirchenbänke angebracht! Hier gab es offensichtlich kein Gefühl für den heiligen Ort mehr, aber eine rudimentäre Vorstellung der heiligen Zeit war noch vorhanden. Auf das natürliche religiöse Empfinden eines Kindes wirkte dies abstoßend.

Wenn die Israeliten zur Heiligung in Ex 19 drei Tage ansetzen – nach unserer Zählweise dürften es eher etwas über 48 Stunden gewesen sein – so bedeutet dies nicht, dass sie zum Waschen und Reinigen der Kleider so lange gebraucht hätten. Es geht vielmehr darum, diese Zeit den alltäglichen Geschäften zu entziehen, sich auf die Theophanie (= Gotteserscheinung) vorzubereiten. Das gleiche Prinzip gilt für den Schabbat und die Unterscheidung von heiliger und profaner Zeit in allen Religionen (Westermann). »Da nach biblischem Verständnis der Tag mit dem Abend beginnt« – der jüdische Schabbat beginnt z. B. am Freitagabend – »ist der erste Tag der Vorbereitung, an dem Gott den Befehl dem Mose gibt (V. 10), schon angebrochen, der zweite Tag ist dann der einzig vollständige, der von allem anderen frei ist, sowohl in der Nacht- als auch in der Tagphase, während nach der ersten Phase (Nacht) des dritten Tages am Morgen (V. 16) schon die Theophanie beginnt.«[116]

Dadurch, dass Gott den Berg zeitlich und räumlich für seine Offenbarung in Anspruch nimmt, wird er heilig und muss durch den Schutzzaun vom profanen Bereich abgegrenzt werden. Wird diese Heiligkeit durch Mensch oder Tier absichtlich oder unabsichtlich verletzt, muss der betreffende Mensch und das betreffende Tier getötet werden, nicht als Strafe, sondern um nicht andere zu kontaminieren. »Da Nähe nur vom Unterschiedenen, also von Distanz her denkbar ist, setzt auch die besondere Nähe, die Gott bereit ist, seinem Volk am Sinai zu gewähren, voraus, dass das Volk die Distanz wahr- und ernst nimmt. Nur aus

115 Dohmen, *Exodus 19–40*, 67.
116 Dohmen, *Exodus 19–40*, 67.

dieser Wahrnehmung heraus kann es zur Begegnung kommen.«[117] Die Heiligkeit des Berges ist aber in Ex 19 keine dauerhafte, sondern nach Ertönen des Widderhornes darf und soll das Volk den Berg betreten.

XVIII. Die Tafeln

In der Mannschen Novelle macht sich Mose nun auf den Weg zum Berg. »Den dritten Tag gelangte der Berufene über Vorhöhen an des Berges rauhen Fuß: da begann er hinaufzusteigen, die Faust um den Wanderstab geschlossen, den er vor sich her setzte, und stieg ohne Weg und Steg, durch geschwärztes, verbrühtes Gebüsch hindurch, manche Stunde lang Schritt vor Schritt immer höher in Gottes Nähe soweit, wie eben ein Mensch es vermochte, denn allmählich benahmen die schweflig nach heißen Metallen riechenden Dämpfe, von denen die Luft erfüllt war, ihm den Atem, und Husten befiel ihn.« (XVIII / 394) Hier sind wir nun plötzlich in Wagners ›Ring des Nibelungen‹. »Der Ort im ersten Aufzug des ›Siegfried‹ ist eine ›Felsenhöhle‹, mit einem ›großen Schmelzherd‹ im Hintergrund, einem ›Blasebalg‹.«[118] So nehmen auch die schwefligen heißen Dämpfe am Sinai dem Mose den Atem, und er muss husten. »Hier fand der hustende Mose eine Höhle in der Bergwand, mit vorspringendem Felsdach.« (XVIII / 395)

Vierzig Tage und vierzig Nächte braucht Mose zu seinem Werk. »Warum aber so lange?« fragt der Dichter. »Müßige Frage! Das Ewig-Kurzgefaßte, das Bündig-Bindende, Gottes gedrängtes Sittengesetz galt es zu befestigen und in den Stein Seines Berges zu graben, damit Mose es dem wankelnden [sic!] Pöbelvolk, seines verscharrten Vaters Blut, herniedertrage in das Gehege, wo sie warteten, und es unter ihnen stehe, von Geschlecht zu Geschlecht, unverbrüchlich, eingegraben auch in ihre Gemüter und in ihr Fleisch und Blut, die Quintessenz des Menschenanstandes.« (ebd) Die Offenbarung kommt bei Thomas Mann aus dem Inneren Moses: »Gott befahl ihm laut aus seiner Brust, zwei Tafeln zu hauen aus dem Berg und das Diktat hineinzuschreiben, fünf Worte auf die eine und fünf auf die andere, im ganzen zehn Worte.« (ebd) Es sind natürlich auch im Hebräischen mehr als nur zehn Worte, aber Thomas Mann spielt wohl hier auf die gängige jüdische Bezeichnung für den Dekalog ›Die Zehn Worte‹ (Buber: Das Zehnwort) an.

---

117 Dohmen, *Exodus 19–40*, 69.
118 Strohm, *Selbstreflexion*, 348.

Aber wie schreiben? In ägyptischer Schrift oder babylonischen Hieroglyphen? Alle altorientalischen Silbenschriften sind an ihre bestimmten Sprachen gebunden und daher für den Mannschen Mose ungeeignet, will er doch ein universales Ethos aufschreiben, das auch einfache Gemüter lesen können sollten. Hier half Auerbach dem Dichter mit einer kühnen Idee, die Thomas Mann aufnahm. Dass sie wissenschaftlich unhaltbar war, störte ihn nicht (Smend s. o.). Auerbach und Mann machen Mose zum Erfinder der Buchstabenschrift – worauf sonst eher die Phöniker Anspruch haben. Vielleicht beruft sich Auerbach hier auf einen jüdischen Autor des 2. Jh.s v. Chr. mit Namen Eupolemos, der wohl in Palästina wirkte. Dieser Eupolemos »beschrieb Mose nicht nur als Gesetzgeber, sondern als exemplarischen Weisen, der die Schreibkunst erfunden habe, die von den Juden über die Phönizier zu den Griechen gelangt sei.«[119]

Nach Käser zeigt gerade das Dekalogkapitel (XVIII) »starke Abhängigkeiten von Auerbach. Besonders augenscheinlich ist die Formulierung des Dekalogs, die – abgesehen von geringfügigen stilistischen Änderungen – von Auerbach übernommen ist. Der Gedanke, daß Mose die Buchstabenschrift erfunden hat, ist angeregt durch Auerbachs Abschnitt über die Schrift: »(Es ist) ›in der Tat wahrscheinlich, daß die Israeliten der mosaischen Zeit die Schöpfer der Buchstabenschrift sind‹, wobei dies ›vermutlich die Tat eines einzigen genialen Kopfes war.‹«[120] In einer Anmerkung weist Käser darauf hin, dass Thomas Mann das erste Zitat mit einem Ausrufungszeichen versehen und in der zweiten Hälfte unterstrichen hat. Das zweite Auerbach-Zitat hat er komplett unterstrichen. Die Übernahme von Auerbachschen Formulierungen und Details durch den Dichter lässt sich nach Käser »noch bei der doppelten Beauftragung Moses am Dornbusch, in der Schlacht mit Amalek, bei der Beschreibung der Stiftshütte, beim Rat Jethros, beim Tanz um das Goldene Kalb und an vielen weiteren Stellen der Erzählung nachweisen.«[121]

Manns Mose muss den Dekalog natürlich in der Mundart seines Volkes schreiben, »in der er es sittlich bearbeitete, – ob sie's nun würden ablesen können oder nicht. Und wie sollten sie's ablesen, da man es schon gleich garnicht schreiben konnte und ein Bedeutungszauber für ihre Rede schlechterdings nicht zur Hand war?« (XVIII / 396) Mit der

---

119 E. Otto, *MOSE. Geschichte und Legende*, 82f.
120 Käser, *Redaktor*, 134.
121 *Redaktor*, 134f.

Hilfe der Nähe Gottes muss sich Mose die Schrift ausdenken. »Denn ausgedacht und erfunden mußte die Schriftart sein, da sie nicht vorhanden war.« (ebd)

Da hilft eigentlich nur ›eine Idee mit Hörnern‹, wie wir gleich feststellen werden. »Was für eine drängende und gedrängte Aufgabe! Er hatte sie im Voraus garnicht erwogen, hatte nur ›Schreiben‹ gedacht und nicht bedacht, daß man so ohne weiteres garnicht schreiben könne. Sein Kopf glühte und rauchte davon wie ein Ofen und wie der Gipfel des Berges, befeuert vom inbrünstig volkstümlichen Wunsche. Ihm war, als gingen ihm *Strahlen* vom Kopf, als träten ihm *Hörner* oben aus der Stirn vor wünschender Anstrengung und einfacher Erleuchtung.« (XVIII / 396f; kursiv von mir) Und Thomas Mann reitet noch weiter auf dem Thema herum: »*Hörner* standen ihm ab von der Stirn vor Stolz auf den Gotteseinfall. [...] Ein Gotteseinfall. Eine Idee mit *Hörnern*.« (XVIII / 397) »Und immer war ihm dabei, als stünden ihm *Strahlen* gleich einem Paar *Hörner* aus dem Stirnhaar hervor.« (XVIII / 399) Da haben wir ihn also, den gehörnten Mose Michelangelos aus San Pietro in Vincoli!

Michelangelo, *Moses*. Rom, S. Pietro in Vincoli; Marmor, Höhe 2,35m; Detail. Aus: Michelangelo. *Architettura, pittura, scultura*; Milano 1964.

Was hat es also mit den Strahlen und den Hörner bei Michelangelo und Thomas Mann auf sich? Das hebräische *qärän* (Dual *qarnayim*) hat eine Doppelbedeutung, ›Strahl‹ und ›Horn‹. Die Vulgata (Hieronymus) – Michelangelos Bibel – übersetzt fälschlich ›Hörner‹ statt ›Strahlen‹. Der Dichter spielt mit der Doppelbedeutung, ›als gingen ihm Strahlen vom Kopf, als träten ihm Hörner oben aus der Stirn‹. Und als absolute Krönung: ›ein Gotteseinfall, eine Idee mit Hörnern‹! Nach Eckart Otto kannte Thomas Mann »die kunsthistorische These, Mose solle durch das Hörnerattribut mit Gott identifiziert werden, gottgleich, und bezog sie unter Anknüpfung an das antike Bild des Mose als Kulturschöpfer auf den kulturhistorischen Schöpfungsakt der hebräischen Buchstabenschrift als Konsonantenschrift.«[122]

Worin besteht nun dieser Gotteseinfall? Es ist – nach Auerbach – die Erfindung der Buchstabenschrift, und zwar als einer reinen Konsonantenschrift, wobei die Vokale durch kleine Punkte usw. oberhalb und unterhalb der Konsonanten angezeigt werden. »Auch der umgebenden Geräuschlaute waren es nicht übermäßig viele, kaum zwanzig; und wenn man ihnen Zeichen verlieh, die, zum Hauchen und Fauchen, zum Mummeln und Rummeln, zum Platzen und Schmatzen nach Übereinkunft aufforderten, so konnte man sie, unter Aussparung der Grundlaute, die sich von selbst aus ihnen ergaben, zu Worten und Dingbildern zusammenfügen, – zu jedem beliebigen, zu allen, die es gab, nicht nur in der Sprache des Vaterbluts, sondern in allen Sprachen, – man hätte sogar ägyptisch und babylonisch damit schreiben können.« (XVIII / 397)

Warum aber ist es dem Dichter so wichtig, dass die Worte in den Sprachen aller Völker geschrieben werden können? Weil JHWH »der Gott der Welt war allenthalben, so war auch, was Mose zu schreiben gedachte, das Kurzgefaßte, von solcher Art, daß es als *Grundweisung und Fels des Menschenanstandes* dienen mochte unter den Völkern der Erde – allenthalben.« (XVIII / 397f; kursiv von mir) Es geht also um das Universalethos im Sinne der Tübinger Theologen (Küng, Kuschel, Mennicken). Hier ist der Kontext von Nazideutschland in der Novelle deutlich greifbar: Es gibt eine verpflichtende ›Grundweisung des Menschenanstandes‹ – für alle Völker, überall und zu allen Zeiten. Der Hitlerismus hat sich mit seiner Ableugnung des Dekalogs aus der Gemeinschaft der zivilisierten Menschheit verabschiedet und seine An-

---

122 E. Otto, *MOSE. Geschichte und Legende*, 109.

hänger sind zu Unmenschen geworden. Die Erziehung des Menschengeschlechtes im Lessingschen Sinne ist an ihnen vorbeigegangen.

Nachdem Mose also in der Novelle seine Buchstabenschrift entworfen hat –»in loser Anlehnung an die Marken der Sinaileute« (XVIII / 398) – stichelt, meißelt und spachtelt er los. Und es ist nicht verwunderlich, dass dies alles vierzig Tage dauert. Wie aber hat Mose die vierzig Tage auf dem Berg durchgehalten?»Ein paar Mal kam Joschua, sein Jüngling, zu ihm hinauf, um ihm Wasser und Fladen zu bringen, ohne daß das Volk es gerade zu wissen brauchte; denn es dachte, Mose lebte dort oben von Gottes Nähe und seinem Gespräch allein, und aus strategischen Gründen wünschte es Joschua, es bei dieser Annahme zu lassen. Darum waren seine Besuche nur kurz und geschahen bei Nacht.« (ebd) So gibt Thomas Mann wieder eine rationalistische Erklärung im Geiste Schillers, indem er die fromme Deutung ›des Volkes‹ ironisiert.

Der Dichter zeichnet nun ein Bild von Mose dem Bildhauer – Michelangelo pur.»Man muß ihn sich vorstellen, wie er dort oben saß, mit bloßem Oberleib, die Brust mit Haaren bewachsen und von sehr starken Armen, die er wohl von seinem mißbrauchten Vater hatte, – mit seinen weit stehenden Augen, der eingeschlagenen Nase, dem geteilten, ergrauten Bart, und, an einem Fladen kauend, zuweilen auch hustend von den Metalldämpfen des Berges, im Schweiße seines Angesichts die Tafeln behaute, abmeißelte, glatt scheuerte, wie er vor den an die Felswand gelehnten kauerte und sorglich im Kleinen schuftend seine Krähenfüße, diese alles vermögenden Runen in die Flächen einsenkte, nachdem er sie mit dem Stichel vorgezeichnet.« (ebd)

Zurück zu Ex 19. In den Versen 16ff beginnt die Schilderung der Gotteserscheinung, der Theophanie auf dem Berg. Im Alten Testament kann man nach Westermann zwischen *Epiphanien* und *Theophanien* unterscheiden. Bei einer Epiphanie erscheint Gott in Sturm und Gewitter am Ort der Not seines Volkes, z. B. in der Deboraschlacht (Richter 5). Bei der Theophanie offenbart sich Gott auf seinem heiligen Berge, seinem Wohnsitz. Nun scheinen aber in Exodus 19 diese Vorstellungen verbunden zu sein, indem die Heiligkeit des Ortes keine dauernde ist, sondern nach der Offenbarung mit dem Klang des in Vers 13 genannten Widderhornes endet. Gott kommt aber auch nicht zur Rettung seines Volkes wie in Ri 5 (Epiphanie), sondern um seinen Willen zu offenbaren. Gewitter, Sturm und Wolken gehören eher zu Bildersprache der Epiphanie, der Vulkanausbruch zur Theophanie. Das Erklingen des Schophar begleitet die Theophanie (Verse 16.19), während das in Vers 13 genannte Widderhorn ihr Ende anzeigt. Man sollte sie daher nicht identifizieren, wie einige Kommentatoren dies tun. Nach Vers 18 kommt Gott ›im Feuer‹ herab. In dem parallelen Text, Elija am Gottesberg, I Könige, ebenfalls im Kapitel 19, wird in Vers 12 ausdrücklich festgestellt, dass Gott ›nicht im Feuer‹ war. Will die Prophetie hier das Offenbarungsverständnis der Sinaitheophanie korrigieren? Nach Dohmen deuten jedoch die Einzelheiten des Textes an,»dass nicht die Opposition im Vordergrund steht. Gerade aus der aufeinander bezogenen Stilisierung von Mose und Elija lässt sich erkennen, dass der eine nicht den anderen ersetzen will, sondern seine Bedeutung von jenem her bekommt. So gesehen steckt in der Gottesbegegnung des Elija eine Anerkennung des Einmaligen der Gottesbegegnung des Mose, denn diese scheint sich nicht einmal bei Elija wiederholen zu lassen.«[123] Dem Elija offenbart sich Gott in einer ›Stimme schwebenden Schweigens‹ (Buber) – ›a still small voice‹, wie es in den englischen Bibelübersetzungen heißt.

Während der Schophar (Luther: ›Posaune‹) erklingt, ›antwortet‹ Gott nach Vers 19 dem Mose. Mose ist also nicht nur Offenbarungsmittler in dem Sinne, dass er dem Volk den Willen Gottes verkündet, sondern er stellt auch Fragen und bringt die Bitten des Volkes vor Gott, der darauf antwortet. Die Verse 20–24 enthalten so etwas wie ein abgestuftes Raumkonzept der Heiligkeit, das hier zunächst den Berg, aber damit auch das Begegnungszelt und den späteren Tempel betrifft. Denn der Tempel ist nicht als nach dem Begegnungszelt entworfen zu denken, sondern – vielmehr umgekehrt – der Tempel wird in das Begegnungszelt und hier auf den Berg zurückprojiziert: Der Gipfel (Mose) – der Zwischenraum am Fuß des Berges – vor dem Zaun (das Volk). Blum ist daher zuzustimmen, wenn er meint, die»spätere kultische Sonderstellung des Hohenpriesters« sei hier »in einer gegenüber der gesamten übrigen Sinaiüberlieferung singulären Weise [...] in der Ursprungstradition verankert.«[124] Der Einwand Dohmens[125], dass gerade der Vers 24 nicht Aaron etwas Besonderes zuerkennt, sondern Aaron dem Mose zuordnet – und das wohl deutlich sekundär – trifft nicht, denn die innerbiblische Gedächtnisgeschichte kennt Mose auch als Erzpriester, etwa bei der Schlacht um Kadesch Ex 17,8–16, wo Aaron ebenfalls nur Hilfsdienste verrichtet. Das Privileg des Hohenpriesters leitet sich in diesem Falle also nicht von Aaron, sondern von Mose ab.

---

123 *Exodus 19–40*, 78f.
124 Blum, *Komposition*, 49.
125 *Exodus 19–40*, 75.

Was die Raumordnung von Ex 19,21–24 und die darin implizierten Grade der Heiligkeit für einen Sinn haben, ergibt sich aus Ex 24:

1 Und zu Mose sprach er: Steig herauf zum HERRN, du und Aaron, Nadab und Abihu und siebzig von den Ältesten Israels, und betet an von ferne.

2 Aber Mose allein nahe sich zum HERRN und lasse jene sich nicht nahen, und das Volk komme auch nicht mit ihm herauf. (Lutherbibel)

Hier sieht man deutlich die Dreiergliederung: Mose darf bis zum Gipfel aufsteigen, Aaron, Nadab, Abihu und die siebzig Ältesten bis in den Zwischenraum, das Volk hat unten zu bleiben. Und, so sieht es auch Dohmen,»eine Sonderstellung Aarons kommt hier gerade nicht zum Tragen.«[126]

Den schwer verständlichen Vers 25 (›Und Mose stieg hinunter zum Volk und sagte es ihm‹) versteht Dohmen als eine Art Metaebene,»die den Akteuren der Erzählung nicht zugänglich ist, also reine Leserinformation darstellt. Das ist unabhängig von dem – offensichtlichen – Befund, dass der Dekalog hier nicht in den ursprünglichen Erzählzusammenhang gehört, im Blick auf das Verständnis des Nachfolgenden wichtig.«[127] Damit haben wir in der Bibel wie in der Novelle den Punkt der Mitteilung des Dekalogs erreicht.

Wie wir schon wissen, hat sich Thomas Mann in der Novelle mit seinen Formulierungen stark an Auerbachs ›Wüste und gelobtes Land‹ angelehnt. Käser[128] hat beide Versionen gegenüber gestellt:

Thomas Mann	Elias Auerbach
Ich, Jahwe, bin dein Gott; du sollst vor mir keine anderen Götter haben.	Ich, Jahwe, bin dein Gott; du sollst keine anderen Götter vor mir haben.
Du sollst dir kein Gottesbild machen.	Du sollst dir kein Gottesbild machen.

126 *Exodus 19–40*, 76.
127 *Exodus 19–40*, 77.
128 *Redaktor*, 156f.

Du sollst meinen Namen nicht liederlich führen	Du sollst den Namen Jahwes deines Gottes nicht zu unlauterem Zweck aussprechen.
Meines Tages gedenke, daß du ihn heiligst.	Gedenke des Sabbat-Tages, ihn zu heiligen.
Ehre deinen Vater und deine Mutter.	Ehre deinen Vater und deine Mutter.
Du sollst nicht morden.	Du sollst nicht morden.
Du sollst nicht ehebrechen.	Du sollst nicht ehebrechen.
Du sollst nicht stehlen.	Du sollst nicht stehlen.
Du sollst deinem Nächsten nicht Unglimpf tun als ein Lügenzeuge.	Du sollst nicht aussagen gegen deinen Nächsten als Lügenzeuge.
Du sollst kein begehrliches Auge werfen auf deines nächsten Habe.	Du sollst nicht begehren deines Nächsten Weib noch Haus.

Hier sieht man noch einmal schön die ›Montage‹ Auerbachscher Stücke durch Thomas Mann. Diese Gebote lässt der Dichter also seinen Mose in Konsonantenschrift unter Auslassung der Vokale schreiben. Und noch ein letztes Mal genießt Mann die Anspielung auf die doppeldeutigen *qarnayim*:»Und immer war ihm dabei, als stünden ihm *Strahlen* gleich einem Paar *Hörner* aus dem Stirnhaar hervor.« (XVIII / 399; kursiv von mir) Inhaltlich haben wir die Einzelgebote ja bereits abgehandelt, in der Novelle wie in der Bibel (s. o.).

Bei seinem letzten Besuch – vor ihrem gemeinsamen Abstieg – bleibt Joschua etwas länger und bewundert die Arbeit des Meisters. Er tröstet ihn auch wegen einiger missratener Lettern, da»der Gesamteindruck dadurch keinen Abtrag leide.« (ebd) Als Mose dann noch die Buchstaben mangels Farbe mit seinem eigenen Blut ausgemalt und die Tafeln getrocknet hat, steigen sie gemeinsam den Berg hinab.»Als die Schrift trocken war, nahm Mose unter jeden Arm eine Tafel, gab seinen

Stab, an dem er gekommen war, dem Jüngling zu tragen, und so stiegen sie miteinander vom Berge Gottes herab, dem Gehege des Volkes zu, gegenüber dem Berg in der Wüste.« (XVIII / 400)

XIX. Das güldene Kalb

Als sich Mose und Joschua nach dem Abstieg dem Lager des Volkes nähern, hören sie großen Lärm. Es folgt in der Novelle ein herrlicher Dialog, wobei Mose zwar zuerst hört, Joschua aber zuerst spricht: »›Hörst du den seltsamen Krach da‹, fragte er, ›den Tumult, das Getöse? Da ist was los, meiner Meinung nach, eine Rauferei, ein Handgemenge, wenn ich nicht irre. Und es muß heftig und allgemein sein, daß man's hört bis hierher. Ist es, wie ich denke, so ist's gut, daß wir kommen.‹ ›Daß wir kommen‹, antwortete Mose, ›ist jedenfalls gut, aber soviel ich unterscheide, ist das keine Schlägerei und kein Raufgemenge, sondern eine Lustbarkeit und etwas wie ein Singetanz. Hörst du nicht höheres Gejohle und Paukenkrach? Joschua, was ist in die gefahren? Laß uns ausschreiten!‹« (XIX / 400)

Wir verstehen jetzt auch den längeren Aufenthalt des Joschua bei Mose auf dem Berg. In seiner Anwesenheit hätte es nicht zu dieser Entwicklung kommen können:»Die Bescherung war fürchterlich. Als Mose und Joschua das hohe Balkentor des Lagers durcheilten, bot sie sich ihnen dar in schamloser Unzweideutigkeit. Das Volk war los. Es hatte alles abgeworfen, was Mose ihnen heiligend auferlegt, die ganze Gottesgesittung. Es wälzte sich in haarsträubender Rückfälligkeit.« (XIX / 400f) Auch dies schon ein Kommentar zu Hitlerdeutschland.

Auf dem Versammlungsplatz am Lagereingang: »Da stand's. Inmitten der Blöße auf einem Stein, einem Altar-Sockel stand es, ein Bild, ein Machwerk, ein Götzenunfug, ein güldenes Kalb. Es war kein Kalb, es war ein Stier, der richtige, ordinäre Fruchtbarkeitsstier der Völker der Welt. Ein Kalb heißt es nur, weil es nicht mehr als mäßig groß war, eher klein, auch mißgegossen und lächerlich gestaltet, ein ungeschickter Greuel, aber als Stier allerdings nur allzu gut zu erkennen.« (XIX / 401) Um dieses Machwerk wirbelt das Volk wie wild im Kreis:»im Innern aber des Wirbels, vorm Kalbe, sah man Aaron hopsen, in dem langen Ärmelkleid, das er als Verweser der Stiftshütte trug, und das er hoch gerafft hatte, damit er seine langen, haarigen Beine schleudern könnte. Und Mirjam paukte den Weibern vor.« (ebd)

Und auch sonst sieht es beim Volke wüst aus. Sie entleeren sich öffentlich auf den Platz, »des Schäufleins uneingedenk« (ebd). Sie brechen zu Ehren des Kalbes alle Speisegebote und sexuelle Tabus auf einmal – und das in aller Öffentlichkeit. Die schon häufiger erwähnte Zornesader schwillt dem Mose bis zum Platzen, und er stürmt durch die tanzenden Ringe »geraden Wegs zum Kalbe durch, dem Kerne, der Quelle, der Ausgeburt des Verbrechens.« (XIX / 402) Er zerschmettert »das lachhafte Biest« (ebd) mit der ersten Tafel und gibt ihm mit der zweiten den Rest. Und unter Einsatz der bekannten bebenden Fäuste stöhnt er aus tiefster Brust: »Du Pöbelvolk, du gottverlassenes!« – Die Anrede erinnert irgendwie an ›Sauluder dreckats‹, jenes böse Wort, das der unselige Permaneder in den *Buddenbrooks* seiner Frau Toni geb. Buddenbrook entgegenschleudert. –»Da liegt, was ich dir herniedergetragen von Gott, und was Er für dich geschrieben mit eigenem Finger« – nicht ›mit eigener Hand‹, denn gedacht ist wohl an Michelangelos Finger Gottes im Deckengemälde der Sixtinischen Kapelle, obwohl es auch in Ex 31,18 von den Tafeln heißt: die waren aus Stein und beschrieben von dem Finger Gottes (Lutherbibel) – daß es dir ein Talisman sei gegen die Misere der Unbildung! Da liegt's in Scherben bei deines Abgottes Trümmern! Was fang' ich nun an mit dir vor dem Herrn, daß er dich nicht fresse?« (ebd)

Dann nimmt er sich Aaron vor, den Springer, »mit niedergeschlagenen Augen und öligen Löckchen im Nacken, lang und blöde.« (ebd) Er packt ihn am Gewand, schüttelt ihn und spricht: »Wo kommt der güldene Belial her, der Unflat, und was hat das Volk dir getan, daß du es in solches Verderben stößest, wo ich auf dem Berge bin, und *böckelst ihm selber vor im Luderreigen?*« (ebd; kursiv von mir) – eine herrliche Phrase, die auf dionysische Orgien anspielt. Aaron schiebt wie in der Bibel alle Schuld auf das Volk, das nicht mehr mit Moses Rückkehr gerechnet habe – »mit Verlaub gesagt, sie glaubten, sie wären dich los« (XIX / 403) – sie hätten ihm ihre Ohrringe eingehändigt und er habe das ›Kälblein‹ gegossen. »Ganz unähnlich gegossen war's auch noch« (ebd), wirft Mose verächtlich ein. Er ist der Künstler, nicht Aaron!

Nun tritt Mose mit Joschua ins Tor und ruft: »›Her zu mir, wer dem Herrn angehört!‹ Da kamen viele zu ihm, die gesunden Herzens waren und es nicht gern getrieben hatten, und Joschua's Waffenjugend sammelte sich um die Beiden.« (ebd) Was da zerbrochen vor ihnen liegt, das sei die Gabe, die er ihnen mitgebracht habe, »›das Ewig-Kurzgefaßte, der Fels des Anstandes. Die zehn Worte sind's, die ich bei Gott für euch schrieb in eurer Sprache, und schrieb sie mit meinem Blut, mit dem Blut meines Vaters, mit eurem Blute schrieb ich sie. Nun liegt das Mitgebrachte in Scherben.‹ Da weinten viele, die es hörten, und es war ein großes Schluchzen und Schneuzen auf dem Lagerplatz.« (XIX / 404)

Die Tafeln würden sich vielleicht ersetzen lassen, tröstet Mose, »denn der Herr ist geduldig und von großer Barmherzigkeit und vergibt Missetat und Übertretung.« (ebd) Hier spielt Thomas Mann auf die alttestamentliche Gnadenformel an:

Jona 4,2	Exodus 34,6	Thomas Mann
ein gnädiger und barmherziger Gott	HERR, Gott, barmherzig und gnädig	und von großer Barmherzigkeit
langmütig und	und geduldig	Denn der Herr ist geduldig
reich an Huld,	und von großer Gnade und Treue	
und lässt sich das Unheil gereuen.		
	und vergibt Missetat, Übertretung und Sünde.	und vergibt Missetat und Übertretung.

Die klassische Gnadenformel ist vierteilig: gnädig – barmherzig – geduldig – reich an Huld (= von großer Gnade und Treue):

Ps 86,15: Du aber, Herr, bist ein barmherziger und gnädiger Gott, du bist langmütig, reich an Huld und Treue (vgl. Ps 103,8; 145,8).

Die fünfteilige Gnadenformel findet sich nur in Jona 4,2 und Joel 2,13: Teile 1–4 + ›und lässt sich das Unheil gereuen‹.[129] Thomas Mann zitiert offensichtlich aus der vierteiligen Gnadenformel von Ex 34,6 – was sich an der Fortsetzung ›und vergibt Missetat und Übertretung‹ zeigt – übernimmt aber nur die Elemente ›geduldig‹ und ›barmherzig‹. Des Weiteren zitiert Mann Ex 34,7: aber ungestraft lässt er niemand, sondern sucht die Missetat der Väter heim an den Kindern und Kindeskindern bis ins dritte und vierte Glied.

Mose kündigt ein blutiges Gericht an.»Ausgemacht sollen die Rädelsführer sein, die da zuerst nach güldenen Göttern geschrien und

---

129 F. W. Golka, *Jona*, Stuttgart 1991, 90.

frech behauptet haben, das Kalb habe euch aus Ägypten geführt, wo ich
allein es getan habe – spricht der Herr.« (XIX / 404) – Die Verwechslung zwischen Mose und Gott ist Absicht! –»Die sollen des Würgengels sein, und soll nicht die Person dabei angesehen werden. Zu Tode
soll man sie steinigen und mit Geschoß erschießen, und wären's dreihundert!« – In der Bibel sind es Ex 32,28b gleich 3000. Thomas Mann
hat also wieder ›rationalisiert‹. –»Die anderen aber sollen allen
Schmuck von sich tun und trauern, bis ich wiederkehre – denn ich will
wieder hinaufgehen auf Gottes Berg und sehen, was ich allenfalls noch
für dich ausrichten kann, halsstarrig Volk!« (ebd)

Nun aber zur biblischen Version in Ex 32. Die Geschichte besteht
aus vier Szenen, die sich auf zwei Ebenen abspielen:

vv. 1–6   (im Lager / unten): Das Volk und Aaron
vv. 7–14   (auf dem Berg / oben): JHWH und Mose
vv. 15–29 (im Lager / unten): Mose und das Volk
vv. 30–35 (auf dem Berg / oben): Mose und JHWH

Um dies darstellen zu können, brauchte man eigentlich eine zweigeteilte
Bühne, nämlich eine obere und eine untere Bühne. Während Aaron im
Lager nach Aufforderung durch das Volk das Kalb schafft, spricht
JHWH auf dem Berg zu Mose. Da der Erzähler aber nicht beides
gleichzeitig schildern kann, bringt er die zweite Szene als eine *Nachholung*; vgl. Jona 4,5: ›Jona war aber (in der Zwischenzeit) zur Stadt
hinausgegangen.‹[130] Darauf folgen die dritte und die vierte Szene in
chronologischer Reihenfolge.

Bevor wir an die Einzelauslegung von Ex 32 gehen, müssen wir uns
aber noch zwei Bezugstexte ansehen, und zwar zu den Versen 1–4:

Text A – Ex 32:
1. Als aber das Volk sah, dass Mose ausblieb und nicht wieder von
   dem Berge zurückkam, sammelte es sich gegen Aaron und sprach zu
   ihm: Auf, mach uns einen Gott, der vor uns hergehe! Denn wir
   wissen nicht, was diesem Mann Mose widerfahren ist, der uns aus
   Ägyptenland geführt hat.
2. Aaron sprach zu ihnen: Reißet ab die goldenen Ohrringe an den
   Ohren eurer Frauen, eurer Söhne und eurer Töchter und bringt sie zu
   mir.

---

130 Golka, *Jona*, z. St.; N. Lohfink,»Jona ging zur Stadt hinaus (Jon iv, 5)«,
    Biblische Zeitschrift 5, 1961, 185–203.

3. Da riss alles Volk sich die goldenen Ohrringe von den Ohren und brachten sie zu Aaron.

4. Und er nahm sie von ihren Händen und bildete das Gold in einer Form und machte ein gegossenes Kalb. Und sie sprachen: Das ist dein Gott (hebr. *elohim*), Israel, der dich aus Ägyptenland geführt hat. (Lutherbibel)

Das Wort *elohim* im Hebräischen ist ein *plurale tantum* und kann sowohl ›Gott‹ als auch ›Götter‹ bedeuten.

Text B – Gen 35:

1 Und Gott sprach zu Jakob: Mach dich auf und zieh nach *Bet-El* und wohne daselbst und errichte einen Altar dem Gott, der dir erschien, als du flohest vor deinem Bruder Esau.

2 Da sprach Jakob zu seinem Hause und zu allen, die mit ihm waren: Tut von euch die fremden Götter, die unter euch sind, und reinigt euch und wechselt eure Kleider,

3 und lasst uns aufbrechen und nach *Bet-El* ziehen, dass ich dort einen Altar errichte dem Gott, der mich erhört hat zur Zeit meiner Trübsal und mit mir gewesen ist auf dem Wege, den ich gezogen bin.

4 Da gaben sie ihm alle fremden Götter, die in ihren Händen waren, und ihre *Ohrringe*, und er vergrub sie unter der Eiche, die bei Sichem stand. (Lutherbibel)

Gen 35,1–7 als Ganzes ist wohl der deuteronomistischen Pentateuchredaktion (KD) zuzuweisen. Es ist keine Erzählung, sondern »ein Bericht von einem Gottesauftrag an Jakob und dessen Ausführung verbunden mit der andersartigen Aufforderung Jakobs an sein Haus zur Abrenuntiation und kultischen Reinigung.«[131] Damit wird die These Albrecht Alts von der »Wallfahrt von Sichem nach Bethel«[132] hinfällig.

Text C – 1. Kön 12:

28 Und der König hielt einen Rat und machte zwei goldene Kälber und sprach zum Volk: Es ist zu viel für euch, dass ihr hinauf nach Jerusalem geht; siehe, da ist dein Gott, Israel, der dich aus Ägyptenland geführt hat.

29 Und er stellt eines in *Bet-El* auf, das andere tat er nach Dan.

---

131 C. Westermann, *Genesis 12–36*, BK I / 2, Neukirchen 1981, 669.
132 *KS I*, München 1953, 79–88.

30 Und das geriet zur Sünde, denn das Volk ging vor das eine in *Bet-El* und vor das andre in Dan. (Lutherbibel)

Nach dem Tode Salomos trennt sich das Nordreich von Juda und der Dynastie Davids. Da David aber in Jerusalem ein kultisches Zentrum mit der Bundeslade für ganz Israel geschaffen und Salomo den Tempel erbaut hatte, musste Jerobeam I., der erste König des Nordreiches, fürchten, dass seine Untertanen bei Wallfahrten nach Jerusalem unter judäischen politischen Einfluss geraten und ihn als König stürzen würden. So errichtet er an den beiden Enden seines Reiches – in Dan im Norden und in Bet-El im Süden – zwei Stierbilder, die wohl als Postamente für den unsichtbar darauf stehenden JHWH gedacht waren – wie die Lade als JHWHs Thron in Jerusalem – aber dennoch beim Volke die Assoziation an den Stier des kanaanäischen Fruchtbarkeitskultes hervorrufen mussten. Dies ist es, was die Bibel mit der ›Sünde Jerobeams‹ meint. 1. Kön 12 ist schon immer mit Ex 32 in Beziehung gesetzt worden.

Text A und B sind durch das Motiv der goldenen Ohringe miteinander verbunden, Text A und C durch die goldenen Kälber und die Phrase ›siehe, da ist dein Gott Israel, der dich aus Ägyptenland geführt hat‹. Text B und C verbindet die gemeinsame Bezugnahme auf das Heiligtum in Bet-El. Alle diese Querverbindungen sind bei der Auslegung von Ex 32 zu berücksichtigen.

Warum steht die Erzählung vom goldenen Kalb in der Bibel gerade an dieser Stelle? Nachdem JHWH mit den Israeliten einen Bund geschlossen hat, wurde ihnen aufgetragen das Begegnungszelt (die Stiftshütte) zu bauen, das die göttliche Anwesenheit inmitten des Lagers symbolisieren sollte. Das Begegnungszelt sollte die Lade mit den Tafeln als Zeugen des Bundes enthalten. Aber durch das Vergehen mit dem goldenen Kalb wurde der Bund annulliert, und Mose zerbrach deshalb die Tafeln, und der Auftrag zum Bau des Begegnungszeltes war ebenfalls gegenstandslos. Erst nachdem das Volk Vergebung erlangt hatte, wurden der Bund und die Tafeln erneuert und der Bauauftrag erneut erteilt. Deshalb ist nach Cassuto »the proper place of our section [...] precisely here, after the directions that had first been given regarding the construction of the tabernacle and had subsequently been revoked because of the episode of the calf, and before the account of the implementation of the instructions, which was possible only after the attainment of pardon. A dramatic concatenation of events.«[133]

---

133 Cassuto, *Exodus*, 410.

vv. 1–6: Als das Volk sieht, dass Mose lange ausbleibt, versammeln sie sich *gegen* Aaron (hebr. *qahal ʿal*), nicht *um* Aaron (*qahal äl*). Er solle ihnen einen Gott machen, der vor ihnen hergehen soll; denn sie wissen nicht was diesem Mann Mose – der sie aus Ägypten geführt hat – zugestoßen ist. Die Frage hier ist, soll der ›Gott‹ die Stelle Moses oder JHWHs einnehmen? Ersteres wäre kein Problem – ein Zeichen oder Symbol an der Spitze des Zuges verstößt nicht gegen die Religion Israels (so die jüdischen Kommentatoren Jacob und Cassuto z. St.) – letzteres aber wäre Rebellion und Abfall. Tritt der Abfall nicht schon mit dem Schaffen des Gottes *elohim*, sondern erst mit seiner Anbetung ein? Will das Volk einen ›Gott‹, Aaron aber nur ein Symbol? Will Aaron nicht verstehen, dass das Volk einen ›Gott‹ will, und sein Gewissen beruhigen, indem er angeblich ein Symbol schafft? Proklamiert er deswegen nach Fertigstellung des Kalbes ein Fest für *JHWH*? Will Aaron sich vor Mose bei dessen etwaiger Rückkehr rechtfertigen? Spielt Aaron auf Zeit? Die Geschichte ist reichlich verworren.

Auf die letzte Möglichkeit könnte die Forderung nach den Ohrringen deuten, die wir ja auch von Jakob aus Gen 35,1–7 kennen. Aber das Volk zerstört Aarons etwaige Hoffnungen. Die Leute sind weder zu geizig, noch zu langsam, sondern eilen mit den Ohrringen herbei, die sie ihren Familienmitgliedern ›abgerissen‹ haben. Pech für Aaron, keiner hilft ihm aus der Klemme, jetzt muss er Farbe bekennen und das Kalb schaffen. Wie tut er das? Heißt ›gegossenes‹ Kalb, dass es durch und durch aus dem Gold der Ohrringe besteht? Könnte es Mose dann so leicht mit den Tafeln zertrümmern, zerreiben und dem Volk zu trinken geben? Wohl kaum. Nach altorientalischer Praxis dürfte das Kalb aus Holz gewesen sein und lediglich von außen mit Gold verkleidet worden sein.

In 1. Kön 12,28 spricht König Jerobeam I: Das ist dein Gott, Israel, der dich aus Ägyptenland geführt hat – in Ex 32,4b ist es das Volk, nicht Aaron! Soll Aaron damit entschuldigt werden? Kaum, denn er wird auf diese Weise als ein schwacher Charakter dargestellt. Wenn sich das Volk ›gegen‹ ihn versammelt, kann er seine Haut nur retten, indem er den Willen des Volkes ausführt, anstatt sich ihm mutig entgegen zu stellen. Das entspricht genau dem Mannschen Aaronbild in der Novelle. Nachdem das Volk das Kalb zum Gott erklärt hat, baut Aaron einen Altar – und beruhigt sein Gewissen durch die Proklamation eines Festes für JHWH. Am nächsten Morgen bringt man Opfer dar – soweit hat Aaron die Ereignisse noch unter Kontrolle – ›danach setzte sich das Volk, um zu essen und zu trinken, und sie standen auf, um ihre Lust zu treiben‹ (Vers 6b). Jetzt ist das Volk wirklich ›los‹.

Nach Dohmen wird in Ugarit (NW Syrien) der kanaanäische Hochgott El im Kontext des Stierkultes als ›Kalb‹ bezeichnet. »Die Verbindung von Stierkult – im Begriff des ›Kalbes‹ *'ägäl* – mit der Exodustradition findet sich in Ex 32,4 in dem dem Volk zugeschriebenen Kultruf angesichts des hergestellten Goldenen Kalbes. Dieser Ausruf nimmt die durch die Allusion von Gen 35 schon hergestellte Verbindung zu Bet-El auf, denn der Ruf entspricht dem Jerobeams nach dem Aufstellen des Kalbes in Bet-El (und Dan): *›Siehe, dies sind deine Götter, Israel, die dich aus dem Land Ägypten heraufgeführt haben‹* (1. Kön 12,28).«[134]

vv. 7–14: Gleichzeitig mit der Lagerszene Ex 32,1–6 spielt sich die Szene Verse 7–14 auf dem Berge zwischen Gott und Mose ab. Mose, der im Begriffe steht, mit den Tafeln vom Berge abzusteigen, erfährt von JHWH, wie sich das Volk korrumpiert hat (›*dein* Volk, das *du* aus Ägyptenland geführt hast‹ v. 7). Es ist nicht mehr Gottes Volk und er will es auch nicht mehr aus Ägypten geführt haben. Und jetzt wird Aarons Deutung der Ereignisse durch die autoritative Interpretation JHWHs eindeutig verworfen: ›Sie haben sich ein gegossenes Kalb gemacht und haben's *angebetet* und ihm *geopfert* und gesagt: Das ist dein *Gott*, Israel, der dich aus Ägyptenland geführt hat‹ (v. 8). (Lutherbibel; kursiv von mir).

Das Volk ist halsstarrig, und JHWH will sich von ihm abwenden. Er untersagt Mose die Fürbitte, aber dieser zeigt seine ganze Größe, indem er trotzdem für das Volk eintritt. JHWH will Mose statt Israel zum großen Volke machen. Die Abra(ha)m-Verheißung Gen 12,2 soll sich durch Mose, und nicht durch Israel erfüllen. Doch Mose packt JHWH bei der Ehre seines Namens. Sollen die Ägypter etwa denken, JHWH habe Israel nur aus Ägypten geführt, um es in der Wüste sterben zu lassen? Mose verteidigt das Verhalten des Volkes nicht, sondern bittet nur um Gnade und Vergebung:

13 Gedenke an deine Knechte Abraham, Isaak und Israel, denen du bei dir selbst geschworen und verheißen hast: Ich will eure Nachkommen mehren wie die Sterne am Himmel, und dies ganze Land, das ich verheißen habe, will ich euren Nachkommen geben, und sie sollen es besitzen für ewig.

14 Da gereute den HERRN das Unheil, das er seinem Volk zugedacht hatte. (Lutherbibel)

---

134 Dohmen, *Exodus 19–40*, 297.

In Vers 13 wird auf die Mehrungsverheißung (zahlreiche Nachkommen) und die Landverheißung angespielt.[135] Gott soll sich auf Moses Aufforderung hin das Unheil gereuen lassen, das er über sein Volk zu bringen gedenkt. Diese ›Reue Gottes‹ hat Jörg Jeremias in seiner gleichnamigen Monographie ausführlich untersucht.[136] Er zeigt, dass nach einem älteren Verständnis Gott sogar seine Heilstaten für sein Volk bereuen konnte. Seit Amos bedeutet die Reue Gottes jedoch, dass JHWH sein Volk vor dem Gericht rettet, das er früher über sie bringen wollte. Nach Jeremias wird diese ›Selbstbeherrschung‹ seit dem Exil so verstanden, dass menschliches Verhalten JHWHs Einschreiten gegen sich selbst auslöst. Diese Umkehrtheologie (der Mensch kehrt um, damit Gott umkehrt) findet sich bei den Jeremiadeuteronomisten (z. B. in der Tempelrede Jer 7 // 26), im Buch Joel (auf Israel beschränkt) und im Buch Jona, das von seinen Lesern erwartet, dass sie bereit sind, JHWHs Verschonungswillen mit den Heiden zu teilen – eben diesen Heiden, die die Juden unterdrücken.[137]

›Kehre um (*shuv*) von der Glut deines Zornes und lass dich des Unheils gereuen (*hinnachem*), das du über dein Volk bringen willst‹, heißt es in Ex 32,12, und ›da gereute (*vayinnachem*) JHWH das Unheil, das er seinem Volk zugedacht hatte‹ (v. 14). Und in Jona 3 lesen wir:

9 Wer weiß? Vielleicht läßt Gott es sich gereuen (*yashuv venicham*) und kehrt um (*shav*) von der Glut seines Zornes, dass wir nicht zugrunde gehen.

10 Als aber Gott ihre Taten sah, dass sie umkehrten (*shavu*) von ihrem bösen Wege, reute (*vayinnachem*) ihn das Übel, das er ihnen angekündigt hatte, und er tat es nicht.

Die Beziehung von Jona 3,9f auf die deuteronomistische Umkehrtheologie in Ex 32,12–14 ist deutlich. Und dass eine solche in Ex 32,7–14 vorliegt, hat schon Martin Noth beobachtet (›offensichtlich deuteronomistischer Stil‹)[138] und wird von Erhard Blum bestätigt:»Jedenfalls aber bilden die Verse 7–14 in ihrer vorliegenden Gestalt ein Interpretationsstück, das sich in seiner ausgeprägten inhaltlichen und sprachlichen Nähe zur dtn / dtr [= deuteronomisch / deuteronomistischen] Überliefe-

---

135 Vgl. C. Westermann,»Arten der Erzählung in der Genesis«, *Forschung am AT*, Band I, München 1964, 9–91.

136 Jörg Jeremias, *Die Reue Gottes: Aspekte alttestamentlicher Gottesvorstellung*, Neukirchen 1975.

137 Vgl. Golka, *Jona*, 82f.

138 *ÜPent* 33, Anm. 113.

rung [...] von der Substanz der übrigen Erzählung, insbesondere von der erneuten Fürbitte in v. 30ff abhebt.«[139] Darüber hinaus stellt der Vers 13 (›Gedenke an deine Knechte, Abraham, Isaak und Israel‹) eine Verbindung zwischen den *Vätern* und *Israel am Sinai* her, was nach Dohmen der Eröffnung der Sinaiperikope in Ex 19,3ff entspricht.[140] Deswegen wird der dritte Patriarch auch bewusst ›Israel‹ und nicht ›Jakob‹ genannt.

vv. 15–29: Nach der zweiten Szene vv. 7–14, die parallel zur ersten vv. 1–6 auf dem Berge spielte, geht es jetzt mit Mose und dem Volk chronologisch unten im Lager weiter. In der zweiten Szene war dem Mose versichert worden, dass Gott das Volk nicht vernichten würde. Jetzt muss er dennoch als Anführer handeln, um das Volk wieder auf den richtigen Weg zurückzubringen. Er steigt deshalb sofort vom Berge herab, um die Aufgabe in Angriff zu nehmen. Nun trifft er Josua wieder, der im Zwischenbereich zwischen Gipfel (Mose) und Lager (Volk) zurückgeglieben war. Außerdem wird pointiert berichtet, dass Josua den Lärm aus dem Lager für Kriegslärm hält, während Mose, der in der zweiten Szene von JHWH informiert worden war, ihn korrekt als Freudenjubel identifiziert. Josuas »folgende *Fehleinschätzung* in Bezug auf das, was im Lager in der Zwischenzeit passiert ist [...] unterstreicht, dass Josua, der spätere Nachfolger des Mose, mit dieser Sünde Israels nichts zu tun hat. Er bleibt im wahrsten Sinne des Wortes außen vor und seine Position wird näher an Mose als am Volk bestimmt.«[141]

Mose, im Lager angekommen, zerbricht die Tafeln und pulverisiert das Kalb – das ja innen aus Holz ist. Das Pulver schüttet Mose ins Wasser und gibt es den Israeliten zu trinken. Was soll das? Cassuto deutet dies nach dem Talmud in Analogie zu dem Verfahren, das bei einer der Untreue verdächtigen Frau angewandt wurde. Der Bund ist die Ehe, Israel die untreue Frau – Bilder, wie wir sie aus Hosea 1–3 kennen. »The reaction of the people who drank would indicate psychologically who were guilty and who were not.«[142] Das ist Moses erste Maßnahme.

Die zweite ist das Verhör Aarons. Aaron gibt eine schwache Figur ab. Er schiebt alles auf die Bosheit des Volkes, der er – und das ist sein Vergehen – nicht widerstanden hat. Mose glaubt ihm und, da er die Zuchtlo-

139 Blum, *Komposition*, 73.
140 Dohmen, *Exodus 19–40*, 305.
141 Dohmen, *Exodus 19–40*, 306.
142 Cassuto, *Exodus*, 419.

sigkeit des Volkes sieht, trifft er als Drittes Gegenmaßnahmen vv. 26–29. Er stellt sich ins Lagertor wie zu einem Gerichtsverfahren und die Leviten sammeln sich um ihn. Das Stadttor ist im alten Israel der Ort der Gerichtsverfahren, wo die freien Bürger zusammenkamen. Die Botenformel *ko amar JHWH* (so spricht der HERR) deutet aber gleichzeitig auf das Tor (der Stadt, des Palastes, des Tempels), wo die Propheten ihre Botschaft verkündeten.[143] Und die Leviten führen ohne Rücksicht auf Verwandte und Freunde die von Mose angeordnete Strafaktion durch und töten 3000 – womit ihr zukünftiger Sonderstatus begründet wird.

Nach Dohmen findet sich der Schlüssel zum Verständnis dieser Geschichte »schon zuvor am Beginn der Sinaitheophanie, wenn dort in Ex 19,20–25 JHWH dem Mose aufträgt, dem Volk einzuschärfen, dass das Volk nicht auf den in Heiligtumsbereiche eingegrenzten Berg durchbrechen darf, um zu sehen, weil sonst ›viele von ihnen *fallen* müssten‹. Wenn es nun in unmittelbarer Entsprechung dazu in Ex 32,28b heißt, dass vom Volk an jenem Tag 3000 *gefallen* sind, dann ist die Verbindung offensichtlich. Die Sünde des Volkes, die durch die Aktion der Leviten *bewertet* wird, wird also auf die gleiche Stufe wie ein Einbruch in den Bereich der Heiligkeit gestellt.«[144] Die Abwendung von JHWH entspricht also nach Dohmen der Grenzüberschreitung hin zu JHWH. Die, die den Raum dieser Heiligkeit schützen, sind die Leviten. Der ›Segen‹, der den Leviten gegeben wird, ist ihr Sonderstatus, den sie durch ihre Handlungsweise erlangt haben.

vv. 30–35: Die vierte und letzte Szene spielt wieder oben auf dem Berg. Nach Cassuto war Mose nicht damit zufrieden, dass die Hauptschuldigen bestraft wurden; »general responsibility rested on the people as (a) whole, for even those who did not participate actively in the worship of the calf but did not oppose it or protest against it were not guiltless.«[145] Hier stellt sich also in der Bibel bereits die Frage der so genannten Kollektivschuld. Man sieht, wie Thomas Mann der Nazizeit – gerade denen, die geschwiegen haben – mit diesen Texten einen Spiegel vorhalten konnte. »Therefore Moses makes ready now to entreat again for mercy and pardon for the entire people.« (ebd) Er macht sich um die Zukunft des Volkes Sorgen, denn was die Frage des verheißenen Landbesitzes angeht, hat er noch keine Antwort erhalten.

---

143 E. W. Nicholson, *Preaching to the Exiles*, Oxford, 1970.
144 Dohmen, *Exodus 19–40*, 313.
145 Cassuto, *Exodus*, 422.

Am nächste Morgen redet Mose das Volk an: ›Ihr habt eine große Sünde *getan*‹ (Lutherbibel). Im Hebräischen heißt es: ›Ihr habt eine große Sünde *gesündigt*.‹ Diese Wiederholung der gleichen Wurzel in Verb und Objekt nennt man eine *figura etymologica*.[146] Dieses im Hebräischen beliebte Stilmittel – im Jonabuch wird eine große Furcht *gefürchtet* 1,16, eine große Freude *gefreut* 4,6, sogar eine große Bosheit ›*gebost*‹ 4,1, und das oft in Verbindung mit *gadol* = groß – tritt häufig am Anfang einer Szene, wie hier in Ex 32,30 und bei besonders feierlichem Stil, wie bei dieser ernsthaften Vermahnung des Volkes auf. Mose will Vergebung für die Sünde des Volkes erlangen, ihre Sünde zudecken hebr. *kippär*. Wir denken an den großen Versöhnungstag, den *yom hakkippurim*, an dem das Jonabuch beim Nachmittagsgottesdienst in der Synagoge gelesen wird. Mose sagt, ob er *vielleicht* ihre Sünde zudecken könne; *vielleicht* sagen auch der Kapitän im Sturm Jona 1,6 und der König von Ninive 3,9. Es drückt die Hoffnung auf Vergebung und Rettung aus.

Nun steigt Mose wieder auf den Berg, bittet um Vergebung für das Volk und bietet sein eigenes Leben als Stellvertretung (Selbstaufopferung) an. Entweder solle Gott die Sünde des Volkes durch Vergebung entfernen oder sie durch die Selbstaufopferung Moses ›wirkungslos‹ werden lassen, indem er ihn aus ›seinem Buch tilgt‹. »Doch die Antwort JHWHs zeigt, dass diese Alternative nicht gemeint ist, denn Gott hält im Sinne einer Grundsatzerklärung nur fest, dass die Verbindung zwischen Sünder und den Konsequenzen der Sünde besteht.«[147] Mose hatte für den Fall der Nichtvergebung des Volkes seine ›Kündigung‹ (Dohmen) ausgesprochen. Nun wird er auf das verwiesen, wozu er berufen ist, sein Amt als Führer des Volkes.

Worin das Buch besteht, aus dem die Sünder getilgt werden sollen, bleibt im Dunkeln. Der Engel, der vor Mose hergehen soll, ist zu seinem Schutz bestimmt. Man denkt unwillkürlich an Ex 23,20: Siehe, ich sende einen Engel vor dir her, der dich behüte auf dem Wege und dich bringe an den Ort, den ich bestimmt habe. (Lutherbibel) Die Strafe für das Kalb soll nicht zurückgenommen werden, sondern erfolgen, wenn Gottes Zeit gekommen ist. Der Vers 35 bleibt mysteriös: Und JHWH schlug (*nagaph*) das Volk, weil sie sich das Kalb gemacht hatten, das Aaron angefertigt hatte.

Nach Cassuto bezieht sich der ›Schlag‹ in Vers 35 nicht notwendigerweise auf denselben Tag; »the meaning is that the Lord smote the

---

146 F. W. Golka, »Die figura etymologica im Alten Testament«, *Jona*, 35–42.
147 Dohmen, *Exodus 19–40*, 325.

people with a plague, as a collective punishment, at some undefined time, visiting on the day that He visited. The Bible does not specify how and when the punishment was inflicted, but only alludes to the matter in order to conclude the subject of the preceding verse, and to inform us at this stage that as it had been announced previously, even so it came to pass.«[148] Nun gut, aber damit wissen wir auch nicht viel mehr.

XX. Vergebung und das ›Bündig-Bindende‹

Wir sind in der Bibel mit Ex 32 ein wenig vorausgeeilt und müssen jetzt den Faden in der Novelle wieder aufnehmen. Mose wohnt den Hinrichtungen bei Thomas Mann nicht bei, Jehoschua – nicht die Leviten – ist der Mann fürs Grobe. Wieder bleibt Mose vierzig Tage auf dem Berg, nicht weil er die Schrift erfinden muss, sondern weil sich Gott von dem ›Pöbelvolk‹ lossagen will. »›Ich will nicht vor ihnen herziehen‹, sagte Gott, ›um sie ins Land der Väter zu führen, bitte mich nicht darum, ich kann mich auf meine Geduld nicht verlassen. Ich bin ein Eiferer und lodere, und du sollst sehen, eines Tages kenne ich mich nicht mehr und fresse sie unterwegen auf.‹« (XX / 405) Dem entspricht in Ex 33:

1 Der HERR sprach zu Mose: Geh, ziehe von dannen, du und das Volk, das du aus Ägyptenland geführt hast, in das Land, von dem ich Abraham, Isaak und Jakob geschworen habe: Deinen Nachkommen will ich's geben.

2 Und ich will vor dir hersenden einen Engel und ausstoßen die Kanaaniter, Amoriter, Hethiter, Perisiter, Hewiter und Jebusiter

3 und ich will dich bringen in das Land, darin Milch und Honig fließt. Ich selbst will nicht mit dir hinaufziehen, denn du bist ein halsstarriges Volk; ich würde dich unterwegs vertilgen. (Lutherbibel)

Die Aufzählung der in Vers 2 genannten vorisraelitischen Landesbewohner ist immer ein sicheres Zeichen für das Vorliegen einer deuteronomistischen Bearbeitung.

Auch in der Novelle will Gott das Volk vernichten und stattdessen aus Mose ein großes Volk machen. Aber Mose lehnt ab: »›Nein, Herr‹, sagte er, ›vergib ihnen ihre Sünde; wo nicht, so tilge mich auch aus

---

148 Cassuto, *Exodus*, 424.

deinem Buch, denn ich will's nicht überleben und kein heilig Volk werden für meine Person statt ihrer‹.« (ebd) Und wie in der Bibel packt Mose Gott bei seiner Ehre: »›Stelle dir, Heiliger, das doch vor: Wenn du dies Volk nun tötest wie einen Mann, so würden die Heiden sagen, die das Geschrei vernähmen: ›Pah! Der Herr konnte mit nichten dies Volk ins Land bringen, das er ihnen geschworen hatte, er war's nicht imstande; darum hat er sie geschlachtet in der Wüste.‹ Willst du dir das nachsagen lassen von den Völkern der Welt? Darum laß nun die Kraft des Herrn groß werden und sei gnädig über der Missetat dieses Volkes nach deiner Barmherzigkeit!‹« (XX / 405f)

Gott gibt nach, aber unter einer Bedingung: Keiner vom Volk, der über zwanzig ist, soll das verheißene Land betreten – außer Joschua und Kaleb. Nun, Kaleb wurde bei der Episode vom goldenen Kalb überhaupt nicht erwähnt und auch nicht wie Joschua auf dem unteren Teil des Berges vor den Ereignissen in Sicherheit gebracht – der Dichter hatte ihn mit einer Polizeieinheit in der Oase zurückgelassen. Der Text, auf den sich Thomas Mann bezieht und den er auch zitiert, ist die Kundschaftergeschichte Num 13+14. Die Israeliten haben Kundschafter ausgesandt, die mit entmutigenden Berichten über die Bewohner des Landes zurückkommen. Nur Josua und Kaleb preisen die Schönheit des Landes und raten zur Eroberung. Aber das Volk will Josua und Kaleb steinigen. Doch die Herrlichkeit des Herrn erscheint und droht, das ungläubige Volk zu vernichten. Auch hier argumentiert Mose mit der Reputation Gottes. Die Ägypter und die Landesbewohner würden es hören! Und dann folgt in Num 14 der Text, den Thomas Mann fast wörtlich zitiert:

15 Würdest du nun dieses Volk töten wie *einen* Mann, so würden die Völker, die solch ein Gerücht über dich hören, sagen:

16 Der HERR vermochte es nicht, dies Volk in das Land zu bringen, das er ihnen zu geben geschworen hatte; darum hat er sie hingeschlachtet in der Wüste.

17 So laß nun deine Kraft, o HERR, groß werden, wie du gesagt hast:

18 ›Der HERR ist geduldig und von großer Barmherzigkeit und vergibt Missetat und Übertretung; aber er läßt niemand ungestraft, sondern sucht heim die Missetat der Väter an den Kindern bis ins dritte und vierte Glied.‹

19 So vergib nun die Missetat deines Volkes nach deiner großen Barmherzigkeit, wie du auch diesem Volk vergeben hast von Ägypten an bis hierher. (Lutherbibel)

Die Gnadenformel in Vers 18 läßt Thomas Mann diesmal aus, weil er sie bereits im Zusammenhang von Ex 34,6 in Kapitel XIX gebracht hat.

Num 13+14 ist also der Bezugstext, der die Sonderstellung Joschuas und Kalebs hinsichtlich des verheißenen Landes begründet.

Nach diesem ›Kompromiss‹ besteigt Mose in der Novelle noch einmal den Berg, um eine zweite Fassung der Tafeln herzustellen – in der Bibel schreibt Gott. Ja, der Künstler in Manns Mose nimmt die zweite Gelegenheit war:»Am Ende war es ganz gut, daß ich die ersten im Zorn zerschmetterte. Es waren ohnedies ein paar ungeratene Lettern darin. Ich will dir nur gestehen, daß ich unter der Hand daran dachte, als ich sie zerscheiterte.« (XX / 406)

Wieder steigt Joschua nachts auf den Berg, und Mose wird von ihm »heimlich getränkt und geatzt« (ebd) Die zweite Version der Tafeln wird besser als die erste.»Danach strich er wieder die Lettern mit seinem Blute aus und stieg hinab, das Gesetz unter dem Arm.« (ebd) Das Volk wird zusammengerufen, legt seinen Schmuck an – soweit er nicht ›zu bösem Zwecke vertan‹ war.»Und alles Volk kam vor Mose, daß er ihm das Mitgebrachte überhändige, die Botschaft Jahwe's vom Berge, die Tafeln mit den zehn Worten.« (ebd)

Damit ist die eigentliche Erzählung beendet. Was folgt, ist die große Schlussrede Moses an die Israeliten – bzw. Thomas Manns an die deutschen Hörer der BBC. Mit dem Streit der Germanisten über die Zugehörigkeit der Schlussrede zur Novelle hatten wir uns eingangs schon beschäftigt (s. o.). Sein Ergebnis scheint mir eindeutig: Gattungsgeschichtlich ist die Rede ein von der Erzählung zu unterscheidendes Sonderstück, inhaltlich ist sie ihr Ziel und Höhepunkt.

»Nimm sie hin, Vaterblut«, lässt Thomas Mann seinen Mose beginnen, »und halte sie heilig in Gottes Zelt« (ebd) Damit ist auf die biblische Vorstellung angespielt, dass die Tafeln in der Lade wie in einer Truhe gelagert werden sollen, die sich im so genannten Begegnungszelt befindet.»Was sie aber besagen, das halte heilig bei dir im Tun und Lassen!« (XX / 406f) Die Tafeln sind also keine Museumsstücke, sondern die Gebote sollen im täglichen Leben gehalten und befolgt werden.

»Denn das Bündig-Bindende ist es und Kurzgefaßte, der Fels des Anstandes, Gott schrieb's in den Stein mit meinem Griffel, lapidar, das A und O« – Alpha und Omega sind im Griechischen der erste und der letzte Buchstabe des Alphabets –»des Menschenbenehmens. In eurer Sprache hat er's geschrieben, aber in Sigeln, mit denen man notfalls alle Sprachen der Völker schreiben kann; denn Er ist der Herr allenthalben, darum ist sein das ABC, und seine Rede, möge sie auch an dich gerichtet sein, Israel, ist ganz unwillkürlich eine Rede für alle.« (XX / 407) Hier sieht man auch, warum der Dichter die Auerbachsche Hypothese von der Erfindung der Buchstabenschrift durch Mose übernommen hat. Sie ist ihm ein wichtiger Teil seiner Begründung der Allgemeinverbindlichkeit des Dekalogs. Und warum kann der Gott Israels allgemeinverbindliche Gebote aufstellen? Weil er ›der Herr allenthalben‹ ist, wie Thomas Mann in deutlich biblischer Sprache sagt und sich damit auf die Weltschöpfung in Gen 1,1–2,3 bezieht. Und dieser Schöpfer ist auch der Erhalter und Herr der Geschichte. Wie sich die Menschen*rechte* nur religiös begründen lassen – m. W. gibt es keine nichtreligiöse Begründung der *human rights*; sie sind gerade nicht ›self-evident‹, wie die amerikanische *Declaration of Human Rights* behauptet – so gilt Gleiches auch für die Menschen*pflichten*. Daher ist der Dekalog eine ›Rede für alle‹. Die These vom kosmopolitischen Charakter des jüdischen Gesetzes geht übrigens schon auf das erste Buch der *Vita Mosis* des Philo von Alexandria zurück, der um die Zeitwende lebte.

Dieses ABC des Menschenbenehmens ist nicht nur in Stein, sondern in Fleisch und Blut ›gemetzt‹ – wieder die Künstlerthematik. Mose und Michelangelo ›metzen‹ in Stein, Mose und Thomas Mann in Fleisch und Blut. Es ist Gott wie dem Dichter durchaus klar, dass die Gebote gebrochen werden. Aber wer dies tut, tritt aus ›Gottes Schranken‹. »Doch eiskalt ums Herz soll es wenigstens jedem werden, der eines bricht, weil sie doch auch in sein Fleisch und Blut geschrieben sind und er wohl weiß, die Worte gelten.« (ebd)

Sodann folgt der Fluch auf den Menschen, »der da aufsteht und spricht: ›Sie gelten nicht mehr‹.« (ebd) Hier wendet sich der Dichter zwar direkt gegen Hitler und dessen Bestreitung der Gültigkeit des ›jüdischen‹ Dekalogs, aber er folgt einem altorientalisch / biblischem Vorbild. Es handelt sich um die altorientalischen Vasallenverträge – bekannt sind die der Hetiter und Assyrer – und ihren Niederschlag im alttestamentlichen Bundesformular. Die Verträge haben folgende sechs Bestandteile:

1. Präambel
2. Historischer Prolog
3. Vertragsbedingungen
4. Regeln für das Niederlegen des Vertragsdokuments im Tempel des Vasallen und seine periodische Verlesung
5. Liste der Götter als Zeugen
6. Fluch- und Segensformeln.

Der Zweck des sechsten Teils spricht für sich selbst. »The gods who protect the treaty will bring disaster upon the vassal in the event of a breach of the treaty. On the other hand the vassal's loyalty to the over-

174

lord will bring continued blessing upon him and his people.«[149] Ein solches Vertragsformular bildet auch die Struktur des Buches Deuteronomium. Die Kapitel 27–30 enthalten Segen und Fluch. Die, die in der Novelle der Fluch trifft, Hitler und seine Mannen, haben den Vertrag, das ABC des Menschenanstandes aufgekündigt. »Fluch ihm, der euch lehrt: ›Auf, und seid ihrer ledig! Lügt, mordet und raubt, hurt, schändet und liefert Vater und Mutter ans Messer, denn so steht's dem Menschen an, und sollt meinen Namen preisen, weil ich euch Freiheit verkündete‹.« (ebd) Die falsche Freiheit des Nationalsozialismus ist die Freiheit von den Grundwerten des Menschenanstandes – was auch dazu führt, dass ideologisch verblendete Menschen über eigene Familienmitglieder informieren. Und mit Rückgriff auf Ex 32 wird dem geflucht, »der ein Kalb aufrichtet und spricht: ›Das ist euer Gott. Zu seinen Ehren tuet dies alles und dreht euch im Luderreigen‹!« (ebd) Das goldene Kalb ist die Rassenideologie, in deren Namen man ›dies alles‹ tut.

Der dies alles befiehlt, wird auf einem goldenen Stuhl sitzen »und für den Weisesten gelten, weil er weiß: das Trachten des Menschenherzens ist böse von Jugend auf.« (ebd) Dies ist ein Zitat aus Gen 8,21. Noah baut nach der Flut einen Altar und bringt ein Brandopfer dar:

21 Und der HERR roch den lieblichen Geruch und sprach in seinem Herzen: Ich will hinfort nicht mehr die Erde verfluchen um der Menschen willen; *denn das Dichten und Trachten des menschlichen Herzens ist böse von Jugend auf.* Und ich will hinfort nicht mehr schlagen alles, was da lebt, wie ich getan habe.

22 Solange die Erde steht, soll nicht aufhören Saat und Ernte, Frost und Hitze, Sommer und Winter, Tag und Nacht. (Lutherbibel)

Gen 8,21 wurde von Rolf Rendtorff untersucht.[150] Rendtorff zeigt, dass es sich bei dem erwähnten Fluch über die Erde um den Fluch von Gen 3,17, der Paradieseserzählung handelt. In der Sintfluterzählung selbst wird die Erde nicht verflucht. Das hebr. Verb *qillel* heißt auch eher ›als verflucht betrachten‹ oder ›als verflucht bezeichnen‹. Dann ist mit Rendtorff zu übersetzen: ›Ich will die Erde nicht länger als verflucht betrachten, wie ich getan habe, *weil* das Herz des Menschen böse

---

149 E. W. Nicholson, *Exodus and Sinai in History and Tradition*, Oxford 1973, 39.

150 »Gen 8,21 und die Urgeschichte des Jahwisten«, *Kerygma und Dogma* 7, 1961, 69–78.

ist von Jugend auf‹. Jetzt soll nicht mehr der Fluch herrschen, sondern der Segen, wie er sich in den Vers 22 genannten Naturordnungen ausdrückt, deren Fortbestand JHWH garantiert.

Thomas Mann folgt noch dem üblichen resignativen Verständnis von Gen 8,21: ›denn das Herz des Menschen ist (ja doch) böse von Jugend auf‹, das die Lutherübersetzung suggeriert. »Das aber wird auch alles sein, was er weiß, und wer nur das weiß, der ist so dumm wie die Nacht, und es wäre ihm besser, er wäre nie geboren.« (ebd) Wie die Naziideologie einen Verrat am Menschenanstand darstellt, so zitert der Dichter ein Wort Jesu aus der Abendmahlsszene über den Verrat des Judas (Matthäus 26,24 // Markus 14,21):

24 Des Menschen Sohn geht zwar dahin, wie von ihm geschrieben steht; doch weh dem Menschen, durch welchen des Menschen Sohn verraten wird! Es wäre ihm besser, dass derselbe Mensch nie geboren wäre.

25 Da antwortete Judas, der ihn verriet, und sprach: Bin ich's Rabbi? Er sprach zu ihm: Du sagst es. (Lutherbibel)

Diese Worte dürfte Thomas Mann aus der Bachschen Matthäuspassion im Kopf gehabt haben. Der eigene Todeswunsch, dass man selbst nie geboren wäre, erscheint in der Bibel häufiger, z. B. Hiob 3 – woher der Dichter das Motiv der Nacht aus Vers 2 genommen haben dürfte. Damit wären wir von Bach zu Brahms gelangt, nämlich der sechsstimmigen Motette ›Warum ist das Licht gegeben den Mühseligen?‹ (Hiob 3,20–23)

Der Verfluchte weiß nichts »von dem Bunde zwischen Gott und Mensch, den keiner brechen kann, weder Mensch noch Gott, denn er ist unverbrüchlich.« (ebd) Dem würde auch Eckart Ottos Auffassung vom Dekalog entsprechen: »An die Stelle der göttlich verschrifteten Königsideologie in Gestalt der Schicksalstafeln treten die Gebote des Dekalogs, die unterstreichen, daß die Identität Israels nicht durch einen König, der göttlich legitimiert wird, und also auch nicht durch den spätbabylonischen Großkönig, sondern durch den auf JHWHs Gesetz gegründeten ethischen Gestaltungswillen des ganzen Volkes definiert wird. Die Mose-Gestalt hat dabei wie JHWH die Funktion, königliche Funktionen auf sich zu ziehen, die damit dem staatlichen Zugriff entzogen werden.«[151]

Und dann kommt Mann zu der aktuellen Situation des zweiten Weltkriegs: »Blut wird in Strömen fließen um seiner schwarzen Dummheit

---

151 *Mose. Ägypten & das AT*, 69.

willen, Blut, daß die Röte weicht aus den Wangen der Menschheit, aber sie kann nicht anders, gefällt muß der Schurke sein.« (XX / 407f) Dabei nimmt der Dichter proto-apokalyptische Motive auf, die an den Angriff Gogs von Magog und seine Niederlage und Tod auf dem Gebirge Israels Ezechiel (Lutherbibel: Hesekiel) 38+39 erinnern, mit denen der erste Teil des Ezechielbuches dramatisch abschließt: »Und will meinen Fuß aufheben, spricht der Herr, und ihn in den Kot treten, – in den Erdengrund will ich den Lästerer treten hundertundzwölf Klafter tief, und Mensch und Tier sollen einen Bogen machen um die Stätte, wo ich ihn hineintrat, und die Vögel des Himmels hoch im Fluge ausweichen, daß sie nicht darüber fliegen. Und wer seinen Namen nennt, der soll nach allen vier Gegenden speien und sich den Mund wischen und sprechen: ›Behüte!‹ Daß die Erde wieder die Erde sei« – der Fluch von Gen 3,17 ist aufgehoben durch den Segen von Gen 8,21 –»ein Tal der Notdurft, aber doch keine Luderwiese.« (XX / 408)

Und Mose / Thomas Mann fordert das Volk auf (ebd):»Sagt alle Amen dazu!« ›Und alles Volk sagte Amen‹ (= so soll es sein); alle bei Mose – in Deutschland nur eine Minderheit.

TEIL IV
Das Mosebild in der Bibel
und bei Thomas Mann

Nach dem Mosebild der Novelle brauchen wird nicht lange zu suchen, es definiert sich durch die Auftragsarbeit und den Titel ›Das Gesetz‹. Der Agent Robinson hatte Thomas Mann vorgegeben, eine Einleitung zu einer Sammlung von Erzählungen über die zehn Gebote zu schreiben, an der viele hervorragende Schriftsteller beteiligt waren. Der Zweck war ein eindeutig politischer; es ging darum, der Pervertierung aller Werte durch die Nationalsozialisten das ›Ewig-Bündige‹, die unkündbaren Grundwerte, das ›ABC des Menschenanstandes‹ entgegen zu setzen. Thomas Mann fragt nach dem Universalethos und damit nach Mose als dem Gesetzgeber, der die sittlichen Werte zuerst für Israel – seines Vaters und seines Gottes Volk – und damit aber auch zugleich für ›die Völker der Welt allenthalben‹ aufgeschrieben und unverbrüchlich festgelegt hat.

Wie geht der Dichter sein Werk – ›Das Gesetz‹ – aber an? Smend (s. o.) hat beobachtet, dass Thomas Mann in den Tagebüchern, wenn er sich auf diese Arbeit bezieht, von seinem ›Mose‹ spricht. Damit wird deutlich, dass – unbeschadet der Thematik des Universalethos – die Gestalt des Mose für ihn im Mittelpunkt steht. Und mit dieser Gestalt wird auch die Künstlerthematik – seine eigene ewig angefochtene Künstlerexistenz – für ihn wichtig. Es führt aber kein direkter Weg von Mose zu Thomas Mann, von Thomas Mann zu Mose. Es braucht einen Vermittler, einen bildenden Künstler, den Bildhauer Michelangelo. Wie der Bildhauer den widerstehenden Stein behaut, so bearbeitet Mose sein widerspenstiges Volk – er ›sprengt‹ und ›metzt‹ –, ja, so sieht sich der Dichter sein deutsches Volk bilden und formen.

Die Arbeit des bildhauernden Mose in der Novelle ist deutlich zweigeteilt: Er selbst für das Geistig-Geistliche, Joschua für das Strategisch-Logistische – und mit seinen Würgengeln auch für das Grobe. Der Schopenhauersche Erziehungspessimismus Thomas Manns will es so. Dass das Verhältnis Mose / Joschua ein eindeutig homoerotisches ist, zeigt, dass sie im Grunde zwei komplementäre Teile *einer* Persönlichkeit sind. Dass der Dichter Mose nach der Michelangelo-Büste von Giovanni da Bologna – eben nicht nach Michelangelos gehörntem Mose aus S. Pietro in Vincoli! – sowie nach Michelangelos Jeremia aus dem Deckengemälde der Sixtinischen Kapelle modelliert – und Joschua nach

Michelangelos David – deutet auf das intendierte Liebesverhältnis zwischen beiden. Obwohl Joschua dem Mose ›seine stracke Jung-Männlichkeit unbegrenzt zur Verfügung stellt‹, ist ihr Verhältnis nicht in erster Linie ein homosexuelles, sondern eine geistig-homoerotisches, wobei zwei Menschen in intimer Verbundenheit ein gemeinsames Ziel anstreben – aus dem ›Vaterblut‹, dem ›Gehudel‹, dem ›Pöbelvolk‹ ein JHWH geheiligtes Volk zu machen.

So wird Michelangelo zum Bindeglied zwischen Thomas Mann und Mose. Des Dichters und Moses Werk am deutschen wie am israelitischen Volk wird in der Sprache der Bildhauerei ausgedrückt. Die Arbeit des Gesetzgebers Mose und des Ethikers Thomas Mann ist das Behauen eines widerspenstigen Blocks. Mose als Volksführer, Priester, Prophet bleibt in der Novelle immer dem Bildner und Former seines Volkes, also dem Gesetzgeber untergeordnet.

Weit schwieriger ist die Frage nach dem Mosebild der Bibel zu beantworten. Ist diese Frage überhaupt angemessen? Sicher will die Bibel kein schlichtes Geschichtsbuch sein, sie ist Zeugnis vom Glauben Israels und der frühen Christenheit. Aber dieser Glaube spielt sich nicht im luftleeren Raum, sondern an bestimmten Punkten der Geschichte ab – deshalb ›gehört Pontius Pilatus‹ nach dem Ausspruch Karl Barths ›ins Credo‹. Und deshalb können wir in der Hebräischen Bibel wie im Neuen Testament die historische Frage auch nicht einfach suspendieren. Es muss nur klar sein, wonach gefragt werden darf und gefragt werden soll. Darüber später mehr. Wenn aber bei Martin Noth (s. o.) von Mose nur ein möglicher ägyptischer Kurzname, eine ebenfalls mögliche ausländische Frau und mit Sicherheit ein unbekanntes Grab übrig bleibt, dann müsste Fachleuten wie Laien klar sein, dass hier etwas schief gelaufen ist.

Durch die Studien von Hugo Gressmann zu den Kadesch-Erzählungen (s. o.) dürfte deutlich geworden sein, dass die Mose-Überlieferung durchaus einen historischen Kern hat. Die Israeliten haben Mose – in Umkehrung des bekannten Söderblom-Zitates – also nicht erfinden müssen, weil es ihn nicht gegeben hätte. Mose ist kein Phantom und auch nicht nur Kitt der Überlieferung – was ja gar nicht ausschließt, dass ihm vieles zugewachsen ist, was die Tradition ursprünglich von anderen oder anonymen Handelnden berichtete. So ist denn auch der Position Siegfried Herrmanns und Rolf Rendtorffs (s. o.) zuzustimmen, dass besonders in Ex 1–19 brauchbare historische Informationen vorliegen.

Aber ist denn diese Ehrenrettung des Mannes aus dem 13. vorchristlichen Jahrhundert, des so genannten ›historischen Mose‹ – an der wir uns durchaus und mit unverhohlenem Vergnügen ein Stück weit beteiligt haben – eigentlich der richtige Weg, uns den biblischen Texten anzunähern? Jan Assmann (s. o.) verweist im Zusammenhang der Monotheismus-Debatte auf ein Gegenbeispiel, das uns nachdenklich machen sollte, den Pharao Amenhotep (Amenophis) IV. Echnaton aus der Amarnazeit. Über diesen Pharao sind wir historisch glänzend informiert; aber was ist von ihm geblieben? Echnaton ist ›historisch tot‹. Er hat eine Geschichte, aber keine Wirkungsgeschichte. Selbst die Erfindung des Monotheismus – auf die er vielleicht Anspruch hat – hat man nicht ihm, sondern fälschlicherweise Mose zugeschrieben. Die Formulierung ›keine anderen Götter haben neben mir‹ im Fremdgötterverbot des Dekalogs ist eindeutig nicht monotheistisch, und der biblische Monotheismus entwickelt sich schrittweise erst unter den Juden des babylonischen Exils z. B. in Gen 1,1–2,3 und bei Deuterojesaja (Jes 40–55).

Mose hat im Gegensatz zu Echnaton eine Wirkungsgeschichte in drei Weltreligionen, Judentum, Christentum und Islam. Das Verfahren einer ›Gedächtnisgeschichte‹, das Assmann in seinem Buch ›Moses der Ägypter. Entzifferung einer Gedächtnisspur‹ als Teil der historischen Methode auf die außerbiblische Mosetradition verwendet, lässt sich mit gleichem Recht auch auf die biblische Moseüberlieferung anwenden. Eine innerbiblische Gedächtnisgeschichte hätte dann nicht mehr zu fragen: Welche Moseüberlieferungen sind historisch ›echt‹ oder ›unecht‹? Sondern ihre Frage müsste heißen: Welche Gruppen oder Institutionen in der Geschichte Israels bzw. des Judentums haben ein Interesse daran gehabt, sich in der Moseüberlieferung zu verankern, sich quasi in diese Überlieferung ›hineinzuschreiben‹? Auch dies ist eine historische Fragestellung, sie bezieht sich nur nicht auf das dreizehnte, sondern auf spätere Jahrhunderte. Für welche Gruppen im späteren Israel wurde Mose zum Vorbild und Gewährsmann? Welche Gruppen und Institutionen im späteren Israel legten Wert darauf, ihre Autorität von Mose abzuleiten?

Schon ein erster, grober Überblick hatte gezeigt, dass die biblische Auffassung von der Gestalt Moses keineswegs einheitlich ist. In den alten Textbeständen von Ex 1–19 ist Mose der Anführer des Exodus – seine Berufungserzählung in Ex 3 gleicht der eines ›charismatischen Führers‹ (Max Weber) wie der des Richters Gideon in Ri 6, und auch die Murrgeschichten schreiben ihm nach Schnutenhaus (s. o.) diese Rolle zu. Die Befreiung von der Fron in Ägypten hatte eine unerwartete Aktualität unter der Fronarbeit der Nordisraeliten für den eigenen König Salomo und, wie Otto (s. o.) gezeigt hat, während der Fronlasten Judas unter den assyrischen Großkönigen. Ab dem Deuteronomium (7. vorchristliches Jh.), in der exilisch/nachexilischen Priesterschrift und in den nachexilischen Werken Chronik, Esra, Nehemia – die Nothsche Hypothese vom ›Chronistischen Geschichtswerk‹ lasse ich trotz des gemeinsamen geistigen Hintergrundes dieser Bücher[1] fallen – wird Mose als Gesetzgeber verstanden. Damit zeigt sich schon, wie im Judentum im Laufe der Zeit das Interesse an Mose gewechselt hat. Wird Esra dann als ›zweiter Mose‹ gesehen, dann nur noch im Sinne des Torahlehrers. Und gültiges Gesetz für das Judentum ist nur die *torat moshäh*, die Torah Moses. Mögen die Kultgesetze zum Teil noch so spät sein und aus dem zweiten Tempel stammen – gültig sind sie nur als *torat moshäh*. Auch die spätere mündliche Torah wird auf Mose zurückgeführt.

Alle gesetzgeberische Autorität leitet sich daher von Mose ab, wird in den Pentateuch eingeschrieben und beginnt im Judentum des zweiten Tempels die Rolle Moses als Anführer des Exodus zu überlagern. Aber auch schon das Jerusalemer Obergericht, das nach 2. Chronik 19,8ff von König Jehoschaphat eingesetzt wurde, führt seine Autorität auf Mose zurück (anders Otto). Beim Besuch Jetros Ex 18,13ff werden auf den Rat des Schwiegervaters hin Laienrichter eingesetzt, deren Jurisdiktion sich aus der militärischen Struktur des Heerbanns ableitet. Mose ist Gesetzgeber und Richter, aber aus pragmatischen Gründen delegiert er einen Teil seiner Autorität für die alltäglichen Rechtsfälle an Laienrichter. Die Gedächtnisgeschichte zeigt hier deutlich, dass das Jerusalemer Obergericht nur Autorität hat, weil es diese von der Autorität Moses ableiten kann. Und auch das deuteronomische Gesetz (Deut 12–26), das im 7. Jahrhundert als Teil der Reform des Königs Josija die Zentralisierung des gesamten Kultes im Jerusalemer Tempel fordert, wird als Moserede stilisiert. Ohne die Autorität Moses geht in der Gesetzgebung gar nichts.

Und auch die Prophetie leitet sich von Mose ab, wie gerade die Arbeiten Lothar Perlitts (s. o.) gezeigt haben. Das gilt nicht erst von den großen Einzelpropheten, sondern bereits von dem Phänomen des Gruppenprophetentums. *Locus classicus* ist hier Num 11,16–30, die Geistverleihung an die siebzig Ältesten. Das ekstatische Prophezeien der siebzig Ältesten – im Falle Eldads und Medads mit Fernwirkung bis ins Lager – zeigt deutlich die Züge der Gruppenprophetie. Wichtig zu beachten ist in Num 11,16ff, dass die Ältesten nicht den Geist *Gottes* erhalten, sondern dass dieser auf sie den Geist *Moses* umverteilt. Ziel der Erzählung ist damit eindeutig die Herleitung der ekstatischen Prophetie vom Geiste Moses.

1 vgl. Sara Japhet, *1 Chronik*, HThKAT 2002, 26ff.

Mose ist für die biblische Gedächtnisgeschichte der Erzprophet. Die Propheten haben eine doppelte Mittlerrolle, als Offenbarungsmittler ›von oben nach unten‹ und als Fürbitter ›von unten nach oben‹. *Locus classicus* für Mose als Offenbarungsmittler ist die Sinaitheophanie Ex 19 bzw. die Bekanntgabe der Gebote Ex 20. Und Mose als Fürbitter ist am dringendsten gefordert nach dem Abfall des Volkes in der Geschichte vom Goldenen Kalb Ex 32. Und die Murrgeschichten enden eigentlich stereotyp immer damit, dass Mose für das störrische Volk Fürbitte leisten muss, ob sie nun gegen ihn selbst oder gegen Gott gemurrt haben – aus dessen Perspektive die Rebellion in der Wüste (Coats) ohnehin einerlei ist. »Die außergewöhnliche Weise dieser *doppelten Bevollmächtigung* durch Gott und das Volk zeichnet die Autorität des Mose aus.«[2]

Aber Mose ist mehr als nur irgendein Prophet. Er sprengt eigentlich dieses Amt; seine Rolle ist nach Perlitt (s. o.) *sui generis*, er ist *äbhäd JHWH* (= Knecht des HERRN, Num 12,7). Damit hat Num 12, die Rebellion Mirjams (und Aarons), ein besonderes Interesse daran, als Korrektiv von Num 11,16ff zu wirken, der Geschichte von den siebzig geistbegabten Ältesten. Hatte nach Martin Noth »mit diesen letzten Ausführungen die ekstatische ›Prophetie‹ sich von dem ›Geiste‹ Moses hergeleitet [...], so sollte mit der Gottesrede von Kap. 12, die durch das Auftreten von Aaron und Mirjam ausgelöst wurde, die Konsequenz abgewehrt werden, als sei Mose nichts anderes als ein ›(ekstatischer) Prophet‹ gewesen. Er war *viel mehr*; Jahwe hatte ihn zu seinem intimen Vertrauten gemacht.«[3] Auf dieser Passage gründet sich auch die monarchische Deutung der Rolle des Mose, die J. R. Porter und andere vertreten haben (s. o.). Der israelitische König hat sein Volk mit Nahrungsmitteln zu versorgen, Feinde abzuwehren und als adoptierter Sohn Gottes sein Volk fürbittend vor Gott zu vertreten und dessen Segen zu vermitteln. So gesehen, steht der israelitische König in der Mosenachfolge. Thomas Mann hat dies begriffen, wenn er seinen Mose als »Gesalbten des Herrn« bezeichnet (XVII / 391). »Mose ist *die* Autorität unter den Menschen der Hebräischen Bibel. Keine andere Person kommt darin auch nur annähernd ihm gleich. Alle Angriffe auf seine Person bewirken letztlich nur, daß er noch stärker von Gott bestätigt wird.«[4]

---

2 Fischer, *Mose. Ägypten & das AT*, 92.
3 *Numeri*, 85f.
4 Fischer, *Mose. Ägypten & das AT*, 96.

Auch eine priesterliche Vorstellung von Mose findet sich in der Bibel, oft übersehen unter der Übermacht der Texte, die vom aaronidischen Priestertum reden. In Ex 19 ist es die Aufgabe Moses, das Volk vor der Theophanie zu heiligen. Beim Amalekitersieg Ex 17,8–16 steht Mose als Erzpriester segnend auf dem Hügel – so lange obsiegt Israel – wobei Aaron und Hur, die ihm die Arme stützen, nicht über die Rolle von Ministranten hinauskommen. Mose erhält von Gott alle Anweisungen, die das Heiligtum betreffen (Ex 25–31), und er salbt die Priester (Ex 40,9ff; Lev 8).»Sogar direkt Aaron oder die Priesterschaft betreffende Bestimmungen läßt Gott über Mose vermittelt diesen ausrichten (Lev 16,1f; 17,1; 21,1.16; 22,1.17), und sie führen es aus (z.B. Lev 9,21).«[5] Wenn nach der Zerstörung des Jerusalemer Tempels durch die Babylonier 586 v. Chr. die zadokidische Legitimation des Tempelbaus durch Salomo nicht mehr sinnvoll ist, so beruft man sich nach dem Exil auf das Begegnungszelt Moses und dessen Rolle als Erzpriester, von der die Autorität der Aaroniden nur eine abgeleitete ist.

So zeichnet die Bibel ein buntes Bild von Mose, und die Interessenten, die diese Gedächtnisgeschichte bewahrt haben, sind oft gar nicht so schwer zu erkennen. Damit wird die Moseüberlieferung nicht zur reinen Legende und erst recht nicht zur tendenziösen Fälschung – schon gar nicht in Ex 1–19 – aber oft liegt die Geschichte des 13. vorchristlichen Jahrhunderts für uns im Dunkeln. Die Geschichte derer, die das Gedächtnis Moses als ihres Vorbildes und Gewährsmannes für uns erhalten haben, liegt uns deutlicher vor Augen – auch gerade in spätvorexilischer und frühnachexilischer Zeit. Sie haben die ›Gedächtnisspur‹ Moses bewahrt, indem eine der verschiedenen Funktionen Moses für sie einen Bezugspunkt darstellte. So ist Mose in der Überlieferung dreier Weltreligionen lebendig geblieben, und nicht ›historisch tot‹ wie Echnaton.

---

5 Fischer, *Mose. Ägypten & das AT*, 95f.

Literatur

(Die Abkürzungen am Ende der bibliographischen Angaben entstammen der TRE)

Albertz, Rainer: »Hintergrund und Bedeutung des Elterngebots im Dekalog«, *Zeitschrift für die alttestamentliche Wissenschaft* 90, 1978, 348–374 (ZAW)

Albertz, Rainer: *Religionsgeschichte Israels in alttestamentlicher Zeit*, 2 Bände, Göttingen 1992

Alt, Albrecht: »Der Gott der Väter«, in: ders.: *Kleine Schriften zur Geschichte des Volkes Israel I*, 3. Aufl., München 1963, 1–78 (KS I)

Alt, Albrecht: »Die Ursprünge des israelitischen Rechts«, in: ders.: *Kleine Schriften zur Geschichte des Volkes Israel I*, 3. Aufl., München 1963, 278–332

Assmann, Jan: *Moses der Ägypter:* Entzifferung einer Gedächtnisspur, Frankfurt a. M. 3. Aufl. 2001; englisches Original: *Moses the Egyptian*, Cambridge / Mass. 1997

Auerbach, Elias: *Moses*, Amsterdam 1953

Baumgärtel, Friedrich: Der Tod des Religionsstifters, in: *Kerygma und Dogma* Heft 9, 1963, 223–233

Blum, Erhard: *Studien zur Komposition des Pentateuch*, Beiheft zur Zeitschrift für die alttestamentliche Wissenschaft, Berlin/New York 1990 (BZAW 189)

Buber, Martin: *Moses*, 4. durchges. Aufl., Heidelberg 1994

Cassuto, Umberto: *A Commentary on the Book of Exodus*, Jerusalem hebr. 1951, engl. 1967 Magness Press, Hebrew University

Childs, Brevard S.: *Exodus*, Old Testament Library. SCM Press, London 1974 (OTL)

Coats, George W.: *Rebellion of Israel in the Wilderness*. The Murmuring Motif in the Wilderness Tradition in the Old Testament, Nashville/New York 1968

Crüsemann, Frank: *Bewahrung der Freiheit*. Das Thema des Dekalogs in sozialgeschichtlicher Perspektive, München 1983

Crüsemann, Frank: *Die Tora*. Theologie und Sozialgeschichte des alttestamentlichen Gesetzes, München 1992

de Vaux, Roland: *Histoire Ancienne d'Israel*, Paris 1971, Kap. 23; engl. *The Early History of Israel to the Period of the Judges*, London 1978, 695–715

de Vaux, Roland: *Studies in Old Testament Sacrifice*, Cardiff 1964

Dithmar, Reinhard: Die Gestalt Moses und der Pentateuch in Thomas Manns Erzählung *Das Gesetz*, in: Axmacher, Elke; Schwarzwäller, Klaus (Hg.): *Belehrter Glaube*. Festschrift für Johannes Wirsching zum 65. Geburtstag, Frankfurt a. M. 1994, 45–66

Dohmen, Christoph: *Exodus 19–40,* Herders Theologischer Kommentar zum Alten Testament, Freiburg 2004

Feuerbach, Ludwig: *Das Wesen des Christentums,* Werke in 6 Bänden, hg. von E. Thies, Frankfurt a. M. 1976, Bd. 5

Fischer, Georg: »Das Mosebild der Hebräischen Bibel«, in: *Mose. Ägypten und das Alte Testament,* hg. v. E. Otto, SBS 189, Stuttgart 2000, 84–120

Fohrer, Georg: *Überlieferung und Geschichte des Exodus,* Beiheft zur Zeitschrift für die Alttestamentliche Wissenschaft, Berlin 1964

Gerhards, Meik: *Die Aussetzungsgeschichte des Mose,* Wissenschaftliche Monographien zum Alten und Neuen Testament, Neukirchen-Vluyn 2006

Gertz, Jan Chr.: »Mose und die Anfänge der jüdischen Religion«, *Zeitschrift für Theologie und Kirche* 99, 2002, 3–20

Goethe, Johann Wolfgang von: »Israel in der Wüste«, *Werke* Band II, 212

Görner, Rüdiger: *Thomas Mann. Der Zauber des Letzten,* Düsseldorf/Zürich 2005

Golka, F. W.: »The Aetiologies in the Old Testament«, *Vetus Testamentum* 26, 1976, 410–428 und *VT* 27, 1977, 36–47

Golka, F. W.: *Die Flecken des Leoparden.* Biblische und afrikanische Weisheit im Sprichwort, Arbeiten zur Theologie, Stuttgart 1994, 25–47

Golka, F. W.: *Jona,* Stuttgart 2. Aufl. 2007

Golka, F. W.: *Joseph. Biblische Gestalt und literarische Figur,* Stuttgart 2002

Golka, F. W.: *Jakob. Biblische Gestalt und literarische Figur,* Stuttgart 1999

Golka, F. W.: »Keine Gnade für Kain (Gen 4,1–16)«, in: *Werden und Wirken des Alten Testaments,* FS C. Westermann zum 70. Geburtstag, hg. von R. Albertz u. a., Göttingen/Neukirchen-Vluyn 1980, 58–73

Golka, F. W.: »Schwierigkeiten bei der Datierung des Fremdgötterverbotes«, *Vetus Testamentum* XXVIII, 1978, 352–354

Gottwald, Norman K: *The Tribes of Yahweh.* A Sociology of the Religion of Liberated Israel 1250–1050 B.C.E., London 1980

Gray, George Buchanan: *A Critical and Exegetical Commentary on Numbers,* The international critical commentary on the holy scriptures of the Old and New Testament, 2. Aufl. 1912 (JCC)

Gressmann, Hugo: *Mose und seine Zeit,* Göttingen 1913

Gunkel, H.: *Genesis,* Göttingen 7. Aufl. 1966 = 3. Aufl. 1910

Hamburger, K.: *Thomas Manns biblisches Werk,* München 1981

Hansen, Volkmar: Thomas Manns Erzählung *Das Gesetz* und Heines Moses-Bild, in: Wolff, Rudolf (Hg.): *Thomas Mann: Erzählungen und Novellen,* Bonn 1984 68–85

Hartwich, Wolf-Daniel: Prediger und Erzähler. Die Rhetorik des Heiligen im Werk Thomas Manns, in: *Thomas-Mann-Jahrbuch Bd. 11* (1998) 31–50 (insbesondere 43–50)

Heftrich, E.: *Geträumte Taten.* »*Joseph und seine Brüder*«. Über Thomas Mann, Bd. III, Frankfurt a. M. 1993

Hendel, Ronald: »The Exodus in Biblical Memory«, in: *Journal of Biblical Literature* 120, 2001, 601–622

Hendel, Ronald: *BARev* 24, no. 2 (1998), 68 (Biblical Archaeologist Review)

Herrmann, Siegfried:»Mose«, *Evangelische Theologie*, Heft 28, 1968, 301–328

Hölscher G.: *Geschichte der israelitischen und jüdischen Religion*, Gießen 1922

Jacob, Benno: *Das Buch Exodus*, hg. von Shlomo Mayer, Stuttgart 1997

Käser, Andreas: Thomas Mann als (biblischer?) ›Redaktor‹. Die Moses-Novelle *Das Gesetz*, in: *Heinrich Mann Jahrbuch* 15 (1997) 123–160

Kantzenbach, Friedrich Wilhelm: Theologische Denkstrukturen bei Thomas Mann, in: *Neue Zeitschrift für systematische Theologie* Heft 9 (1967), 201–217

Koch, Klaus: Der Tod des Religionsstifters, in: *Kerygma und Dogma* Heft 8, 1962, 100–123

Küng, Hans: Gefeiert – und auch gerechtfertigt? Thomas Mann und die Frage der Religion, in: Jens, Walter und Küng, Hans: *Anwälte der Humanität*, München 1993

Kurzke, H.: *Thomas Mann*. Das Leben als Kunstwerk. Eine Biographie, München 1999

Kuschel, Karl-Josef:»Mein Gott, die Menschen ...« Probleme einer Erziehung zur Humanität bei Thomas Mann anhand der Mose-Novelle *Das Gesetz*, in: Mieth, Dietmar (Hg.): *Erzählen und Moral*. Narrativität im Spannungsfeld von Ethik und Ästhetik, Tübingen 2000, 237–258

Kutsch, E.: *Verheißung und Gesetz*. Untersuchungen zum sogenannten ›Bund‹ im Alten Testament, Beiheft zur Zeitschrift für die alttestamentliche Wissenschaft, Berlin/New York 1973 (BZAW 131)

Lehnert, Herbert: Thomas Manns Erzählung Das Gesetz und andere erzählerische Nachspiele im Rahmen des Gesamtwerks, in: *Deutsche Vierteljahresschrift für Literaturwissenschaft und Geistesgeschichte*, Stuttgart, Jahrgang 43, Nr. 3 (August 1969), 515–543

Levine, Baruch A.: *Numbers 1–20*. A new translation with introduction and commentary. The Anchor Bible 4A, New York u. a. 1993

Lohfink, N.:»Jona ging zur Stadt hinaus (Jon iv, 5)«, in: *Biblische Zeitschrift* 5, 1961, 185–203

Lubich, Frederik A.: ›Fascinating Fascism‹. Thomas Manns *Das Gesetz* und seine Selbst(de)montage als Moses-Hitler, in: *Zeitschrift für Literaturwissenschaft und Linguistik* Jahrgang 20, Nr. 79 (1990), 129–133

Maag, V.:»Der Hirte Israels«, *Schweizer Theologische Umschau* 28, 1958, 2–28

Makoschey, Klaus: Quellenkritische Untersuchungen zum Spätwerk Thomas Manns. *Joseph der Ernährer, Das Gesetz, Der Erwählte*, Frankfurt a. M. 1998

Mann, Thomas: Das Gesetz, *Späte Erzählungen*, Frankfurter Ausgabe, Frankfurt a. M. 1981

Marcuse, Ludwig: Moses, Goethe und Thomas Mann, in: ders.: *Wie alt kann Aktuelles sein?* Literarische Porträts und Kritiken, Zürich 1989, 211–214

Michelangelo: *Architettura, pittura, scultura*, Milano 1964

Mennicken, Peter: *Für ein ABC des Menschenbenehmens*. Menschenbild und Universalethos bei Thomas Mann, Mainz 2002

186

Meyer, Eduard: *Die Israeliten und ihre Nachbarstämme*, Halle a. S., 1906

Mieth, Dietmar: *Epik und Ethik*. Eine theologisch-ethische Interpretation der Josephsromane Thomas Manns, Tübingen 1976

Milgrom, Jacob: *Leviticus 1–16*. A new translation with introduction and commentary. The Anchor Bible, New York u. a. 1991

Milgrom, Jacob: *Leviticus 17–22*. A new translation with introduction and commentary. The Anchor Bible, New York u. a. 2000

Neuland, Brunhild: Das Gesetz. Zu Thomas Manns poetischer Fassung der Mose-Mythe, in: Brandt, Helmut/Kaufmann, Hans (Hg.): *Werk und Wirkung Thomas Manns in unserer Epoche*. Ein internationaler Dialog, Berlin 1978, 249–272

Nicholson, Ernest W.: *Exodus and Sinai in History and Tradition*, Oxford 1973

Nicholson, Ernest W.: *Preaching to the Exiles*, Oxford 1970

Noth, Martin: *Das dritte Buch Mose. Leviticus*, Das Alte Testament Deutsch, Göttingen 1962

Noth, Martin: *Das System der zwölf Stämme Israels*, Stuttgart 1930 (unveränd. Reprograf. Nachdruck der Ausgabe: Darmstadt 1980)

Noth, Martin: *Überlieferungsgeschichte des Pentateuch*, Stuttgart 1948

Noth, Martin: *Das vierte Buch Mose. Numeri*, Das Alte Testament Deutsch, Göttingen 1966

Osswald, Eva: *Das Bild des Mose in der kritischen alttestamentlichen Wissenschaft seit Julius Wellhausen*, Berlin 1962

Otto, Eckart: *Das Deuteronomium im Pentateuch und Hexateuch*, Forschungen zum Alten Testament, Tübingen 2000 (FAT 30)

Otto, Eckart: *Mose. Ägypten und das Alte Testament*, Stuttgarter Bibelstudien, Stuttgart 2000

Otto, Eckart: *Mose. Geschichte und Legende*, München 2006

Perlitt, Lothar: *Bundestheologie im Alten Testament*, Wissenschaftliche Monographien zum Alten und Neuen Testament, Neukirchen-Vluyn 1969

Perlitt, Lothar: »Mose als Prophet«, *Evangelische Theologie* 31, 1971, 588–608

Porter, J. Roy: *Moses and Monarchy*, Oxford 1963

Rendtorff, Rolf: »Gen 8,21 und die Urgeschichte des Jahwisten« in: *Kerygma und Dogma*. Zeitschrift für theologische Forschung und kirchliche Lehre 7, 1961, 69–78

Rendtorff, Rolf: »Mose als Religionsstifter? Ein Beitrag zur Diskussion über die Anfänge der israelitischen Religion«, *Ges. Studien zum Alten Testament*, München 1975, 152–171

Robinson, Gnana: *The Origin and Development of the Old Testament Sabbath*, Diss. Hamburg, 1975 (Frankfurt a. M. 1988; Beiträge zur biblischen Exegese und Theologie 21)

Schnutenhaus, Frank: *Die Entstehung der Mosetraditionen*, Diss. Heidelberg 1958 masch.

Schwöbel, Christoph: Thomas Mann und die religiöse Frage, in: *Thomas Mann – Ein Klassiker der Moderne*, Hamburg 2001

Smend, Rudolf: *Das Mosebild von Heinrich Ewald bis Martin Noth*, Tübingen

1959; wieder abgedruckt in: *Zur ältesten Geschichte Israels*, Ges. Studien Band 2, München 1987, 45–115

Smend, Rudolf: Thomas Mann: ›Das Gesetz‹, in: *Querlektüren. Weltliteratur zwischen den Disziplinen*, hg. von W. Barner, Göttingen 1997

Söderblom, Nathan: *Das Werden des Gottesglaubens*. Untersuchungen über die Anfänge der Religion, Leipzig 1916, 2. Aufl. 1926 (Nachdruck der *2. Auf.*, Hildesheim 1979)

Spelsberg, Helmut: *Thomas Manns Durchbruch zum Politischen in seinem klein-epischen Werk:* Untersuchungen zur Entwicklung von Gehalt und Form in *Gladius Dei, Beim Propheten, Mario und der Zauberer* und *Das Gesetz*, Marburg/Lahn 1972 (Dissertation, Universität Marburg / Marburger Beiträge zur Germanistik 40)

Strohm, Stefan: »Selbstreflexion der Kunst. Thomas Manns Novelle *Das Gesetz*«, in: *Jahrbuch der Deutschen Schillergesellschaft* Bd. 31 (1987), 321–353

v. Rad, Gerhard: *Das formgeschichtliche Problem des Hexateuch*, Beiträge zur Wissenschaft vom Alten und Neuen Testament, Stuttgart 1938; Gesammelte Studien zum AT, Stuttgart 1958, 9–86

v. Rad, Gerhard: *Die Josephsgeschichte*. Biblische Studien, Heft 5, 1954; Gottes Wirken, 22–41

Wellhausen, Julius: *Die Composition des Hexateuchs und der historischen Bücher des Alten Testaments*, 3. Aufl. 1899 (Nachdruck: Berlin 1963)

Westermann, Claus: »Arten der Erzählung in der Genesis«, *Forschung am AT*, Band I, München 1964, 9–91

Westermann, Claus: *Genesis 12–36*, Biblischer Kommentar, Neukirchen-Vluyn 1981

Whenham, Gordon J.: *The Book of Leviticus*, Grand Rapids, Mich 1979

Arbeiten zur Theologie

Friedemann W. Golka

Jakob – Biblische Gestalt und literarische Figur

Thomas Manns Beitrag zur Bibelexegese

Friedemann W. Golka

Jakob – Biblische Gestalt und literarische Figur

Thomas Manns Beitrag zur Bibelexegese

152 Seiten
Format: 14 x 22 cm
ISBN 978-3-7668-3628-1

Erst in jüngerer Zeit entdeckt die Exegese frappierende Übereinstimmungen zwischen ihren Ergebnissen und den literarischen Entdeckungen Thomas Manns. Das Buch zeigt diese Parallelen anhand verschiedener Szenen der Jakobs-Geschichte auf. Es schlägt eine Brücke zwischen literarischer Erzählkunst und exegetischer Forschung und bringt damit den bisher vernachlässigten Beitrag Thomas Manns für die Bibelauslegung zur Geltung.

Friedemann W. Golka

Joseph – Biblische Gestalt und literarische Figur

Thomas Manns Beitrag zur Bibelexegese

220 Seiten
Format: 14 x 22 cm
ISBN 978-3-7668-3788-2

Die Romantetralogie »Joseph und seine Brüder« zeigt den Literatur-Nobelpreisträger Thomas Mann als einen profunden Kenner jüdischer und christlicher Bibelexegese. Dabei orientiert er sich, entgegen dem literarkritischen Trend seiner Zeit, an der Endgestalt des Bibeltextes.

Das vorliegende Buch zeigt am Beispiel der Joseph-Geschichte (1. Mose 37–50) Thomas Manns besonderes Verhältnis zur Bibel auf, das dem rabbinischen-protestantischen Prinzip des »scriptura ipsius interpres« (die heilige Schrift deutet sich selbst) nahe kommt. Friedemann W. Golka schlägt eine Brücke zwischen literarischer Erzählkunst und exegetischer Forschung und bringt den vernachlässigten Beitrag Thomas Manns für die Bibelauslegung zur Geltung.

Friedemann W. Golka

Jona

106 Seiten
Format: 14 x 22 cm
ISBN 978-3-7668-3949-7

Zu oft ist die Gestalt des Jona zum kleinlich-böswilligen jüdischen Religionsvertreter karikiert worden, der anderen das Heil seines Gottes nicht gönnt. Der Autor versteht die Erzählung als den Versuch eines Frommen, seine Religionsgenossen zu lehren, dass nach menschlicher Zerknirschung und Buße die göttliche Reue und Vergebung auch den Heiden geschenkt werden kann.

Wegen der schwierigen Rezeptionsgeschichte stellt der Autor seinem Kommentar drei Studien voran:»Jonaexegese und Antijudaismus«;»Die Geschöpflichkeit des Menschen und die Erwählung Israels« und»Die figura etymologica im AT«.

Arbeiten zur Theologie

Friedemann W. Golka

Die Flecken des Leoparden

*Biblische und
afrikanische Weisheit
im Sprichwort*

calwer

Friedemann W. Golka

Die Flecken
des Leoparden

Biblische und
afrikanische Weisheit
im Sprichwort

176 Seiten
Format: 14 x 22 cm
ISBN 978-3-7668-3275-4

Die alttestamentliche Spruchweisheit entstammt einer Gelehrtenschule am Hof des israelitischen Königs und ist ein kunstvoll formuliertes literarisches Produkt. – Diese in der Forschung bislang gängige Behauptung wird durch die Untersuchungen des Oldenburger Alttestamentlers radikal in Frage gestellt. Ein Vergleich mit afrikanischen Sprichwörtern zeigt, dass der Ursprung der alttestamentlichen Proverbien in der israelitischen Stammesgesellschaft der Richterzeit liegt. Die verschiedenen Einzelstudien eröffnen neue Zugänge zum Verständnis der alttestamentlichen Weisheit; sie demonstrieren exemplarisch, wie die Berücksichtigung sozialanthropologischer Forschung der alttestamentlichen Wissenschaft zu neuen Sichtweisen und Erkenntnissen verhelfen kann. Darüber hinaus ist das Buch eine Fundgrube afrikanischer Sprichwörter zu vielen Bereichen des Alltagslebens.